EL FIN
DE UNA ERA

Jorge Dezcallar

EL FIN
DE UNA ERA

Ucrania: la guerra que lo acelera todo

la esfera de los libros

Primera edición: febrero de 2024

© Jorge Dezcallar de Mazarredo, 2024
© La Esfera de los Libros, 2024
Avenida de San Luis, 25
28033 Madrid
Tel.: 91 443 50 00
www.esferalibros.com

ISBN: 978-84-1384-761-0
Depósito legal: M.1198-2024
Composición: Versal CD
Impresión y encuadernación: Anzos
Impreso en España-*Printed in Spain*

ÍNDICE

1. ¿Existe Ucrania? 11

2. La implosión de la Unión Soviética 31

3. ¿Hubo promesas de la OTAN? 39

4. Unos comienzos difíciles 53

5. La reacción de Putin: la desestabilización
   de Dombás y la anexión de Crimea 69

6. La diplomacia lo intenta: los Acuerdos de Minsk 81

7. Aumentan los nervios: Bielorrusia y Kazajistán 95

8. La ventana de oportunidad 103

9. Las exigencias de Rusia 109

10. La invasión. Los errores de Putin 117

11. Las etapas de la guerra 145

12. La reacción de Occidente: las sanciones 155

13. Las consecuencias de la guerra 165
    Consecuencias para Rusia 165
    Consecuencias para Ucrania 170
    Consecuencias para Europa 174
    Consecuencias para el mundo 179
    Entonces, ¿esta guerra beneficia a alguien? 183

14. El riesgo nuclear 191

15. Perspectivas de finalización de la guerra 201
    Victoria de Rusia 201
    Victoria de Ucrania 204
    Un final negociado 206
    Un armisticio al estilo de Corea 210
    Una guerra prolongada 213
    Un golpe de Estado en el Kremlin 215
    La extensión del conflicto 218
    El holocausto nuclear 219
    La variable republicana en Estados Unidos 221

16. ¿Es posible la paz? 225
    El plan de paz de Ucrania 230
    El plan de paz de Rusia 234
    El plan de paz de la Santa Sede 234
    El plan de paz indonesio 235
    El plan de paz brasileño 236
    El plan de paz africano 239
    El plan de paz chino 241

17. La guerra acelera la historia 253

A Teresa, siempre.

A los ucranianos que defienden su patria y su libertad.

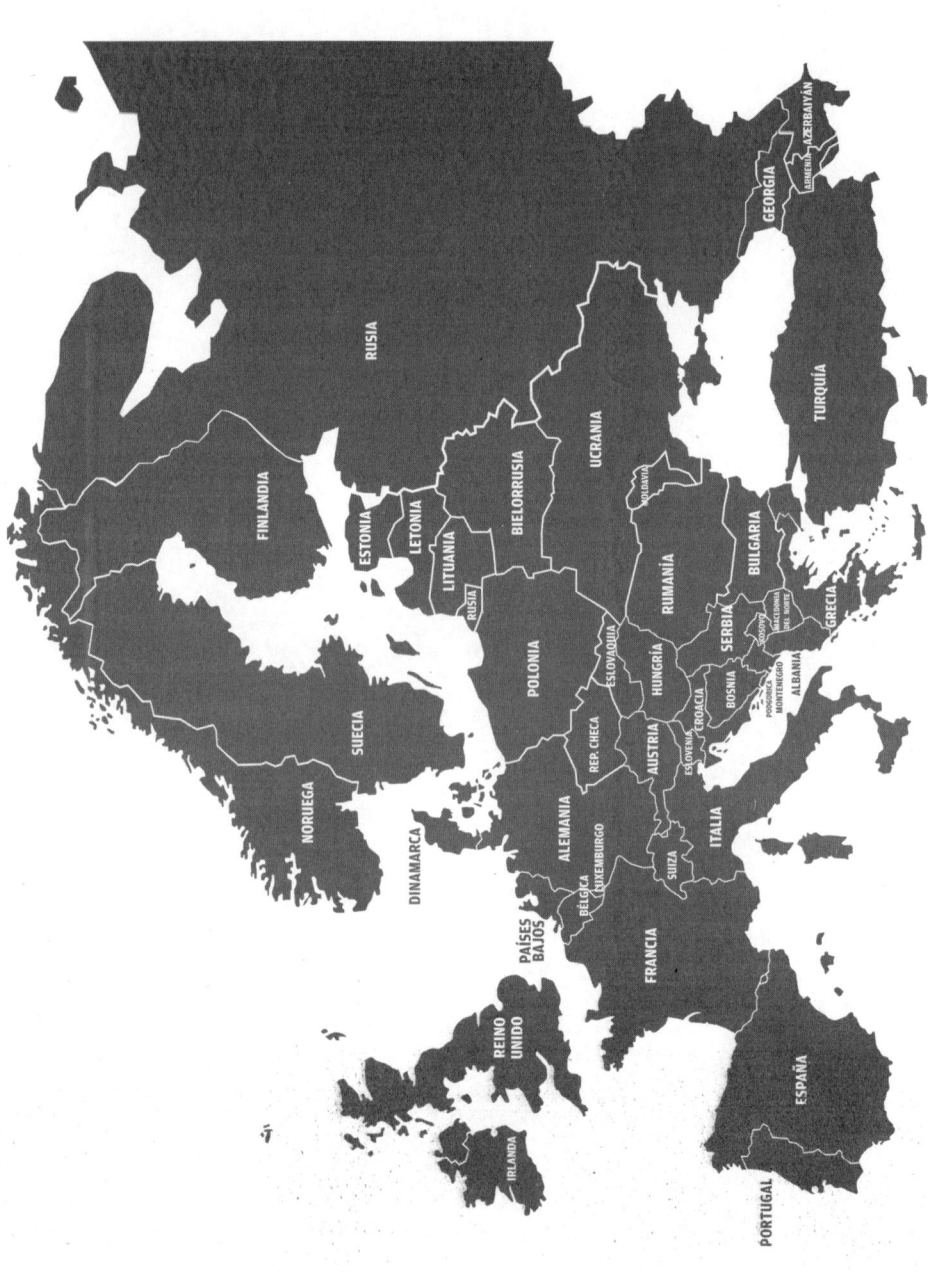

1

¿EXISTE UCRANIA?

La pregunta es pertinente porque, aunque los ucranianos están convencidos de tener un país, Rusia niega que lo sea y aquí está el principio de un malentendido que ha provocado una invasión rápidamente convertida en una guerra con muchas víctimas, mucho dolor y que desestabiliza profundamente a Europa.

Según el derecho internacional se necesitan tres elementos básicos para poder ser considerado como un Estado independiente: un territorio definido, una población estable y un gobierno efectivo que posea el monopolio del uso de la violencia sobre ese territorio y esa población. Pero siendo estos requisitos algo imprescindible, no son suficientes. Otro elemento importante es el reconocimiento por otros países. De acuerdo con el derecho internacional público, el reconocimiento internacional no es un elemento constitutivo de un Estado, sino un elemento declarativo. Es un acto político, efectuado por voluntad propia de cada Estado, que, si bien garantiza el respeto de una posición internacional, no es imprescindible para la consideración fáctica de un Estado. Dicho de otra manera, un Estado tiene que ser creíble.

Y la prueba del algodón es su admisión en la Organización de las Naciones Unidas. Por ejemplo, la llamada República Turca de Chipre del Norte solo es reconocida por el Gobierno de Ankara y algo parecido sucede con Osetia del Sur, a la que solo Rusia reconoce junto a Siria, Venezuela, Nicaragua y Nauru, lo que no es suficiente. En ambos casos les falta credibilidad y no son aceptados como estados por la comunidad internacional. Otros países que reúnen las tres condiciones como Kosovo, que declaró unilateralmente su independencia en 2008, no son universalmente aprobados por razones políticas, como les ocurre con España y Rusia, entre otros, que no reconocen una independencia declarada unilateralmente con el uso de la fuerza, e igual le ocurre a Taiwán, que reuniendo todas las condiciones es objeto de una fuerte campaña diplomática de Beijing, abanderado de la política de «una sola China», para que los países que la han reconocido retiren este apoyo. Todavía hoy hay diecisiete países que han aceptado diplomáticamente a Taiwán.

Finalmente, hay casos como el de la República Árabe Saharaui Democrática (RASD) que en algún momento llegó a contar con ochenta reconocimientos, pero que tiene una legitimidad fuertemente cuestionada porque no tiene un territorio claramente definido sobre el que ejercer soberanía, pues tres cuartas partes del mismo están ocupadas por Marruecos. Además, pierde apoyos con el paso del tiempo como consecuencia de las campañas diplomáticas emprendidas por Rabat, porque entre los países que la han reconocido ninguno de ellos es europeo ni miembro permanente del Consejo de Seguridad de la ONU y, sobre todo, porque las Naciones Unidas lo consideran un territorio no autónomo que debe decidir su futuro o bien mediante un referéndum de autodeterminación, o bien, si eso no es posible —y después de casi cincuenta años parece que no lo es— mediante un acuerdo entre las partes. Por eso, reconocer a la RASD es poner el carro delante de los bueyes, pues su existencia debería de ser el resultado del referéndum o del acuerdo que se propugna, sin descartar tampoco que ese resultado se decantara por la integración en Marruecos.

Otro caso especial y especialmente controvertido es el de Palestina, reconocido por 139 estados y aceptado como «Estado observador no miembro» por la Asamblea General de la ONU en 2012, algo que solo tiene carácter simbólico por el rechazo del Consejo de Seguridad donde Estados Unidos dispone de derecho de veto. También el Parlamento Europeo se mostró a favor de su reconocimiento en 2014, al igual que han hecho muchos parlamentos nacionales como los de España, Italia o Francia. Pero no sus gobiernos, que son los que deben hacerlo. En la Unión Europea han reconocido al Estado Palestino Polonia, Hungría, Chequia, Malta, Chipre, Islandia, Eslovaquia, Rumanía y Suecia. También el Vaticano. Unas y otras son decisiones políticas pues en puridad de derecho Palestina carece de un territorio contiguo con fronteras definidas y aceptadas, tiene parte de su territorio ocupado o anexionado por Israel y tampoco tiene un gobierno que disponga del monopolio del uso de la fuerza, pues al Fatah gobierna en Cisjordania mientras que Hamas aún lo hace en Gaza y ambos están enfrentados. España, como ya se ha indicado, no ha reconocido a Palestina como Estado pero con cierta originalidad mantiene con ella relaciones diplomáticas y ha aceptado que haya en Madrid un «embajador de Palestina». De los intereses españoles allí se ocupa el Consulado General de España en Jerusalén. Tras el estallido del brutal conflicto entre Israel y Hamas el 7 de octubre de 2023 es de esperar que otros países reconozcan a Palestina como Estado y de hecho los socios del Gobierno de coalición en funciones, PSOE y Sumar, se han mostrado favorables a dar el paso y reconocer la plena estatalidad de Palestina, algo que ya iba en el programa electoral del PSOE en 2015 y también en el de 2018…

Ucrania, bien al contrario, reúne las tres condiciones de territorio, población y gobierno, y se beneficia del amplio reconocimiento de la comunidad internacional, aparte de contar con el típico reparto de poderes entre el ejecutivo, el legislativo y el judicial, y de una estructura gubernamental y administrativa que le permite el desempeño de las funciones estatales *ad intra*, gobernar y hacer cumplir la ley dentro de su propio territorio, y *ad extra* o capacidad de crear relaciones exteriores sólidas con otros países, además del no sometimiento a un poder superior que el del propio Estado. No todo es, sin embargo, de color de rosa, pues Ucrania tiene también un elevado grado de corrupción que la distancia de los estándares más exigentes y deseables pues el Índice de Percepción de la Corrupción publicado en enero de 2023 por Transparency International la situaba como el país número 116 de un total de 180 analizados. No son datos como para tirar cohetes.

Anne Applebaum, autora del libro *Hambruna roja* (Debate, 2019), zanja el debate afirmando que: «No creo que Ucrania sea más artificial que cualquier otro Estado. ¿Es España artificial porque Cataluña tenga un idioma diferente? ¿Es Gran Bretaña artificial? Dado el tipo de presión ejercida sobre el país en los últimos años, en realidad es sorprendente lo bien que lo ha sobrellevado». Por eso, Ucrania es hoy con 603.700 kilómetros cuadrados (incluyendo Crimea) el segundo país más grande de Europa, solo detrás de Rusia y por delante de Francia, que ocupa el tercer lugar (España es el cuarto), un país reconocido en todo el mundo y que tiene por vecinos a Rusia y Bielorrusia al norte y este, a Polonia, Hungría, Moldavia y Rumanía al oeste, y a Turquía, Bulgaria y el mar Negro al sur. Tener tantos y tan variados vecinos es otra complicación. Recuerdo al respecto a un ministro de Asuntos Exteriores de Austria que me decía sin ocultar su envidia: «Tres vecinos… ¡qué suerte tiene España! Austria tiene ocho y problemas con todos!». Para consolarle le contesté que uno de los tres era Marruecos con el que las relaciones, intensas como son, nunca han sido fáciles.

¿Por qué entonces Rusia se niega a reconocer ahora a Ucrania como Estado independiente? Pues porque no le conviene. Sus razones parecen ser más de *Realpolitik*, históricas, estratégicas y sentimentales que jurídicas.

Desde un punto de vista puramente histórico, es cierto que ambos países se han entrelazado a lo largo de los siglos, como consecuencia de extenderse la geografía ucraniana sobre enormes llanuras sin límites naturales que la han colocado como presa fácil de vecinos más poderosos que nunca han faltado en su entorno. Rusia es uno de ellos, pero no el único, pues también Polonia, Lituania, Suecia, el Imperio otomano y más tarde el de los Habsburgo, en algún momento se han apropiado de trozos de lo que hoy es Ucrania, que no tiene la suerte de disponer de unos Pirineos o un canal de la Mancha que la protejan. Tampoco hay que olvidar que muy al principio lo que luego sería Rusia formaba parte de lo que con el tiempo sería Ucrania, y no al revés.

Su historia comienza en el año 882 cuando unas tribus escandinavas (los rus) fundaron un principado en torno a Kiev, en un recodo del Dniéper. Eran vikingos dedicados sobre todo a hacer razias y capturar esclavos (eslavos, de ahí la palabra) que luego vendían, sobre todo en Constantinopla. Kiev se convirtió entonces en un centro importante de comercio en las rutas que ligaban el Imperio bizantino con el norte de Europa. No les fue mal, y en el siglo XII estos rus de Kiev trasladaron su sede a Moscú, que es mencionada por vez primera en 1147 como una aldea rodeada de una empalizada de madera, y desde allí extendieron su dominio sobre amplias zonas de lo que hoy son Ucrania, Rusia y Bielorrusia. Y prosperaron, hasta que, en el siglo XIII, llegaron los mongoles de la Horda de Oro bajo el mando de Jochi, un hijo de Gengis Khan, que lo pusieron todo patas arriba ocupando todo el este de lo que hoy es Ucrania. La misma Kiev fue arrasada en 1240 y se convirtió en un principado vasallo de los mongoles, al tiempo que la parte noroccidental de la actual Ucrania caía bajo la influencia de Lituania en 1362. O sea que en el siglo XIV lo que hoy es Ucrania se la repartían entre los mongoles y los lituanos.

Un par de siglos más tarde la entonces poderosa confederación polaco-lituana extendía sus dominios sobre tierras ucranianas a costa de los mongoles, mientras el suroeste (Galitzia) se aproximaba a lo que años más tarde sería el Imperio de los Habsburgo. El río Dniéper se convirtió en la línea divisoria entre las zonas de influencia mongol (y luego rusa) y occidental. Y por allí, en el curso bajo entre el Dniéper y el Don, merodeaban los cosacos, unos seminómadas de raza eslava dedicados al pastoreo y al pillaje. En 1648 una rebelión cosaca contra los terratenientes católicos polacos encabezada por el hetman (líder) Khmelnytsky condujo a que, cuando las cosas se pusieron mal, ocho años más tarde, los cosacos acabaran pidiendo ayuda a los rusos, ortodoxos como ellos, que entraron así en la vida de Ucrania.

En su libro *The World. A Family History* (W&N, 2022), Simon Sebag Montefiore hace una descripción más colorista sobre este personaje que no me resisto a copiar: «En la primavera de 1648, el año que los moscovitas llegaron al Pacífico, un oficial noble y cosaco, Bohdan Khmelnytsky, que había servido largo tiempo al rey contra los otomanos y había sido capturado y esclavizado durante dos años, se peleó con un grande polaco por un asunto de tierras y de la guapa mujer cosaca del polaco, conocida como Elena de las Estepas. Khmelnytsky, elegido hetman de los cosacos, inició una rebelión que se extendió por Ucrania. En mayo, sus cosacos, en alianza con la caballería Nogay enviada por los kanes Giray de Crimea, derrotaron a los polacos y ese diciembre en Kiev se autoproclamó hetman, príncipe de Rutenia y único autócrata de Rus. Sus fuerzas cosacas, a las que se unieron algunos burgueses rebeldes y los campesinos de habla ucraniana, masacraron a nobles y sacerdotes polacos y, solo en el curso de 1648, a 60.000 judíos que habían vivido allí con seguridad durante siglos, pero que se vieron atrapados entre terratenientes católicos y cosacos ortodoxos». Es una lástima que Montefiore no nos cuente qué paso con la bella Elena de las Estepas. Los patriotas ucranianos quieren ver en este hetmanato el primer Estado ucraniano independiente.

Sigo con Sebag Montefiore: «El hetmanato independiente de Khmeltnytsky apenas duró cinco años: Khmeltnytsky necesitaba un patrón que protegiera su reino. Traicionado por el kan de Crimea, ofreció su sumisión al sultán otomano, que abandonó al hetman a los tártaros, obligándole a volverse hacia Moscú. En enero de 1654, el hetman juró fidelidad al zar moscovita Alexei, quien junto con sus sucesores hasta tiempos modernos vieron a Ucrania como una provincia —la Pequeña Rusia— unida para siempre con su hermana la Gran Rusia». Es ahí cuando comienzan las verdaderas ambiciones de Moscú sobre las tierras de Ucrania.

Se ve que no era fácil sobrevivir en ese vecindario de grandes llanuras sin límites y el resultado fue el Tratado de Pereiaslav de 1654 por el que el centro de la actual Ucrania se convirtió en un protectorado del Imperio zarista, cuyos titulares se declararon «soberanos de la Gran y la Pequeña Rusia». También entonces la Iglesia ortodoxa ucraniana quedó sometida al patriarca de Moscú. Desde esa lejana época, todo intento de separación de Ucrania ha sido visto por Moscú como «traición», y esto fue especialmente cierto en la doctrina oficial instaurada muchos años más tarde por los comunistas soviéticos. El caso es que apenas unos años después, en 1667, el zar Romanov y el rey de Polonia se repartieron amigablemente Ucrania. Alexei se quedó con Kiev y las tierras al este del río Dniéper, el oeste fue para los polacos mientras en el sur se mantenía un reducto cosaco con cierta autonomía, pero dependiente del kanato tártaro de Crimea.

Todavía hubo, sin embargo, otra revuelta dirigida por otro hetman cosaco, Iván Mazepa, que a principios del siglo XVIII se alió con el invasor Carlos XII de Suecia en un intento de restaurar la independencia de Ucrania. No le salió bien porque Carlos fue derrotado por Pedro I el Grande en la batalla de Poltava (1709) y luego, cuando rusos, prusianos y austríacos se repartieron Polonia (que dejó de existir como Estado independiente), aprovecharon para aumentar las zonas de influencia de los imperios de los Romanov y de los Habsburgo sobre el viejo suelo de Ucrania. También los turcos sacaron tajada en el sur y en Crimea.

Poco después, la zarina Catalina la Grande abolió lo que quedaba del hetmanato en 1764, se anexionó la república cosaca de Zaporozhian Sech, y asumió ella misma el título de Gran Hetman. Era mucha Catalina, sin duda. Los cosacos quedaron reducidos a ser una legión rusa. Fue entonces cuando la zarina se lanzó abiertamente a la conquista del sur de Ucrania llamándola Nueva Rusia (con objeto de añadirla a la Pequeña Rusia que ya tenía y que estaba situada al este del río Dniéper, como se recordará), una conquista que solo finalizó diecinueve años más tarde con la anexión de Crimea, cumpliendo así el viejo sueño moscovita de alcanzar «los mares cálidos del sur» y el acceso al Mediterráneo. Lo logró con el apoyo de Potemkin y gracias a la «política del coño y la polla», como con nula elegancia y rebuscado mal gusto la llamó Federico de Prusia, el gran amigo de Voltaire, que tan pronto fue aliado como rival de Catalina. Aquí conviene recordar que el siglo XVIII se decían esas cosas porque es anterior a la ñoñería y a la moralina que luego impondría al mundo la reina Victoria. El caso es que Catalina tomó primero como amante a Potemkin y luego se casó con él en secreto, y Potemkin, con su respaldo, fue el artífice de la expansión rusa hacia lo que hoy es el sur de Ucrania, donde fundó ciudades que en la actualidad la invasión nos ha hecho tan familiares como Jersón y Mariúpol y otras no tan conocidas como Ekaterinoslav (Dnipró) y Nikolaev (Mykolaiv). Los rusos las fundaron en el siglo XVIII y otros rusos las han reducido a escombros en el siglo XXI. Potemkin también fundó Odesa en tierras arrebatadas a los turcos, además de la gran base naval de Sebastopol en Crimea, que era feudo de la familia Giray, descendiente en línea directa del mismo Gengis Khan. En una conferencia pronunciada en Sochi en octubre de 2023, Putin se refirió a Odesa como «por supuesto una ciudad rusa y un poquito judía. Un poquito». Esta Nueva Rusia era un territorio muy grande y escasamente poblado que el Imperio zarista colonizó con ucranianos, rusos, griegos, polacos e italianos. Fue a partir de entonces cuando Ucrania y se convirtió en el granero de Rusia.

Como se ve, un continuo flujo y reflujo de gentes y dominios facilitados por la tierra llana y con pocos accidentes naturales —con excepción de los grandes ríos que la surcan— que actuarán como barreras frente a los invasores. El resultado es un mosaico humano variado donde, en términos generales, puede afirmarse que el este de la actual Ucrania, la ribera oriental del Dniéper, habla predominantemente ruso y es de religión ortodoxa, mientras el oeste mayoritario del país habla ucraniano y es de religión católica. Repito, solo en términos generales y con la importante consecuencia de que en la zona occidental que durante un tiempo dominó Viena se permitió la enseñanza de la lengua y cultura ucraniana, que era algo que se procuraba impedir en la zona ocupada por Rusia. También se posibilitó en el oeste algo más de participación política, aunque sin exagerar. Con este rápido repaso histórico es factible observar que la ambición rusa sobre Ucrania viene de atrás y que poco a poco Moscú fue extendiendo su dominio sobre trozos cada vez más amplios del país.

Cuando llegó la Primera Guerra Mundial, Ucrania no existía, pero había ucranianos. El territorio de Ucrania se lo repartían entre los imperios de los Romanov y de los Habsburgo, entre Rusia y Austria-Hungría. E igual ocurría con Polonia. Pero había ucranianos. En *La marcha Radetzky*, la maravillosa novela de Joseph Roth (publicada en 1932) su protagonista, el teniente barón Trotta, muere luchando contra cosacos rusos en el actual territorio de Ucrania, y lo último que oye es la voz de los campesinos ucranianos de su sección para quienes iba a buscar agua, que exclamaban a coro en su lengua: «¡Alabado sea Jesucristo!».

Los nacionalistas ucranianos aprovecharon la conmoción producida por la Gran Guerra en Europa y la Revolución bolchevique en Rusia, dos auténticos terremotos, para declarar la independencia en 1917 y 1918 en forma de dos repúblicas (la Popular Ucraniana y la Popular Ucraniana Occidental) que se unificaron por el Acta de Zluky, aunque esa independencia duró muy poco tiempo, pues acabaron perdiendo el envite para terminar Ucrania de nuevo dividida, esta vez entre Rusia y una renacida Polonia. Fue entonces cuando Lenin decidió crear la República Soviética de Ucrania y algunos rusos hoy mantienen que si Ucrania fue creada por Lenin, también Putin puede acabar con ella.

La colectivización forzosa impuesta en la parte dominada por la Unión Soviética produjo una terrible hambruna en el invierno de 1932-1933 que costó la vida a una cifra indeterminada de ucranianos (se calcula entre tres y tres millones y medio) que se recuerda todavía hoy con terror bajo el nombre de *Holodomor*, que en ucraniano quiere decir «muerte por inanición». En 2000 algunos países como Estados Unidos y Canadá calificaron lo ocurrido como genocidio, porque Stalin quiso castigar de esa manera a los campesinos que se oponían a los planes comunistas de colectivización forzosa de la agricultura. Por todo eso, porque les habían quitado la independencia, porque los comunistas de Moscú les prometieron el oro y el moro y no cumplieron, y porque encima los habían matado de hambre, muchos ucranianos combatieron con los nazis cuando estos invadieron Ucrania en el irracional ataque de Hitler contra Rusia que se estrelló en Stalingrado. Los pobres salían de Guatemala para caer en Guatepeor. Durante la ocupación nazi, el grupo ultranacionalista Organización de los Nacionalistas Ucranianos (OUN), dirigido por Stepán Bandera, proclamó la independencia de Ucrania en Lviv el 30 de junio de 1941. Este Bandera es un personaje muy controvertido, pues unos ven en él a un patriota y otros a un colaborador de los nazis, que es lo que en verdad fue, pues luchó con el Tercer Reich contra los rusos. En realidad, fue las dos cosas, un nazi y un patriota, y en 2016 la calle Moscú Prospect de Kiev pasó a llamarse Bandera Prospect y en la acerería Azovstal en plena batalla de Mariúpol en 2022, los defensores coreaban su nombre, reforzando así la pretensión de Putin de luchar contra el régimen nazi de Zelenski. Pero Hitler no aceptó esa independencia y Stepán Bandera fue internado en el campo de concentración de Sachsenhausen, para luego vivir en Múnich donde acabó siendo asesinado con cianuro en 1959 por un agente del KGB, un servicio que tenía larga mano, que no olvidaba y que no perdonaba.

La Segunda Guerra Mundial tuvo un coste altísimo para Ucrania pues se calcula que un millón y medio de ciudadanos y de combatientes perecieron como consecuencia de los combates y que los nazis mataron a un millón de los tres millones de judíos que allí había en 1939, algo que relata Jonathan Littell en *Las benévolas* (Galaxia Gutenberg, 2019), un libro hipnótico que se mueve entre la banalidad del mal de Hannah Arendt y la trágica belleza estética de los desfiles de soldados norcoreanos. Con el fin de la Segunda Guerra Mundial y la división de Europa negociada hábilmente por Stalin en la Conferencia de Potsdam, la Unión Soviética se apoderó de toda la zona de Ucrania que hasta ese momento había estado bajo dominio polaco y la unió con la que ya poseía, haciendo con todo ello una república soviética que junto con Rusia y Bielorrusia tuvo un asiento en las Naciones Unidas. Es así en época soviética y por mano de Stalin cuando quedaron definidas las actuales fronteras de Ucrania.

El caso es que, al desaparecer la Unión de Repúblicas Socialistas Soviéticas en 1991, Ucrania se convirtió en un país independiente y quedó protegida por el Acta Final de Helsinki de 1975 que había sido firmada por la Unión Soviética (de la que la Federación Rusa es sucesora), que establecía la inviolabilidad de las fronteras europeas, y por el Tratado de Budapest de 1994 por el que Rusia se comprometía a respetar las fronteras y la integridad territorial de Ucrania a cambio de que esta le enviara todo el arsenal nuclear soviético que estaba en su territorio. Este acuerdo también lo firmaron después Estados Unidos, el Reino Unido y, más tarde, China y Francia, que se convirtieron así, todos ellos, en garantes de la soberanía ucraniana. Una soberanía que se reiteró en el acuerdo de amistad entre Rusia y Ucrania de 1997. No parece que a Putin le preocupen gran cosa estos solemnes compromisos internacionales asumidos primero por la Unión Soviética y luego por Rusia, porque los ha violado sin el menor remordimiento primero al anexionar Crimea en 2014, y de nuevo ocho años más tarde cuando invadió Ucrania. También quedan mal los garantes del Tratado de Budapest.

Putin no tiene dudas de que Ucrania es parte de Rusia y lo dejó muy claro en un extenso artículo titulado «Sobre la unidad histórica de rusos y ucranianos», publicado el 12 de julio de 2021, en el que afirmaba sin género de dudas que los ucranianos son parte de la gran nación rusa y que su territorio fue injustamente separado de Rusia, primero por los bolcheviques en los años veinte del pasado siglo, y luego por la disolución de la Unión Soviética en 1991.

Y quiere que todos, al menos en Rusia, lo tengan muy claro. Por eso ya en 2013 Putin expresó su preocupación por «la dispersión (en la enseñanza) que conduce a consecuencias negativas, a que los jóvenes no comprendan en qué país viven y no sientan sus conexiones con los héroes del pasado».Y sin duda por eso, diez años más tarde, en agosto de 2023, se publicó en Rusia un manual de historia para uso en todas las escuelas con el objeto de acabar con esa «dispersión». Este libro lleva el título *Historia de Rusia: de 1945 a principios del siglo XXI* y pretende inculcar la versión del Kremlin sobre la guerra de Ucrania a la próxima generación de rusos. En él, tras alabar a Stalin y criticar ferozmente a Gorbachov, se pinta a un Occidente siempre hostil, que reaccionó «con una aprobación indisimulada a la autoliquidación de la Unión Soviética». En relación con Ucrania, no habla de guerra, sino que mantiene la denominación oficial de «operación militar especial», iniciada el año anterior, y afirma que «el hecho más importante de la historia contemporánea (de Rusia) es la incorporación, o más exactamente, la devolución de nuestras tierras históricas a la Federación Rusa». Eso es lo que los niños rusos van a aprender en la escuela a partir de ahora, que esos territorios ocupados en Ucrania han sido siempre rusos. A mí me recuerda la conocida frase de George Orwell cuando decía aquello de: «Quien controla el presente controla el pasado y quien controla el pasado controlará el futuro». Es algo que Putin parece creer y aplicar a pies juntillas. El libro ha sido descalificado por Amnistía Internacional como «un intento descarado de adoctrinar ilegalmente a los escolares sobre Rusia y sobre los territorios ucranianos ocupados por Rusia», mientras denunciaba que los maestros en la Ucrania ocupada «están en riesgo de sufrir violencia, detención arbitraria y malos tratos» si se niegan a utilizar este manual.

El caso de Crimea es especial, pues, dejando aparte a romanos y bizantinos que no hacen al caso, en el siglo X formó parte teórica de los dominios de los rus de Kiev hasta la invasión mongola, que fue cuando Crimea se convirtió en un kanato tártaro que con el tiempo acabó sometido al Imperio otomano. Y allí siguió hasta que pasó a manos de la zarina Catalina la Grande en 1783. Desde entonces Crimea quedó integrada en el Imperio ruso y luego en la Unión Soviética, como parte de Rusia, y solo fue transferida a Ucrania en 1953 por una decisión administrativa de Nikita Kruschev, un ruso étnico que hizo su carrera política en Ucrania donde ascendió los peldaños del poder comunista, y que no podía sospechar que la Unión Soviética fuera a deshacerse. Como consecuencia de esa decisión, Crimea pasó con toda naturalidad a formar parte de la Ucrania que alcanzó la independencia al desaparecer la Unión Soviética. Hasta 2014 en que Putin decidió «desfacer el entuerto» por las bravas. Volveré luego sobre ello.

Putin también tiene intereses estratégicos para argumentar que Ucrania no es un país, sino parte integrante de Rusia porque cree que necesita espacio vital, un territorio que actúe como parachoques frente a lo que percibe como una amenaza por parte de Europa y, sobre todo, de Estados Unidos. Y eso aunque en la conferencia de Sochi a la que antes me he referido afirmara categóricamente que su invasión «no es un conflicto territorial» sino de principios en el que «Rusia defiende sus tradiciones, su cultura y su gente. Pero a qué civilización defiende el enemigo no está claro». Y después de negar así legitimidad al patriotismo ucraniano continuaba reiterando que su objetivo era «desnacificar Ucrania». Sinceramente, no me lo creo —o no me lo creo del todo— porque Putin está convencido de que necesita la profundidad estratégica que le proporcionan Ucrania y, en menor medida, Bielorrusia, un país en proceso de fagocitación, con el objetivo de crear con ese espacio un glacis de seguridad en torno a la propia patria rusa. John Mearsheimer sostiene que las cosas ocurrieron al revés y que fue Occidente el que intentó convertir a Ucrania en un bastión occidental tras la caída de la Unión Soviética, y que ahí está el origen de la invasión rusa de 2022, porque eso era algo que Putin no podía aceptar de ninguna manera. El caso es que la independencia de Ucrania fue vista con reticencia por mucha gente en Rusia, que todavía tenía más dificultades en admitir la pérdida de Crimea, el control de Sebastopol y la flota del mar Negro, y el de las armas nucleares que se encontraban en suelo ucraniano. Por la misma razón, fueron entonces muchos los que en Rusia objetaron a la independencia de Letonia, que les privaba del puerto estratégico de Riga, y citaban al respecto que ese puerto había sido ocupado en el siglo XVI —aunque solo temporalmente— por Iván el Terrible, que ya buscaba entonces un puerto libre de hielo en invierno. La implosión de la Unión Soviética es vista por todos ellos como una enorme tragedia.

Pero que Rusia tenga razones no significa tener razón. Lejos quedan los tiempos en que Gorbachov hablaba de «la casa común europea» desde el Algarve a los Urales diciendo que «es inadmisible cualquier injerencia en los asuntos internos de los Estados, cualquier tentativa de limitar su soberanía, se trate de Estados amigos, aliados o cualquier otro», algo que de hecho implicaba el fin de la «doctrina Brézhnev» que se aplicó para justificar la invasión rusa de Checoslovaquia en 1968 y para el caso de que en países socialistas «fuerzas hostiles al socialismo intenten empujar en dirección del capitalismo». Gorbachov creía en una Europa donde convivieran países socialistas y capitalistas respetándose mutuamente y llegó incluso a expresar el deseo de que Rusia pudiera entrar en la OTAN.

Claro que mucho ha llovido desde entonces, la Unión Soviética ha desaparecido y Putin, que concibe a Rusia como un «Estado-civilización», ha resucitado la idea imperial y la misma convicción de la excepcionalidad rusa que, por otra parte, es algo recurrente a lo largo de su historia. Andrei Kolesnikov, en su ensayo «The End of the Russian Idea» («El fin de la idea rusa»), publicado en *Foreign Affairs* (septiembre-octubre de 2023), sitúa esta postura en la mejor tradición de Pedro I, Alejandro II y el mismo Stalin, que en la Gran Guerra Patriótica contra el nazismo apeló más al nacionalismo que al marxismo. Putin lo hace enlazando esa idea imperial con la más rancia tradición, sin modernidad alguna, porque se cobija bajo las banderas de la Iglesia ortodoxa rusa que defiende que Occidente está en decadencia y que Rusia tiene la tarea de oponerse a su maligna influencia. De manera que si, como decía Pushkin, con Pedro el Grande Rusia abrió una ventana hacia Occidente, esa ventana la cierra ahora Putin a quien le gusta citar al pensador decimonónico Nikolái Danilevski, considerado el padre del paneslavismo, que en su obra *Rusia y Europa*, escrita en 1869, defendía la unidad de todos los pueblos eslavos —que en su opinión forman parte de una categoría histórico-cultural especial— frente a una «Europa (que) no solo nos es extraña, sino hostil».

Solo que ahora el enfrentamiento con Occidente ha sido inevitable desde el mismo momento en que, diga Mearsheimer lo que diga, Putin emprendió sobre el suelo de Ucrania una guerra de expansión territorial injustificable en el siglo XXI. En Moscú corre el chiste de que a partir de ahora Rusia tiene fronteras con los países que Putin quiere. Y Moscú aprovecha el envite para de paso tirar por la borda toda la arquitectura de seguridad europea heredada del fin de la guerra fría por entender que no favorece sus intereses. Y como no me gusta y no se atienden mis razones, tiro por la calle del medio e invado Ucrania, que para eso soy más fuerte.

Finalmente, Putin esgrime razones sentimentales que surgen del corazón y no de las neuronas, que son por eso más viscerales y menos intelectuales y, en consecuencia, más peligrosas, porque apelan a la mitología, se alejan de la realidad y dificultan su análisis racional. Según el historiador Orlando Figes: «Putin es una mezcla de ideologías venenosas. Saca mucho de los blancos (defensores del régimen zarista durante la guerra civil tras la revolución comunista), es decir, es un antibolchevique; también de los filósofos eslavófilos del siglo XIX. Existe (en él) sin duda un elemento de estalinismo: él es un hombre del KGB, un producto del sistema de Stalin, muy conectado con su concepto de control social. También es un neoestalinista en su visión de Rusia como imperio». Porque es cierto que Putin echa de menos la que podríamos llamar *grandeur* rusa, la que Moscú tuvo durante el imperio de los zares y mantuvo, ampliada, durante el Imperio soviético, cuando era tratada como la otra gran potencia en un mundo bipolar de enfrentamiento global con Estados Unidos, y los demás países se veían obligados a tomar partido por uno de los dos campos enfrentados ideológicamente, aunque algunos, el Movimiento de Países No Alineados, trataban precisamente de evitarlo —a pesar de que su marxismo y anticolonialismo les situaba más cerca de la URSS— en una actitud que se repite ahora con la emergencia del sur global, un grupo de países que procura evitar definirse y guardar todas sus opciones abiertas ante la confrontación sino-estadounidense que creen ven venir. Era una época en la que, una vez vencidos y eliminados los fascismos, el comunismo competía con el liberalismo democrático y Moscú se trataba de igual a igual con Washington. Eso es lo que a Putin le escuece de verdad, porque ya no es así, y por eso Barack Obama pudo decir que Rusia es ahora «una potencia regional» (otros ven en ella una simple «estación de servicio»), y que las dos superpotencias en liza son otras: una que viene de atrás, Estados Unidos, y otra que acaba de subir al escenario del gran teatro calderoniano del mundo con ambición de desempeñar un papel estelar: China. Y Rusia queda relegada a un segundo plano, y eso no lo soporta Putin; es como si le hubieran puesto una banderilla de fuego en la espalda. Porque él desea devolver a Rusia el peso mundial que un día tuvo la Unión Soviética, y cree que para lograrlo necesita fagocitar a Ucrania o, al menos, quedarse con un buen trozo de su territorio. Lo intentó, pero la revolución del Maidán de 2014 hizo fracasar su intento de convertirla en un Estado vasallo y sumiso como es hoy Bielorrusia, dirigida por el títere Lukashenko. Por eso la ha invadido.

Otro argumento que esgrime Putin es particularmente peligroso porque tiene que ver con arrogarse el derecho y el deber de proteger a las minorías rusas que con la desintegración soviética hayan quedado fuera del territorio de la Federación Rusa, independientemente del lugar allí donde se encuentren. Es el concepto de la Gran Rusia, la Nueva Rusia (Novorossiya), o la Madre Rusia, que favorecen nacionalistas como Alexander Dugin (cuya hija Daria fue asesinada en Moscú el 20 de agosto de 2022 en un atentado terrorista al parecer dirigido contra su padre), o la Iglesia ortodoxa del patriarca Kirill, que también ha apoyado con entusiasmo la invasión de Ucrania, pues, como antes se ha dicho, un tercio de su población habla ruso y es de religión ortodoxa como consecuencia de los avatares de su movida historia. Es el gran argumento que Putin utilizó inicialmente para «liberar» a los rusoparlantes del Dombás del «régimen nazi» de Zelenski, que para mayor ironía es judío, alegando que no se han cumplido por parte del Gobierno de Kiev los compromisos adquiridos en los Acuerdos de Minsk para darles mayor autonomía y mayor respeto en el uso de su lengua. Y en eso no le falta razón, aunque no sean los ucranianos los únicos que impidieron la aplicación de esos acuerdos, me refiero a ello con más detalle en el capítulo 6.

Por eso esos sectores nacionalistas —y Putin también lo es— buscan paralelismos entre la actual invasión de Ucrania y la Gran Guerra Patriótica que acabó con la victoria sobre el régimen nazi de Hitler, recordando a su sufrida población que para lograrlo todos los sacrificios son pocos. El caso es que un año después de la invasión, Putin sigue esgrimiendo este deber de protección sobre las minorías rusófonas a las que la desmembración de la Unión Soviética ha dejado, en su opinión, a la intemperie al quedar fuera de las actuales fronteras de Rusia y así, en unas declaraciones del día 23 de mayo de 2023, dijo que: «Por una "injusticia histórica", parte del pueblo ruso quedó fuera de las fronteras del Estado ruso histórico, pero no por ello dejaron de ser rusos». Y continuó: «Rusia hace y, desde luego, hará todo por defenderlos». Para que quede claro.

Lo que ocurre es que el argumento de la protección de los ciudadanos de origen o habla rusa es muy peligroso porque puede ser anuncio de problemas futuros: baste pensar que hasta un 30 por ciento de la población de Estonia es de origen y lengua rusa. Y no es un caso único. De aceptarse esta tesis que confirma que todos los nacionalismos son expansivos, los problemas solo estarían comenzando, pues muchos países, desde Hungría a buena parte de los africanos, tienen minorías nacionales en países vecinos que podrían considerar un deber y un derecho «proteger». Sin contar con que ya fue un argumento que Rusia invocó en el pasado para justificar sus injerencias en Transnistria (Moldavia), y Osetia del Sur y Abjasia (Georgia) que terminaron con la partición de hecho de ambos países.

En todo caso, conviene recordar algunos datos que a veces se confunden de manera interesada: la población de Ucrania es de cuarenta y siete millones de los que, según el censo de 2001, el 77,8 por ciento son ucranianos étnicos y el 17,3 por ciento son de origen ruso, con otras minorías insignificantes desde los tártaros a los griegos, húngaros, rumanos, búlgaros y moldavos. Salvo en Crimea, los ucranianos étnicos son mayoría en todo el país, incluida la región oriental del Dombás, donde, para complicar aún más las cosas, esos ucranianos étnicos hablan preferentemente ruso y en muchos de ellos hay una cierta confusión entre su identidad étnica, la cultural y la nostalgia de la época soviética que vio el esplendor económico de esa zona minera e industrial, en contraste con su actual decaimiento económico al deshacerse la Unión Soviética. Y hablen lo que hablen los ucranianos y tengan la religión que tengan, es importante recordar que cuando el país hizo un referéndum sobre la independencia el día 1 de diciembre de 1991, un 92,3 por ciento votó a favor, aunque ese porcentaje bajara algo en el Dombás (83,9 por ciento) y bastante en Crimea, donde aun así ganó con el 54,2 por ciento de los votos (y 57,1 en la ciudad de Sebastopol).

La conclusión que no hay que olvidar es que Ucrania existe, Ucrania es un Estado con los requisitos que le exige el derecho internacional, a pesar de que tres cuartas partes de su territorio hayan formado parte durante muchos años del Imperio zarista o soviético, igual que otras partes fueron dominadas por mongoles, lituanos, polacos o austríacos que no reivindican territorio ucraniano alguno. Como a España no se le ocurre reivindicar el Rosellón, Países Bajos o la Nueva España (México) porque no tendría ningún sentido. Y Ucrania no solo existe, sino que tiene todo el derecho a existir. El hecho de que Putin tenga argumentos e incluso pueda presentar «razones» para respaldar sus ambiciones no le da la razón y no justifica la cruel invasión de un vecino más débil que no le había provocado y que ha tenido el efecto —para él no deseado— de reforzar como nunca antes la identidad nacional ucraniana y enfrentarla a la rusa. Si algo claro sale de esta guerra es que rusos y ucranianos están hoy más lejos que nunca los unos de los otros, y más enemistados que nunca. Por culpa de la invasión.

2

LA IMPLOSIÓN DE LA UNIÓN SOVIÉTICA

Aunque este sea un libro sobre Ucrania, no hay más remedio que recordar la desaparición de la Unión de Repúblicas Socialistas Soviéticas el 26 de diciembre de 1991 porque fue un acontecimiento de alcance mundial que además tiene mucho que ver con lo que después ha acontecido en Ucrania.

En 2005 Vladimir Putin escribió: «La caída de la Unión Soviética ha sido la mayor catástrofe geopolítica del siglo xx. La epidemia de destrucción se extendió incluso en Rusia. El ahorro de los ciudadanos fue aniquilado y los viejos ideales destruidos». Es un texto que revela rabia y melancolía al mismo tiempo, en recuerdo de un tiempo pasado que, en su opinión, fue mejor y que él, Putin, quiere recuperar en una especie de *À la recherche du temps perdu* personal. Entiendo que desde su punto de vista lo vea así porque Moscú ha perdido el control sobre quince repúblicas ahora independientes en Europa, en Asia y en el Cáucaso, desde Armenia hasta Lituania pasando por Bielorrusia y Kazajistán, y también han escapado de su dominio millones de kilómetros cuadrados con millones de ciudadanos (o, mejor dicho, de súbditos). Todo ello ha reducido el tamaño de Rusia y la ha relegado a un papel menor hasta el punto de permitir a Josep Borrell, alto representante para Asuntos Exteriores y de Seguridad de la UE, el exabrupto de decir que Rusia es hoy «un enano económico, es como una gasolinera cuyo propietario tiene una bomba atómica» (entrevista en el diario *El País* el 19 de agosto de 2023), un comentario que, comprensiblemente, sentó como un tiro en el Kremlin. Pero, en mi opinión, la gran tragedia del siglo xx no fue la desaparición de la Unión Soviética, que también dio la libertad a mucha gente, sino las dos guerras fratricidas en las que Europa literalmente se suicidó, unas catástrofes que acabaron con la supremacía europea del mundo, que costaron cincuenta millones de muertos y la infamia de la Shoah con el genocidio judío en los campos de exterminio nazis.

Sea como fuere, el resultado es que por mucho pecho que saque hoy Rusia no puede jugar en Champions, por la simple razón de que no tiene ni presupuesto ni banquillo para ello. Rusia sigue siendo el país más grande del mundo con algo más de diecisiete millones de kilómetros cuadrados (nada menos que el 10 por ciento de la superficie terrestre), se extiende sobre once husos horarios entre los océanos Atlántico, Pacífico y Ártico, pero solo cuenta con ciento cuarenta millones de habitantes (junto a una China superpoblada), solo exporta materias primas aunque en cantidad (11 por ciento del petróleo mundial y 17 por ciento del gas), y su PIB es de algo menos de dos billones de dólares, solo un poco mayor que el de Italia, cuando Estados Unidos tiene veinticuatro billones y China dieciocho (y subiendo) sobre un total mundial de ochenta billones. Sus grandes bazas son su poderoso arsenal nuclear (mil quinientas cincuenta cabezas desplegadas sin contar varios millares de las llamadas bombas nucleares tácticas, de entre uno y trescientos kilotones), y su carácter de miembro permanente del Consejo de Seguridad de las Naciones Unidas, con derecho de veto. Son armas poderosas, pero que no alcanzan para situarse al mismo nivel de Washington y Beijing, que es donde Putin sueña con colocar a Moscú… aunque eso implique darse de cabezadas contra una terca realidad. Me hace pensar en esos señores bajitos que estiran el cuello todo lo que pueden y se ponen alzas en los zapatos… y como a pesar de todo siguen siendo bajos se pasan el día cabreados.

La verdad es que las cosas llevaban algún tiempo yendo mal en la Unión Soviética después de que el 19 de febrero de 1989 sus tropas se retiraran de Afganistán con el rabo entre las piernas tras una infructuosa y costosa guerra de diez años, en una especie de premonición de lo que luego también acontecería a los norteamericanos en 2021 tras veinte años de conflicto… para acabar dejando a los talibanes nuevamente en el poder. Y las derrotas en Rusia tienen consecuencias, pues basta recordar el desastre ante Japón en 1905 y la Gran Guerra de 1914, que abrieron camino sucesivamente a la Revolución bolchevique y al nacimiento de la Unión Soviética. De igual manera, la derrota en Afganistán trajo el fin de la Unión Soviética tan solo dos años más tarde.

1989 fue un año muy importante también por otras razones: el 26 de marzo Gorbachov fue elegido primer presidente democrático de la Unión Soviética; el 3 de junio Deng Xiao Ping ordenó la matanza de Tiananmén porque vio que la situación en Rusia estaba descontrolándose y no estaba dispuesto a permitir que lo mismo sucediera en China; el 9 de noviembre cayó el Muro de Berlín y el 3 de diciembre George H. Bush y Mijaíl Gorbachov declararon en Malta el fin de la guerra fría.

Gorbachov probablemente se dio cuenta de que la Unión Soviética no aguantaba, que no podía mantener la carrera de armamentos con Estados Unidos, que la economía no respondía, que le estallaban protestas en Armenia, en Georgia, en Crimea, en Kazajistán, que los yakutos de Siberia mostraban desafección, y que los países bálticos formaban una cadena humana de protesta de seiscientos kilómetros de longitud pidiendo la independencia, mientras los precios subían, había problemas de abastecimiento, el rublo perdía valor, aumentaba la economía sumergida, la deuda externa se disparaba y el malestar se extendía por el país. Gorbachov vio todo eso y trató de tomar medidas con sus políticas de perestroika (reformas) y *glásnost* (transparencia) que pretendían hacer una conversión de economía comunista a capitalista sin cambiar la política. O, al menos, sin perder el control político del proceso, que es lo que luego hicieron los chinos. Pero no le salió bien.

Yo viajaba bastante a Moscú en aquellas fechas y recuerdo a un amigo, director general en el Ministerio de Exteriores soviético con el que había establecido una cierta amistad, que me contó una anécdota, a mi juicio, muy reveladora: su hermano dirigía una enorme fábrica que producía anualmente miles de toneladas de tornillos. Recibía el acero, le decían los tornillos que tenía que producir y luego iban a buscarlos y se los llevaban. Funcionaba muy bien. Con los cambios, su hermano tenía que decidir qué acero compraba, de qué calidad, qué cantidad y dónde. Luego debía escoger los tipos de tornillos que iba a fabricar, sus formas y tamaños y, finalmente, tenía que comercializarlos. Es decir, tenía que hacer lo que cualquier empresario hace en Occidente, pero me comentaba mi amigo con perplejidad: «El problema es que no sabemos hacerlo, nadie nos ha preparado para tomar estas decisiones».Y es que, a diferencia de Polonia o Hungría, en Rusia no había habido democracia nunca, los rusos pasaron de la satrapía de los zares a la dictadura comunista.Y cuando soplaron aires de libertad, no supieron desenvolverse en ese ambiente, no supieron reaccionar. Por eso decía Putin en el texto reproducido más arriba que, al desaparecer la Unión Soviética, «el ahorro de los ciudadanos fue aniquilado y los viejos ideales destruidos». La pobreza se extendió y las clases medias se hundieron al tiempo que a la sombra del poder surgían oligarcas que hacían fortunas obscenas e inimaginables en pocos años. Recuerdo visitar aquellos años una librería en Bucarest acompañado por nuestro embajador en Rumanía, que se detuvo a hablar con un individuo al que al parecer conocía, que pedía limosna en la puerta y que me presentó como un reputado profesor universitario. Me dijo que ganaba el equivalente de treinta euros al mes y que, por eso, con mucha vergüenza, no tenía más remedio que pedir limosna en la puerta de aquella librería que tantas veces había visitado antes como cliente.Y lo mismo pasaba en Rusia con las sufridas clases medias. La desesperación y la indignación se apoderaron entonces de los rusos, y eso explica muchas cosas, pues casi diez años más tarde, en 1998, el PIB ruso era todavía la mitad de lo que había sido en 1990, un año antes de la disolución de la Unión Soviética.

Gorbachov fue como el aprendiz de brujo que puso en marcha un proceso que luego no pudo controlar. Putin lo odia. El resto es historia con algunas fechas clave para entender lo ocurrido:

—El 4 de febrero de 1990 Gorbachov aceptó el pluripartidismo.

—El 16 de noviembre de 1990 Gorbachov defendió ante la Duma (Parlamento) el Nuevo Tratado de la Unión, en un intento de mantener los lazos entre los miembros de la Unión Soviética y evitar la dispersión que veía llegar a pasos agigantados.

—El 17 de marzo de 1991 se aprobó por referéndum en la Unión Soviética el mantenimiento de la Unión como una «federación renovada de Estados soberanos», que permitía a cada república elegir la forma de asociarse.

—El 1 de julio se disolvió la alianza militar del Pacto de Varsovia.

—El 1 de agosto, el presidente George H. W. Bush se detuvo en Kiev a su regreso de Moscú y en un discurso ante el Soviet Supremo de la república compró la idea de la Unión que defendía Gorbachov, diciendo que «libertad no es lo mismo que independencia». Estados Unidos temía, como Gorbachov, que la disolución de la Unión Soviética y la independencia de Ucrania pudieran derivar en un conflicto como el de Yugoslavia. William Safire calificó este discurso en *The New York Times* como «*the Chicken Kiev Speech*» (el discurso del miedo de Kiev).

—El 21 de agosto fracasó la intentona de golpe de Estado dirigido por el Partido Comunista de la Unión Soviética y por el KGB contra Gorbachov (que fue secuestrado mientras estaba en una dacha en Crimea) y su programa de reformas. Los ciudadanos y el ejército protegieron el Parlamento y de ese momento se recuerda la imagen icónica del líder ruso Yeltsin subido encima de un tanque. Gorbachov seguía siendo presidente, pero el político más popular era Yeltsin.

—El 23 de agosto Gorbachov disolvió el Partido Comunista y dimitió como su secretario general.

—El 24 de agosto la Rada (Parlamento) de Ucrania declaró la independencia por 346 votos a favor, 1 en contra y 3 abstenciones, y nombró a Leonid Kravchuk como jefe de Estado interino.

—El 25 de agosto Yeltsin pareció unirse a la idea de la Unión que defendía Gorbachov, aunque matizando que debería adoptar la forma de una federación y no de una confederación. Luego la torpedearía en su afán de conseguir todos los poderes para Rusia como «centro» del proyecto.

—El 1 de diciembre Ucrania hizo un referéndum para confirmar la declaración de independencia hecha el 24 de agosto anterior por la Rada. El 92,3 por ciento de los ucranianos votaron a favor en una expresión de voluntad que entonces se interpretó no tanto contra Rusia, sino contra el comunismo.

—El 8 de diciembre de 1991 los líderes de las tres repúblicas, Boris Yeltsin (Rusia), Leonid Kravchuk (Ucrania) y Stanislav Shushkévich (Bielorrusia) firmaron el importante Acuerdo de Belavezha (el nombre de una dacha en Bielorrusia) para crear la Comunidad de Estados Independientes (CEI) con la idea de mantener una cierta coordinación que incluyera un ejército, un mercado y una moneda únicos y evitar así los enormes problemas inherentes a la separación de una integración tan fuerte como la que había existido dentro de la Unión Soviética. La idea era buena, pero el proyecto nació mal, pues Yeltsin quería dotarla de instituciones de carácter supranacional que mantuvieran el control ruso del invento y Kravchuk se resistió. Al final, todos los países desgajados de la Unión Soviética acabarían firmando, menos los tres bálticos, que rechazaron el proyecto desde el primer momento. En esa reunión de Belavezha los tres líderes acordaron también denunciar el Tratado de la Unión de 1922 que había creado la Unión Soviética. Significativamente, Yeltsin informó a Bush pero no a Gorbachov.

—El 19 de diciembre Yeltsin transfirió por decreto a Rusia los mayores poderes de que disponía la Unión Soviética.

—El 21 de diciembre se constituyó formalmente la CEI en una reunión celebrada en Almatý (Kazajistán) entre quince estados soviéticos con una declaración conjunta que afirmaba que la Unión Soviética y su presidencia habían llegado a su fin. Ucrania firmó y solo la abandonó en 2014, tras la anexión rusa de Crimea.

—El 25 de diciembre Gorbachov dimitió: «Les deseo lo mejor».

—El 26 de diciembre de 1991 dejó de existir la Unión Soviética, se arrió en el Kremlin la bandera de la hoz y el martillo y se izó la tricolor de Rusia. Gorbachov traspasó a Yeltsin el botón nuclear.

Como resultado, la Federación Rusa, que cuenta con ochenta y tres entidades federales, incluidas veintiuna repúblicas que no son eslavas, sustituyó a la Unión Soviética como miembro permanente con derecho de veto en el Consejo de Seguridad de la ONU, pero otras quince repúblicas que formaban parte de la Unión Soviética optaron por la independencia y Moscú perdió el dominio sobre el 49,6 por ciento de la población y el 24 por ciento del territorio que antes controlaba. Que es mucha población y mucho territorio, aunque aún le quede mucho más, pues todavía cuenta con 17,1 millones de kilómetros cuadrados, el doble más o menos de Estados Unidos y algo así como treinta y cuatro veces España… con tan solo 145,5 millones de habitantes en 2023. Tampoco hay que olvidar que la Unión Soviética y luego Rusia se han mantenido al margen del movimiento descolonizador que sacudió el mundo después de la Segunda Guerra Mundial y que puede constituir un elemento de fragilidad en la imagen de poder que Putin intenta proyectar. La Comisión de Seguridad y Cooperación en Europa —una agencia independiente del Gobierno norteamericano pero que cuenta en su seno a miembros del Senado, del Congreso y de los departamentos de Estado, Defensa y Comercio— ha declarado que la descolonización de Rusia «debería constituir un objetivo moral y estratégico». Si esto lo lee Putin, le da un soponcio. Porque la verdad es que, como en cierta ocasión dijo Zbigniew Brzezinski, una de las personas más brillantes que he conocido, «sin Ucrania, Rusia deja de ser un imperio». Y eso es lo que Putin echa de menos y quiere recuperar sin tener los medios para ello.

La invasión de Ucrania forma parte de esa ambición… y de esa frustración, porque no cabe duda de que Putin vivió el colapso de la Unión Soviética como un momento de humillación a manos de Occidente, una humillación que él trató de superar devolviendo a Rusia al rango de poder global con una serie de campañas militares en Chechenia, en Georgia y en Siria que restituyeran su orgullo al pueblo ruso y mostraran al mundo el poder de sus ejércitos. Owen Matthews ha publicado en noviembre de 2022 el libro *Overreach* (Mudlark Press) en el que llama a Putin «un ruso como todos» («a Russian everyman») en el sentido de que no se diferencia de la gran mayoría de sus compatriotas en ver una «traición» en el deseo de Ucrania de entrar en la OTAN, y que esa «traición» se encuentra en el origen del «patriotismo agraviado» que acaba explicando la invasión de Ucrania.

3

¿HUBO PROMESAS DE LA OTAN?

Se trata de una cuestión estratégica que ha suscitado el interés académico porque mantiene una gran relevancia política más de treinta años después de la implosión de la Unión Soviética, y una vez que fracasó como «sueño inalcanzable» (James Baker *dixit*) la propuesta de Gorbachov de una estructura paneuropea de seguridad que incluyera el ingreso de Rusia en la OTAN, que también otros en Occidente consideraban entonces posible e incluso deseable. El asunto no solo mantiene hoy interés académico, sino que tiene rabiosa actualidad política porque Putin afirma una y otra vez a quien le quiera oír que se ha visto obligado a intervenir en Ucrania cuando no se han tenido en consideración «los legítimos intereses de seguridad de Rusia», algo en lo que China le apoya. Y por eso vale la pena tratar el asunto con cierto detenimiento.

En realidad, todo comenzó una fría madrugada del día 9 de noviembre de 1989 con la caída del Muro de Berlín que puso sobre la mesa el tema candente de la reunificación alemana, algo que inspiraba temor en muchos europeos. Fue cuando Giuliano Amato, que luego sería primer ministro de Italia, dijo aquella broma solo a medias de que quería tanto a Alemania que prefería que hubiera dos. No fue esa ciertamente la posición de Felipe González, que siempre apoyó la reunificación y se ganó con ello el agradecimiento eterno de Helmut Kohl.

Yo tuve la suerte de vivir de cerca aquel momento de una forma muy peculiar pero ilustrativa, porque aquella misma mañana acompañaba al ministro Francisco Fernández Ordóñez en una visita de la Troika europea a Túnez para ver a Yasir Arafat. La Troika la componían los ministros de Asuntos Exteriores de Francia, que tenía en aquel momento la presidencia rotatoria de la Comunidad Europea, y los de las presidencias anterior y siguiente, el ministro Collins de Irlanda y el de España. Cada uno iba acompañado por su director general para asuntos de Oriente Medio. Mientras esperábamos en el aeropuerto militar de Torrejón la llegada del avión francés que nos tenía que recoger, Fernández Ordóñez recibió una llamada desde la Moncloa del presidente González que le dijo con sorna: «¿Túnez? ¿No te parece que vas en la dirección equivocada? Hoy la actualidad está en Berlín». Tenía razón. Cuando por fin llegó el avión francés, era el Mystère más pequeño de la gama, el que solo lleva ocho pasajeros. En la aeronave ya venían Michael Collins y Roland Dumas, el ministro francés, con sus dos acompañantes, y allí subimos y nos acomodamos Fernández Ordóñez y yo mismo. Apenas había espacio, los tres ministros ocupaban la parte delantera del avión y los tres acompañantes la trasera, separados por un ligero tabique. El resultado era que estábamos literalmente unos encima de los otros y que se oía todo lo que se hablaba y el tema de conversación de los ministros obviamente no era Arafat, sino Berlín, y allí constaté de primera mano dos cosas que me impresionaron bastante: la primera, que los franceses estaban aterrorizados con la posibilidad de una reunificación alemana (con una guerra en el siglo XIX y dos en el siglo XX no les culpo), y la segunda, aún peor, que París no tenía planes de contingencia por si eso un día ocurría, y a mí me sorprendió más lo segundo que lo primero.

Durante el trayecto Madrid-Túnez, el presidente Mitterrand llamó tres veces a Dumas y el ministro le hablaba desde un teléfono adosado al tabique que nos separaba, y lo hacía a gritos, de manera que yo lo oía todo, aunque no quisiera… que ciertamente quería. Mitterrand estaba muy preocupado, mucho, y quería convocar un

Consejo Europeo con la mayor urgencia para tratar del asunto de la reunificación de Alemania, a lo que su ministro le respondía que eso necesitaba tiempo y buena preparación previa y que no convenía perder los nervios. Los franceses no sabían qué hacer, pues la reunificación les resucitaba viejos fantasmas y no les gustaba un pelo. Fernández Ordóñez, siempre inteligente y con los faros largos encendidos, aconsejaba tranquilidad, decía que la reunificación en sí era probablemente inevitable y que en realidad no era tan importante como tener a Alemania entera controlada, para lo cual la antigua República Democrática Alemana (RDA) debía entrar cuanto antes en la Comunidad Europea y en la OTAN, «porque ahora Alemania será demasiado grande y demasiado fuerte y hay que evitar que vaya a su aire *como un platillo volante descontrolado*». Paco Fernández Ordóñez es el político más inteligente que yo he conocido, era un lujo trabajar a su lado (fui ocho años su director general para África y Oriente Medio) y aquel día me dio y nos dio a todos en aquel avión una lección de diplomacia en acción. El caso es que al final el asunto se resolvió entre alemanes, rusos y norteamericanos sin contar con los europeos, paralizados por la desconfianza. Repito, lo que más me impresionó es que Francia no tuviera un plan en un cajón para el caso de que un día Alemania encontrara el camino hacia su reunificación. Y la solución para ese miedo no era otra que meter a la RDA en la OTAN, como bien vio desde el primer momento Paco Fernández Ordóñez.

Mark Kramer, profesor de la Universidad de Harvard, publicó en febrero de 2002 un artículo titulado «NATO, the Baltic States and Russia» («La OTAN, los países bálticos y Rusia») en la revista *International Affairs*, donde textualmente aconsejaba a los países OTAN que iban a reunirse en la cumbre de Praga que no solo dieran luz verde al ingreso de los países Bálticos, sino que también expresasen la esperanza de que «un día Rusia se convierta en miembro de la Alianza». Tras lo visto después de la invasión de Ucrania no cabe duda de que ha sido un error dejar estos años a Rusia a la intemperie de una estructura de seguridad europea que entiende que ya no sirve a sus intereses,

porque eso seguramente también ha contribuido a su progresivo deslizamiento hacia posiciones crecientemente autoritarias que, por otra
parte, son las que Rusia ha conocido siempre a lo largo de su historia
y que han hecho decir a Serguéi Kara-Murza que Rusia ha pasado de
ser con Yeltsin una «democracia imperfecta» a convertirse en una «dictadura perfecta» con Putin, un personaje que Moisés Naím utiliza en
su libro *The Revenge of Power* (St Martin Press, Nueva York, 2022)
como uno de los modelos de lo que él llama «autócratas 3P», pues
utilizan a su servicio el populismo, la polarización y la posverdad. E
ilustra cómo Putin, al servicio de su ambición y de vaciar por dentro
la democracia que lo encumbró al poder, hizo equilibrios con Medvedev para alternarse en el poder sin romper inicialmente con la letra
de la Constitución, para más tarde, en marzo de 2020, hacer que la
Duma (Parlamento) aprobara una ley que le permite mantenerse en
la presidencia hasta 2036.

   No es Putin el único líder que recurre a algo que desde el año
2000 se ha convertido en práctica «muy frecuente», como dicen Mila
Versteeg, Tim Horley y Anne Meng en un estudio publicado en 2020
en la *Columbia Law Review* donde afirman que a partir de esa fecha
(año 2000), «alrededor de un tercio de todos los presidentes que llegaron al final de su mandato hicieron un serio esfuerzo por permanecer», y añaden que «dos tercios de los que lo intentaron tuvieron
éxito». Putin aún va más allá, pues en su afán por perpetuarse necesitaba dinero que se garantizó entre 2000 y 2003 con un acuerdo con
los oligarcas por el que les aseguraba que podrían ser ricos, muy ricos,
siempre que no olvidaran a quién debían su enriquecimiento y pusieran sus fortunas al servicio de las prioridades políticas del Kremlin y
de los intereses personales del propio Putin, como argumenta Anders
Åslund en su libro *Russia's Crony Capitalism: The Path from Markert
Economy to Kleptocracy —El capitalismo de amiguetes de Rusia. El camino
de la economía de mercado a la cleptocracia—* (Yale University Press, 2019).

   Pero, al margen del alejamiento de Rusia de la democracia durante los años de Putin, algo que ciertamente no ayudó nada para una

buena relación con Occidente y con la OTAN, ¿hubo o no hubo promesas de que la OTAN no se expandiría hacia territorios de la antigua Unión Soviética? Los rusos afirman que sí, y es lo que ha dicho Aleksandr Lukashévich, embajador de Moscú ante la OSCE el 13 de enero de 2022, muy pocas semanas antes de la invasión de Ucrania, cuando recordó que Estados Unidos prometió a Gorbachov que la OTAN no avanzaría «ni una pulgada» hacia el este si Moscú no obstaculizaba la entrada de una Alemania unificada en la Organización del Tratado del Atlántico Norte.

Las cosas no son tan simples. Sí y no. Veamos. Hubo promesas más o menos vagas, y casi siempre referidas a la antigua Alemania del Este, pero no escritas. Nunca por escrito. Y a diferencia de los acuerdos entre tratantes de ganado en los que un apretón de manos compromete la palabra dada sin que nadie ose volver atrás, esa no es la fórmula que rige en las relaciones internacionales donde solo cabe exigir lo que está firmado y sellado con formalidad. Y de eso aquí no hay nada.

Mark Kramer, un especialista en el tema, publicó otro artículo en la edición de abril de 2009 de *The Washington Quaterly*. En él sostiene que el asunto de la expansión de la OTAN se suscitó en numerosas ocasiones durante las negociaciones que se mantuvieron sobre la reunificación de Alemania entre Mijaíl Gorbachov, George H. W. Bush y Helmut Kohl, con participación también de los responsables de Asuntos Exteriores alemán (Genscher) y norteamericano (Baker), pero que únicamente se referían a Alemania y, más en concreto, a la antigua República Democrática Alemana. Querían convencer a Gorbachov de la necesidad de una Alemania unificada dentro de la OTAN, pero todos ellos coincidían en no plantearse en aquellos momentos que países de la ex Unión Soviética como Checoslovaquia, Hungría y Polonia entraran en la organización a pesar de las fuertes presiones que hacían para conseguirlo.

Andrés Ortega, en un artículo publicado por el Real Instituto Elcano, abunda en esta tesis y recuerda que Genscher le propuso a su colega británico Douglas Hurd que sería conveniente decir claramente que «la OTAN no tiene intención de expandirse hacia el este», y de hecho Manfred Wörner, que en junio de 1991 era el secretario general de la OTAN, declaró públicamente que admitir a los antiguos miembros de Tratado de Varsovia «sería un obstáculo serio para alcanzar un entendimiento mutuo con la Unión Soviética»... a la que entonces quedaban muy pocos meses de vida. Según dice Kramer, esta postura la mantuvo la Administración Bush (padre) una vez desaparecida la Unión Soviética y también inicialmente la de Clinton... hasta que este último cambió por presión de los países de la Europa Oriental que se sentían amenazados por Rusia.

Y así era, en efecto. Yo era entonces director general de Asuntos Políticos, lo que se conoce como director político en el Ministerio de Asuntos Exteriores, cuando Javier Solana, a la sazón ministro (dos años más tarde sería elegido secretario general de la OTAN), me encargó a principios de 1993 una gira por los países bálticos para ir abriendo relaciones con ellos, una vez que habían recuperado su independencia, con objeto de prometerles nuestro apoyo al ingreso en la Unión Europea recién creada por el Tratado de Maastricht (1992). Durante ese viaje me recibieron los tres ministros de Asuntos Exteriores en Vilna, Riga y Tallin y los tres me agradecieron mucho ese apoyo para manifestarme, acto seguido, que lo que de verdad deseaban era que España apoyara su ingreso en la OTAN porque veían ese ingreso como la única garantía posible de su seguridad frente a Rusia, de la que no se fiaban ni un pelo y que les daba un miedo horrible. Y yo les contesté, porque esa era entonces nuestra posición, que les comprendíamos pero que nos preocupaba que el remedio pudiera acabar siendo peor que la enfermedad, porque podría ser considerado por Moscú como una provocación que empeoraría las cosas y les daría aún mayor inseguridad. Los tres me dijeron, como de común acuerdo porque seguramente lo estaban, que era fácil ver así las cosas desde Madrid, que está muy lejos de Rusia, y me pidieron encarecidamente que trasladara a mi Gobierno su firme petición de que cambiáramos nuestra postura. Lo hicimos muy pronto.

Pero no todos los investigadores coinciden. Mary Elise Sarotte, en la última edición de su libro *1989: The Struggle to Create Post-Cold War Europe* (*1989. La lucha para crear una Europa posguerra fría*) (Princeton University Press, 2014), muestra un cierto desacuerdo con Kramer porque, según ella, cuando Kohl, Genscher y Baker visitaron Moscú en febrero de 1990 no se referían solo a Alemania, sino que afirmaron repetidamente que la OTAN, lo que incluía más que el territorio de la antigua República Democrática Alemana, no avanzaría en modo alguno hacia el este: «*Not an inch Eastwards*» («ni una pulgada hacia el este»), dicen que esas fueron las palabras de Baker, y le pidieron a Gorbachov que sobre ese compromiso permitiera ir adelante con la reunificación. Sin embargo, Mary Elise Sarotte reconoce que Genscher no decía lo que en realidad pensaba, porque sus papeles demuestran que él desde el principio fue partidario de la presencia de Europa del Este en el seno de la OTAN.

El caso es que, al final, Rusia fue convencida de aceptar a toda Alemania dentro de la OTAN, porque Baker arguyó con Gorbachov que una Alemania dentro de la OTAN era mucho mejor que una Alemania que fuera por libre y porque, además, no era posible para un país estar a la vez dentro y fuera de la organización, y los rusos así lo entendieron después de haber abogado sin éxito por la neutralización de Alemania. Aun así, recuerda Andrés Ortega, Gorbachov fue muy firme ante Baker y le dijo que «cualquier (otra) extensión de la zona de la OTAN sería inaceptable». O sea que la posición rusa era: bien, haremos una excepción con Alemania, pase lo de que entre en la OTAN la antigua República Democrática Alemana porque se unifica con la República Federal de Alemania, pero ni una más. Con esa condición (no escrita), Gorbachov aceptó que Alemania se reunificara el 3 de octubre de 1990, tan solo once meses después de la caída del Muro de Berlín, y que la Alemania unificada fuera miembro de la OTAN. Otra razón que pesó en el ánimo del ruso —y de la que se habla menos— fue que Alemania concedió a Moscú créditos que su maltrecha economía necesitaba como agua de mayo, y le dio, además, dinero para poder reubicar a los cuatro mil soldados que tuvo que sacar de la Alemania del Este.

Las *Memorias* de Gorbachov coinciden con esta apreciación porque dice que aceptó la reunificación alemana en el entendimiento de que «ni la jurisdicción ni las tropas de la OTAN se extenderían a territorios situados al este de los actuales límites de la Alianza». Pero lo que Gorbachov pensara o escribiera en sus *Memorias* no es argumento que Putin pueda exhibir hoy para mostrar agravio.

Paul D'Anieri, profesor en la Universidad de California en Riverdale, ha hecho en su libro *Ukraine and Russia (Ucrania y Rusia)*, Cambridge University Press, 2023, lo que, a mi juicio, es un excelente resumen del tema en cuatro ideas básicas:

En primer lugar, Rusia se opuso con firmeza a que la Alemania reunificada ingresara en la OTAN. Cuando Gorbachov acabó aceptándolo fue por impotencia, porque no pudo hacer otra cosa y no porque estuviera de acuerdo.

En segundo lugar, Rusia recibió garantías verbales únicamente en lo que se refería al territorio de la vieja República Democrática Alemana. Manfred Wörner, entonces secretario general de la organización, dijo al respecto que «el hecho de estar dispuestos a no destacar tropas de la OTAN más allá del territorio de la República Federal da a la Unión Soviética sólidas garantías de seguridad». Wörner se refería claramente al territorio de la RDA, aunque luego se quisiera entender por algunos como un compromiso de alcance más amplio.

En tercer lugar, afirma D'Anieri que no hubo ningún compromiso escrito que se refiera a otra cosa que no fuera sobre Alemania del Este. Por eso, el Tratado Dos más Cuatro de septiembre de 1990 dice en su artículo 6: «El derecho de la Alemania unificada de pertenecer a alianzas, con todos los derechos y responsabilidades inherentes, no se verá afectado por el presente tratado». Más claro, agua. De hecho, Gorbachov llegó a pensar en la posibilidad de que Alemania entrase no solo en la OTAN sino también en el Pacto de Varsovia, que solo se disolvería el 1 de julio de 1991. Un comentario de *Pravda* deja claro el entendimiento de Gorbachov de que no objetaba a la adhesión de Alemania a la OTAN, pero que entendía que no se instalarían armas ni fuerzas militares de la organización en el territorio de la antigua RDA.

En cuarto lugar, los líderes rusos estaban firmemente convencidos de que, al margen de lo que dijeran los acuerdos, existía un «espíritu», un compromiso moral de que la OTAN no se extendería hacia el este y así lo afirma Gorbachov en una entrevista que le hicieron el 14 de octubre de 2014 cuando dijo que: «El tema de la expansión de la OTAN nunca fue discutido y ni siquiera suscitado durante aquellos años... Se discutió, eso sí, que las estructuras militares de la OTAN no avanzarían y que después de la reunificación alemana no se instalarían fuerzas de la Alianza en el territorio de la antigua RDA. La declaración de Baker (en el sentido de que "la OTAN no avanzaría ni una pulgada hacia el este") fue hecha en ese contexto... La decisión de Estados Unidos y de sus aliados de extender la OTAN hacia el este fue, decididamente, una violación del espíritu de las declaraciones y de las garantías que nos fueron transmitidas en 1990».

Y Paul D'Anieri cuenta que, según un memorándum norteamericano desclasificado años más tarde, el secretario de Estado norteamericano, Warren Christopher, le dijo a Yeltsin en una conversación mantenida en octubre de 1992 que la Asociación para la Paz que promovía la OTAN era «una alternativa» a la expansión de la OTAN hacia el espacio postsoviético pero «no su precursora» y que esa idea le pareció a Yeltsin «brillante, un golpe de genio»..., aunque más tarde, en esa misma conversación, Christopher añadiera que «en su debido tiempo analizaremos el ingreso como una posibilidad a largo plazo». D'Anieri dice que «parece que Yeltsin prestó poca atención a este importante calificativo».

En mi opinión, todo está muy claro: hubo compromisos referidos únicamente al territorio de la vieja República Democrática Alemana, como también hubo insinuaciones vagas e incluso contradictorias sobre lo que podría acontecer en el futuro con otros países surgidos del

Imperio soviético. Pero no hubo ningún compromiso formal por escrito que fuera más allá del territorio alemán.

Luego el tema de la expansión de la OTAN pasó a segundo término con la guerra para la liberación de Kuwait, la Conferencia de Paz de Madrid sobre Oriente Medio (octubre de 1991) donde, según *Pravda*, la Unión Soviética bailó «su último tango», y la llegada de la Administración Clinton que pronto cambió de actitud ante la fuerte presión que le hicieron los países de la Europa del Este, que se sintieron inseguros con la vecindad rusa desde el mismo día de su nacimiento a la vida independiente.

En 1997, antes de la primera ampliación, se firmó el Acta Fundacional Rusia-OTAN por la que los aliados se comprometieron formalmente a no instalar «de manera permanente» tropas de combate en países que hubieran formado parte del Pacto de Varsovia, y eso se sigue cumpliendo hoy a rajatabla. Por eso los despliegues de la nueva Fuerza Conjunta de Muy Alta Disponibilidad acordada en la cumbre de la OTAN de Newport (Gales, 2014) no son permanentes y solo se hacen con carácter rotatorio.

Hoy, cuando se cumplen treinta y cinco años de la caída del Muro de Berlín, que fue el tiro de salida de los mayores cambios geopolíticos de los últimos tiempos, quince nuevos Estados se han incorporado a la OTAN, que de esta forma ha contribuido no solo a su seguridad, sino a reforzar la democracia en Europa: en 1999 se adhirieron Polonia, Hungría y la República Checa; en 2004 lo hicieron Letonia, Estonia, Lituania, Rumanía, Bulgaria, Eslovenia y Eslovaquia; Albania y Croacia entraron en 2009; Montenegro en 2017 y Macedonia del Norte en 2020. Y Finlandia se ha unido en abril de 2023, mientras Suecia ha visto retrasado su ingreso, acordado junto al de Finlandia en la cumbre de la OTAN de Madrid (junio de 2022), por causa del veto turco (y también húngaro) por razones que tenían que ver sobre todo con la cooperación antiterrorista y la presencia de la oposición kurda en Estocolmo, por las sanciones europeas a Budapest por la deriva autoritaria del régimen de Orbán y, más tarde, por la quema del Corán en las calles de la capital sueca. Un batiburrillo de excusas que la diplomacia nórdica y también la otánica lograron solventar en octubre cuando el Parlamento turco dio por fin luz verde a Suecia. En ese momento todavía faltaba la aquiescencia de Hungría y Orban decía no tener prisa. Si Putin invadió Ucrania para evitar que entrara en la OTAN (cuando el tema no se planteaba), ahora ha añadido de una tacada otros mil trescientos kilómetros de frontera directa con la OTAN, el doble de lo que hasta ese momento tenía.

Sin embargo, no hay que olvidar que Georgia y Ucrania recibieron una invitación para convertirse en miembros de la OTAN en la cumbre que la Alianza celebró en Bucarest en 2008. Fue el resultado de una decisión norteamericana en contra de la opinión de socios europeos como Francia y Alemania, sin que desde entonces se haya dado ningún otro paso para acercarlos a la organización. Fue un brindis al sol del presidente George W. Bush porque no ha tenido ningún seguimiento, pero que ya entonces puso muy nervioso a Moscú, que reaccionó declarando ese mismo año la independencia de Abjasia y de Osetia del Sur (ambos territorios de Georgia) que ya había ocupado en 1992 y 1991, respectivamente, y que casi nadie más ha reconocido desde entonces. La realidad es que, así como durante los últimos años se han dado pasos para acelerar la adhesión de Ucrania a la Unión Europea (cuando cumpla con los Criterios de Copenhague), nada se hizo para acercarla a la OTAN durante los años transcurridos desde entonces, con la consecuencia de que hasta el momento no se ha planteado en serio su ingreso.

Hasta ahora, cuando tras la invasión rusa Jens Stoltenberg, secretario general de la OTAN, afirmó en una visita a Kiev el 19 de abril de 2023 que la organización seguiría apoyando a Ucrania «el tiempo que sea necesario», que «el lugar que le corresponde a Ucrania es dentro la familia euroatlántica», y trasladó una invitación al presidente Zelenski para participar en la cumbre de Vilna tres meses más tarde, donde se reiteró ese ofrecimiento «cuando lo decidan los aliados y se cumplan las condiciones», como no podía ser de otra manera. Zelenski hubiera deseado amarrar mejor ese futuro, pero no lo consiguió.

De manera que pudo haber ingenuidad —y mucha— por parte de Gorbachov que creyó o quiso creer las promesas en el aire que recibió de Occidente sobre la no aproximación de la OTAN a las fronteras rusas. Pero no hubo ningún compromiso formal y escrito de no hacerlo, y por eso no tiene razón Putin cuando protesta. Lo que se prometió, no asentar tropas de manera permanente en los países que un día formaron parte del Pacto de Varsovia, se cumple con el recurso de hacer despliegues temporales y rotatorios.

Y, finalmente, con la adhesión a la Alianza de Finlandia y de Suecia, provocada por el miedo que a ambos les ha dado la invasión rusa de Ucrania, queda claro que la OTAN está hoy más viva que nunca lo ha estado en los últimos años. Con ambos países, la Alianza alcanza los treinta y dos miembros y el Báltico se convierte en un lago occidental. Si Putin se quejaba de sentirse asfixiado por el cerco de la OTAN y no quería una taza… ahora tiene taza y media.

Dicho todo esto, y sobre la base de que todo país debe ser libre para elegir su destino y sus alianzas, no cabe duda de que la expansión de la OTAN hacia el este durante las tres últimas décadas ha contribuido a poner muy nerviosos a los rusos, que tienen hoy sensación de cerco. Y esa sensación es real y no un invento de Putin. Quiero recordar unas palabras del diplomático norteamericano George F. Kennan, gran conocedor de Rusia, país en el que estuvo varias veces destinado a lo largo de su vida, cuando envió al Departamento de Estado en 1946 su famoso «largo telegrama» (ocho mil palabras) en una época en la que era encargado de negocios en Moscú. En ese texto advertía ya entonces de que Rusia tenía «una visión neurótica de los asuntos mundiales» y un «instintivo sentido ruso de inseguridad». Muchos años más tarde, ya en 1997, dos años antes de la primera ampliación, afirmaba sin pelos en la lengua que «expresado de manera brusca, extender la OTAN sería el error más fatídico (fateful) de la política norteamericana en toda la era de la posguerra fría. Esa decisión inflamaría las tendencias nacionalistas, antioccidentales y militaristas de la opinión rusa; afectaría negativamente al desarrollo de la democracia rusa;

restablecería la atmósfera de guerra fría en las relaciones este-oeste; y empujaría la política exterior rusa en direcciones que ciertamente no serían de nuestro agrado». Otros políticos norteamericanos también han pensado así a lo largo del tiempo, como Robert McNamara, William Perry, Bob Gates, Paul Nitze... y por eso también Angela Merkel (que dijo que estaba en desacuerdo porque Putin lo interpretaría como «una declaración de guerra») y Nicolas Sarkozy se opusieron a la invitación a Ucrania en la cumbre de la OTAN de Bucarest, en contra de la opinión de George W. Bush... que acabó imponiendo su criterio. Un error de la diplomacia norteamericana.

Si tenemos en cuenta todo ello, creo que estaba bien visto por parte de Kennan, y que aunque todo país debe ser libre para elegir lo que más le convenga y que también la ambición de Putin por rehacer la extinta Unión Soviética ha sido el elemento determinante de la invasión de Ucrania, no cabe duda de que la expansión de la OTAN hacia el este ha alimentado hasta el límite sus temores, suspicacias y paranoias y le ha convencido de la necesidad de apoderarse de parte de Ucrania para evitar que la OTAN se acerque todavía más a una Rusia que como consecuencia ha desarrollado una mentalidad de cerco. Estoy convencido de que las cosas hubieran podido ser muy diferentes si Rusia hubiera optado por la democracia y por no inspirar miedo a sus vecinos.

4

UNOS COMIENZOS DIFÍCILES

Visité Ucrania poco después de la independencia, creo que fue la primera visita oficial de un funcionario español, porque Javier Solana, a la sazón ministro de Asuntos Exteriores, me envió para abrir un primer contacto, y no oculto que me produjo una penosa impresión. No solo por el antiguo fanatismo de aquellos monjes del espectacular monasterio de Pecherska Lavra, o de las Cuevas, sobre una colina que bordea el río Dniéper en Kiev, el cenobio más antiguo del país, donde los monjes se enterraban en vida en celdas que excavaban como hormigas en galerías perforadas en la montaña, para luego tapiarse dentro dejando solo un agujero por el que les pasaban comida, una comida que contenía los ingredientes necesarios para ir momificando en vida y de forma progresiva su cuerpo que luego, cuando fallecían, se depositaba en el suelo a lo largo de las galerías de aquel gigantesco y tétrico hormiguero para que otro fanático ocupara la celda recién vaciada y la tapiara a su vez. Uno deambulaba por aquella inverosímil madriguera laberíntica rodeado de cadáveres momificados. Parece mentira a qué extremos puede conducir el fanatismo. Cuando lo visité, el monasterio todavía albergaba muchos monjes que al menos ya no se enterraban en vida, se ve que allí la carrera eclesiástica aún era una vía eficaz para salir de la pobreza.

Era a primeros del mes de enero, hacía mucho frío, las calles estaban débilmente iluminadas por farolas muy espaciadas que dejaban amplios trechos de sombra entre ellas, había resbaladizas placas de hielo sobre las aceras, y el país entero olía al keroseno barato que salía de los tubos de escape de los coches como un humo negro y espeso.

Me recibió en el aeropuerto mi homólogo ucraniano, un director general de su Ministerio de Asuntos Exteriores, que en el camino a la ciudad me quiso vender «un helicóptero artillado», lo digo en serio. Al parecer, su cuñado, según me explicó, comandaba una guarnición militar, y como no tenía dinero para dar de comer a la tropa y calentar las instalaciones, o eso me aseguró, recurría a vender las armas que tenía. Y, por alguna razón que se me escapa, su cuñado y él habían pensado que yo, un diplomático español de visita oficial en Kiev, podría estar interesado en un helicóptero armado. Me costó convencerle de que la oferta no me iba, porque ni sabría pilotarlo ni en España —por fortuna— me permitirían tenerlo. Pero él insistió, porque afirmó que me lo ofrecía tan barato que podría ganar mucho revendiéndolo si no lo quería para mí. Se pasó todo el camino desde el aeropuerto a mi hotel hablándome del asunto. Suena surrealista y lo es, pero juro que no me lo invento. Durante los tres días que estuve en Kiev me contó que su sueldo mensual equivalía a veinte dólares, aunque, eso sí, tenía casa, colegios y electricidad gratis y el gas lo dejaban puesto todo el día con la llama baja porque les salía más barato que comprar cerillas, que al parecer eran caras. Al final me preguntó si le podía regalar una botella de whisky porque no lo había en el país o era carísimo, le gustaba mucho, no se lo podía permitir y «solo lo tomaba cuando le invitaban las embajadas extranjeras». Le compré un par de botellas en una tienda que había para diplomáticos con la duda de si se las bebería o las revendería en el mercado negro. En el avión de regreso a España todavía me iba preguntando si me había encontrado con un hombre muy necesitado o con un sinvergüenza, y creo que era las dos cosas a un tiempo… y quizás más la segunda.

Esa era la Ucrania que conocí cuando se acababa de derrumbar la Unión Soviética, un país que al igual que la propia Rusia mostraba en aquel momento lo peor del comunismo y lo peor del capitalismo, un país sumido en una terrible crisis económica, en el que, mientras algunos se enriquecían obscenamente, la mayoría de la gente lo pasaba muy mal, algo a lo que contribuía y mucho la política rusa de dar a Ucrania gas a precios subvencionados que, por una parte, creaban una fuerte dependencia, pero que, a la vez, permitían el enriquecimiento sin límites de los oligarcas que controlaban ese comercio y luego revendían ese gas en el extranjero a precios de mercado. Como consecuencia, el malestar de la población era muy grande en los años que siguieron a la desaparición de la Unión Soviética y a la ruptura del tejido económico que la había sustentado.

Y no es que no se dieran cuenta de que eso iba a suceder porque ya en la reunión de Belavezha, cuando los líderes de Rusia, Ucrania y Bielorrusia decidieron acabar con la Unión Soviética y abrogar el Tratado de la Unión de 1922, Yeltsin propuso la creación de la Comunidad de Estados Independientes como fórmula para no desmantelar de golpe la economía soviética y mantener una mínima coordinación económica. Lo que pasa es que el invento no voló porque Rusia lo veía como un mecanismo que le permitiera mantener la hegemonía, creando instituciones supranacionales, como un banco central único que gestionara la moneda (el rublo) que Moscú controlaría y ni los bielorrusos ni, especialmente, los ucranianos estaban por la labor. Por ello la CEI nació coja desde su alumbramiento formal en la cumbre de Almatý en diciembre de 1992 en la que participaron Rusia, Ucrania, Bielorrusia, Armenia, Azerbaiyán, Moldavia y los cinco países de Asia Central. La consecuencia del fracaso fue el desorden, que en el caso de Ucrania se vio acompañado de una mala gestión económica y de falta de reformas que desbocaron la inflación, redujeron el PIB y aumentaron en espiral la pobreza y el malestar ciudadano que en muchos casos echaba de menos la red de seguridad que daba la economía soviética. Ese malestar se puso de manifiesto en Ucrania cuando una primera huelga alzó en pie de guerra en la región de Dombás a medio millón de trabajadores de sectores (siderurgia, minería) muy vinculados con Rusia. Los manifestantes montaron ya entonces un primer campamento en la plaza del Maidán de Kiev y protestaban porque no querían la separación de las economías de Rusia y Ucrania.

Otra cuestión clave que se planteó al disolverse la Unión Soviética fue la referida a la seguridad, que en la relación ruso-ucraniana se plasmó en dos asuntos muy concretos: el destino de las armas nucleares en suelo ucraniano, y el control de la base de Sebastopol y de la flota del mar Negro.

No eran temas baladíes porque, como señala Serhy Yekelchyk, profesor de Historia y Estudios Eslavos en la Universidad de Victoria en Canadá, tras la independencia y por un breve espacio de tiempo, Ucrania se convirtió «en la tercera potencia nuclear del mundo» al quedar en su territorio una parte importante del arsenal nuclear soviético. Pero los ucranianos estaban muy escaldados tras el terrible accidente de Chernóbil en 1986, todavía muy reciente, y no tenían el menor interés en quedarse ese armamento, entre otras cosas porque, aunque tenían las armas, los rusos nunca les entregaron su control operativo. De manera que rusos y ucranianos se pusieron pronto a hablar del asunto, presionados ambos por Washington que veía en esa dispersión riesgos de descontrol y de proliferación nuclear. Y así se llegó al Protocolo de Lisboa de 1992 por el que Ucrania junto con Bielorrusia y Kazajistán se comprometían a entregar sus arsenales a Moscú y a acceder al TNP (Tratado de No Proliferación Nuclear) en calidad de miembros.

Todo parecía ir muy bien cuando la Rada (Parlamento de Ucrania) empezó a poner problemas y a retrasar el cumplimiento de esos compromisos por dos razones: porque quería recibir compensaciones económicas y de seguridad, y porque le preocupó/irritó mucho una declaración de la Duma (Parlamento ruso) diciendo en junio de 1993 que el puerto de Sebastopol era ruso, mientras respaldaba esta exigencia con el arma del gas, presionando a Ucrania por su dependencia energética y su incapacidad para pagar el gas que Rusia le suministraba. El Kremlin empezaba ya entonces a abusar de su posición dominante y a los ucranianos eso no les gustaba nada. El profesor John

Mearsheimer, siempre una carta fuera de la baraja, fue de los pocos que en un artículo titulado «The Case for a Ucranian Nuclear Deterrent» (A favor de una disuasión nuclear ucraniana), publicado en la revista *Foreign Affairs* en el verano de 1993, abogó para que Ucrania no entregara unas armas que él veía como garantía de seguridad frente a Rusia. El caso es que los norteamericanos presionaron a unos y a otros y con su ayuda se llegó a un nuevo acuerdo, el Acuerdo Tripartito de Budapest en 1994 entre Estados Unidos, Rusia y Ucrania por el que este último país se comprometía a entregar su arsenal nuclear a Rusia a cambio de que Moscú le diera combustible para sus centrales nucleares durante un periodo de siete años y de que Estados Unidos le diera mil millones de dólares.

Más importante aún, aunque haya saltado también por los aires con la invasión rusa de 2022, el 5 de diciembre de 1994 Estados Unidos, Rusia y el Reino Unido firmaron el Memorando de Budapest (al que luego también se adhirieron Francia y China) que daba garantías de seguridad a Kiev porque las cinco potencias nucleares y miembros permanentes del Consejo de Seguridad de las Naciones Unidas se comprometían a «respetar la independencia y soberanía de Ucrania, así como sus fronteras actuales», algo que contribuyó a tranquilizar a Ucrania de manera definitiva. ¡Si los ucranianos hubieran sabido que ese documento iba a ser papel mojado en 2022! Como resultado, en 1996 no quedaba una sola arma nuclear en el país.

Lo de la flota del mar Negro tampoco fue fácil porque en su negociación, ya de por sí complicada, se mezclaron otros asuntos aparentemente muy diferentes, como los suministros de gas ruso, la desnuclearización de Ucrania y la perspectiva de que un día pudiera cercarse a la OTAN. En 1993 los presidentes de Rusia y de Ucrania, Yeltsin y Kravchuk, se reunieron en Massandra, Crimea, para hablar del estatuto de Sebastopol y del futuro de la flota, y una semana antes, como elemento de presión, Moscú cortó el suministro de gas a Ucrania alegando deudas por liquidar para, a continuación, ofrecer la cancelación de la deuda a cambio de quedarse con Sebastopol y con la flota, una exigencia que contaba con el respaldo de movimientos secesionistas impulsados desde Rusia que, las cosas como son, tenían también una fuerte base de apoyo popular local entre la mucha población rusa de la península. Kravchuk, arrinconado, no tuvo más remedio que aceptar, pero cuando la Rada (Parlamento) se enteró, se opuso al acuerdo y rechazó ratificar lo firmado, a lo que Moscú respondió con nuevos cortes en los suministros de gas a lo largo de los años 1993 y 1994, con grave perjuicio económico para muchas industrias ucranianas que se vieron forzadas a cerrar. De esta forma, se vinculó de alguna manera *velis nolis* el suministro de gas con el futuro de Sebastopol y de la flota que allí tenía su base.

Por otra parte, Moscú no perdía de vista la negociación también en curso para la desnuclearización de Ucrania, un tema prioritario, y no quería presionar demasiado con el asunto de la flota para no irritar a los ucranianos y que no pusieran pegas adicionales en ese dosier tan delicado y prioritario para el Kremlin. Para complicar aún más las cosas, la posibilidad de que un día Ucrania pudiera acceder a la OTAN también jugó un papel en relación con estas negociaciones, pues unos pensaban que la organización nunca admitiría a un país envuelto en una disputa territorial con un vecino, lo que abogaba por mantenerla sin resolver, mientras que otros opinaban que, por el contrario, la amenaza rusa sería un acicate para que Ucrania tratara de acercarse a la OTAN y, finalmente, los había que creían que Moscú podría hacer concesiones en el asunto de la flota a cambio de un compromiso de Kiev de olvidarse de la OTAN. Como se ve, había opiniones y razonamientos para todos los gustos.

Y todos estos asuntos se proyectaban sobre una realidad en el terreno que tampoco era sencilla, porque en Crimea la mayoría de la población veía a Rusia como algo muy cercano, y ese es un dato objetivo. No eran exactamente lo mismo, pero eran primos hermanos, con mayor parentesco que los mismos ucranianos. El primer presidente de la república autónoma de Crimea, tras la desaparición de la Unión Soviética, fue Yuri Meshkov, un separatista prorruso que ya quiso hacer en 1994 un referéndum sobre la secesión, algo que Kiev rechazó como inconstitucional, aunque en el verano de ese mismo año el Consejo Municipal de Sebastopol aprobó transferir a Rusia la jurisdicción sobre la ciudad. Eran dos brindis al sol que no tuvieron consecuencias entonces, pero que revelaban elocuentemente el estado de los ánimos en la península y en la ciudad, que se sentían más rusas que otra cosa.

En 1995, Ucrania, presionada por Moscú con el asunto de los suministros de gas, hizo algunas concesiones, como aceptar que Rusia se quedara con más barcos de los que en principio le correspondían y que Sebastopol continuara como base de la flota rusa. Pero el buen ambiente desapareció cuando, en octubre del año siguiente, la Duma rusa proclamó que se quería quedar con toda la flota y que además no reconocía la soberanía de Ucrania sobre Sebastopol. El Consejo de la Federación de Rusia aprobaba poco después esa declaración y su presidente decía que «la ciudad de Sebastopol forma parte de las glorias de Rusia», en referencia a su heroico pasado de lucha contra los nazis durante la Segunda Guerra Mundial. Los rusos, simple y llanamente, querían quedarse con Sebastopol, la opinión pública no lo ocultaba y sus autoridades lo respaldaban, como también ocurría con buena parte de la población de Crimea.

El asunto solo se resolvió en 1997 con la firma del Tratado de Amistad y Cooperación entre Rusia y Ucrania que en su artículo 2 reconocía, una vez más, la integridad territorial de este último país y la inviolabilidad de sus fronteras, con lo que Ucrania parecía que podría respirar por fin tranquila, pues era ya la segunda vez en pocos años que Rusia se comprometía a respetar su soberanía. En ese contexto, ambos países acordaron repartirse amistosamente la flota del mar Negro de manera que Rusia se quedó con trescientos treinta y ocho navíos, el 81,7 por ciento de los buques y Ucrania con el 18,3 por ciento restante, aunque luego muchos de los barcos que le tocaron a Ucrania fueran entregados también a Rusia como pago de la factura por la deuda del gas. Al mismo tiempo, se acordaba en ese tratado que Rusia podría mantener en Sebastopol veinticinco mil soldados con medios de defensa antiaérea y vehículos blindados para proteger la base naval que se arrendaba a Moscú hasta el año 2017, un plazo que Víktor Yanukóvich extendió hasta 2042 en cuanto alcanzó la presidencia de Ucrania en 2010. El precio en este caso fue un descuento notable en la tarifa del gas que Ucrania importaba. Como se ve, el gas fue la gran arma en manos de Moscú durante estos primeros años de separación.

La ocupación y posterior anexión de Crimea por Rusia en 2014 cambió completamente la situación cuando la Duma acordó por unanimidad denunciar ese Tratado de Amistad que tan inútil se había demostrado. Grigori Karasin, viceministro de Asuntos Exteriores ruso, dijo entonces textualmente: «El territorio de la República de Crimea y Sebastopol como ciudad de importancia federal son ahora parte inalienable de Rusia y están bajo soberanía de Rusia de acuerdo con el artículo 4 de la Constitución». Y, para que no le quedaran dudas a nadie, añadió: «Por consiguiente, no hay motivo para seguir con las relaciones legales relativas a la presencia de personal e instalaciones de la flota del mar Negro rusa en Ucrania, incluidas las obligaciones de pago y compensaciones». En lo que a Rusia concernía era el fin de la historia. Punto final.

Pero estábamos en 1997, cuando Rusia y Ucrania todavía estaban ligadas por ese Tratado de Amistad. En los años que siguieron, el presidente Leonid Kuchma, en el poder desde 1994 (antes había sido primer ministro), fue derivando hacia formas cada vez más autoritarias y corruptas. Ganó la reelección en 1999 con acusaciones de fraude gracias al control de los medios de comunicación y al apoyo de un grupo de oligarcas. Pero, dos años después, el truculento asesinato del periodista Georgiy Gongazde, delator de la corrupción política, un crimen en el que de alguna manera se vio implicado el propio presidente, asestó un duro golpe a su imagen al tiempo que aparecía un movimiento popular bajo el lema «Ucrania sin Kuchma», liderado por políticos con fama de limpios como Víktor Yúshchenko y Yulia Timoshenko que hicieron una vigorosa campaña, a pesar de la cual el bloque que ellos encabezaban, Nuestra Ucrania, perdió las elecciones parlamentarias de 2002, que se celebraron nuevamente en medio de gravísimas sospechas de corrupción denunciadas tanto por la oposición como por Occidente. El resultado fue que Kuchma, arrinconado, se vio forzado a acercarse cada vez más a Rusia para satisfacción de Moscú. Y eso tampoco contribuyó a aumentar su popularidad.

Ese hartazgo popular cristalizó por fin en 2004 cuando estalló la Revolución Naranja como resultado de las acusaciones generalizadas de fraude en las elecciones presidenciales de noviembre que habían dado como ganador al anterior gobernador de Donetsk y hasta entonces primer ministro, Víktor Yanukóvich, que tenía el respaldo de Moscú. Tanto lo tenía que Putin viajó a Kiev pocos días antes de las elecciones para respaldarle y la prensa rusa «hacía campaña» a su favor mientras denunciaba a su rival Yúshchenko como «fascista» y «marioneta de Washington». La ciudadanía no se creyó el resultado electoral y vio en lo ocurrido un pucherazo descomunal, que también fue denunciado desde Occidente. Hasta doscientos mil ciudadanos airados se manifestaron entonces en la gran plaza de la Independencia de Kiev (*maidán* es una palabra de origen turco que significa plaza, aunque su nombre oficial es Maidán Nezalézhnosti) y obligaron a repetir las elecciones, que ganó nuevamente Yanukóvich (tras una nueva visita de Putin), a pesar de que los sondeos a pie de urna daban otro resultado. Sospechas de nuevo pucherazo y nuevas protestas, respaldadas por la Unión Europea que tampoco aceptó el resultado, hasta que finalmente se repitió también la segunda vuelta y entonces ganó por fin el candidato de la oposición Víktor Yúshchenko con el 52 por ciento de los votos, que tenía a sus espaldas una larga carrera política que incluía haber sido primer ministro entre 1999 y 2001. Esas revueltas recibieron el nombre de Revolución Naranja porque ese era el color de la coalición vencedora, Nuestra Ucrania. El hecho de haber sido Yúshchenko presuntamente envenenado justo antes de la elección con TCDD, una dioxina muy tóxica que le tuvo a las puertas de la muerte y que le dejó cicatrices en el rostro, contribuyó a aumentar su popularidad y la indignación ciudadana.

Lo ocurrido en 2004 con la Revolución Naranja fue importante por tres razones: porque mostró la voluntad mayoritaria de los ciudadanos por alejarse del autoritarismo de raíz rusa, acabar con el régimen corrupto asociado a la época soviética, y acercarse a un Occidente idealizado de libertad y democracia y, en particular, a la Unión Europea que es la línea política que defendía Yúshchenko; porque acentuó las divisiones tradicionales entre el sureste del país, más prorruso y añorante del desaparecido pasado soviético, donde ganó Yanukóvich con su Partido de las Regiones, y el centro y el oeste del país más prooccidentales, que es donde se impuso el triunfo de la oposición; y, por último, porque hizo sonar con fuerza las alarmas en Moscú que veía que perdía Ucrania como consecuencia de lo que afirmaba que eran sucias maniobras de Occidente, un temor que solo crecería cuatro años más tarde, en 2008, cuando la cumbre de la OTAN que se celebró en Bucarest extendió —por presión de George W. Bush— una invitación a Ucrania y a Georgia. Fue un gesto vacío de contenido porque no tuvo ningún seguimiento posterior, como ya se ha dicho, pero que tuvo la virtud de poner aún más nervioso a Putin que más tarde dijo que «toda la maquinaria militar, económica e informativa de Occidente está volcada en Rusia». Muy nervioso e irritado. En todo caso y como reacción a la victoria «Naranja», Gazprom multiplicó por cinco (de cincuenta dólares a doscientos treinta, aunque luego lo acabara dejando en noventa y cinco) el precio del metro cúbico de gas que vendía a Ucrania. Es evidente que los rusos no estaban contentos.

Las disensiones entre los vencedores de Nuestra Ucrania no tardaron en producirse con la dimisión de Yulia Timoshenko como primera ministra en 2005, a los pocos meses de su nombramiento, mientras el propio Yúshchenko se desgastaba con rapidez al no mostrarse capaz de imponerse a los oligarcas para llevar a cabo las reformas que había prometido y que el país esperaba, pedía y necesitaba.

Por eso a nadie le extrañó que acabara teniendo que recurrir a nombrar primer ministro a su antiguo rival Víktor Yanukóvich y que finalmente tanto él, Yúshchenko, como Timoshenko (que se presentó por su cuenta) perdieran las elecciones de 2010, que ganó el candidato de Putin, el prorruso Yanukóvich. Su victoria fue recibida con alegría en el Kremlin.

En cuanto llegó a la presidencia, Yanukóvich abandonó la política prooccidental de su predecesor en favor de una mayor ambigüedad y de una orientación abierta a todas las opciones, sin descuidar en ningún momento los intereses de los oligarcas y su propio Partido de las Regiones, particularmente fuerte en Dombás. Así, en su primer discurso ante la Rada, dijo textualmente que se proponía seguir una política exterior que le permitiera al país sacar ventaja de sus «relaciones igualitarias y mutuamente beneficiosas con la Federación Rusa, la Unión Europea y los Estados Unidos de América». Suena bonito, pero el mundo no es así de ideal. Pronto se vio sometido a presiones contrapuestas y se dio cuenta de que eso era más fácil decirlo que hacerlo. Paul D'Anieri señala que el problema estribaba en que «Rusia quiso siempre mucho más de lo que Ucrania estaba dispuesta a dar, (y) la Unión Europea ofreció siempre mucho menos de lo que Ucrania pretendía». Y eso complicaba mucho el prendido funambulismo presidencial mientras tanto Moscú como Bruselas trataban de atraer a Ucrania a su terreno. Moscú quería que Ucrania se integrara como miembro pleno en la Unión Aduanera Euroasiática (UAE) formada en ese mismo año de 2010 por Rusia, Bielorrusia y Kazajistán. Se trataba de una organización dominada por el muy superior peso económico de Moscú, cosa que levantaba muchas suspicacias en Kiev, y como zanahoria, para animarle a firmar, le ofreció a Ucrania un ventajoso acuerdo de gas, aunque el gas no estaba incluido en la UAE. A los ucranianos de la calle no les gustaba especialmente la idea, pero Yanukóvich estaba dispuesto a ir adelante siempre que eso no le impidiera entrar un día en la Unión Europea, hasta que se encontró con que intentar tener ambas cosas a la vez era muy complicado, por no decir imposible, entre otras cuestiones por las cláusulas comerciales que ambas opciones exigían y que eran incompatibles entre sí.

La opinión pública prefería la opción europea, y esta preferencia se acentuó cuando Rusia comenzó a apretar con medidas económicas, ofrecimientos de créditos y amenazas que revelaban creciente impaciencia y nerviosismo por parte de Moscú, que veía en la firma del acuerdo con Europa no solo una pérdida económica, sino también la salida definitiva de Ucrania de su esfera de influencia, y eso ni lo podía aceptar ni lo quería permitir. Por eso Serguéi Glaziev, responsable de la política de Putin para Ucrania, advirtió, en un discurso pronunciado en septiembre de 2013 en Yalta, que: «No deseamos recurrir a ninguna especie de chantaje…. (Pero) al firmar este acuerdo de asociación con la UE, el Gobierno ucraniano viola el tratado de asociación estratégica y de amistad con Rusia». Era un claro aviso a navegantes que la ciudadanía interpretó como lo que en realidad era, un chantaje, una amenaza y un intento de sometimiento a los designios de Moscú.

Y así llegamos a 2014, que es otra fecha clave para entender la invasión de Ucrania ocho años más tarde, como el propio Putin ha reconocido. El asunto estalló a finales del año anterior cuando la Unión Europea había previsto que el día 28 de noviembre, en la cumbre que celebraba en Vilna, Lituania, se firmara por fin el Acuerdo de Asociación Política y de Libre Comercio entre Ucrania y la Unión Europea que se había estado negociando con altos y bajos durante los últimos cinco años y que había superado el último obstáculo que era la liberación de la ex primera ministra Yulia Timoshenko, que Bruselas exigía como condición previa (Timoshenko había sido encarcelada unos años antes bajo acusaciones fabricadas y tras un juicio político que provocó muchas protestas en Occidente).

Y entonces, justo una semana antes, el día 21 de noviembre, el presidente Yanukóvich, que parece que se había encontrado varias veces en secreto con Putin durante los últimos meses, vetó la firma del acuerdo con la Unión Europea y desencadenó fuertes protestas populares. Las manifestaciones comenzaron ese mismo día y se extendieron con rapidez por todo el país sin que el presidente acertara a responder adecuadamente cuando en su inicio todavía hubiera sido posible apaciguarlas. No solo eso, sino que casi un mes más tarde, el 17 de diciembre, Yanukóvich viajó a Moscú para firmar un préstamo de quince mil millones de dólares y un contrato de compra de gas con el 50 por ciento de descuento sobre el precio de mercado. Eran dos buenas noticias, pero que la ciudadanía interpretó con indignación por considerar que ese era el precio obtenido por la sumisión a Rusia, y aumentaron las manifestaciones que se extendieron gradualmente para protestar de paso por la rampante corrupción y el poder de los oligarcas, por las violaciones de derechos humanos y por lo mal que, en definitiva, lo pasaba la mayoría de la gente que no lograba llegar a fin de mes mientras que otros se enriquecían obscenamente. El globo no paraba de inflarse y las protestas se generalizaron porque los ucranianos tenían en realidad muchos motivos para estar descontentos. Y en ese momento crítico, la Rada, dominada por el gubernamental Partido de las Regiones, tuvo una reacción autoritaria y no se le ocurrió cosa mejor que aprobar una legislación que prohibía las manifestaciones populares de protesta y que inmediatamente fue bautizada por la ciudadanía como «las leyes de la dictadura».

Las protestas continuaron y la represión aumentó a medida que los manifestantes tomaban conciencia de su fuerza, alzaban el punto de mira y pasaban a exigir también la derogación de la legislación represora, la liberación de los detenidos y la dimisión del presidente. La tensión subía por momentos mientras que desde Washington el secretario de Estado John Kerry decía que los «Estados Unidos están con el pueblo de Ucrania», y su adjunta para Europa, Victoria Nuland y el senador John McCain se hacían presentes en la plaza del Maidán para expresar su apoyo a los manifestantes, como también hicieron algunos embajadores europeos, y todo ello hacía crecer el nerviosismo de Moscú que veía en lo que ocurría instigación occidental. En Rusia se oían declaraciones animando a una intervención al amparo del Memorando de Budapest (1994) para defender la soberanía de Ucrania que sentía amenazada por intereses extranjeros como afirmaba Serguéi Glaziev.

La ocupación permanente de la plaza central de Kiev, la plaza de la Independencia, se convirtió entonces en el símbolo de la Revolución del Maidán o Euromaidán, también conocida como la Revolución de la Dignidad. Y el descontento fue ganando fuerza con el paso de los días al tiempo que aumentaba la represión violenta de la revuelta, que el 18 de febrero produjo una veintena de muertos y centenares de heridos entre los manifestantes, una tragedia de la que tanto Merkel como Hollande culparon a Yanukóvich que, por fin, el 21 de febrero de 2014, tres meses después del comienzo de las protestas, se vio obligado a dimitir al verse abandonado por las mismas fuerzas policiales que le protegían. Escapó entonces hacia Crimea para terminar refugiándose en Rusia, que le concedió asilo afirmando que le seguía considerando el presidente legítimo de Ucrania porque había sido derrocado de manera irregular por las turbas sin respetar los procedimientos constitucionales previstos para ello. Moscú condenó lo ocurrido como un «golpe de Estado», un «motín» (Medvedev) promovido por «extremistas» y «neonazis» con el apoyo de Europa y sobre todo de Washington, y esto lo repitió el mismo Putin en abril de 2023 cuando recibió en el Kremlin a la nueva embajadora de Estados Unidos, Lynne Tracy, a la que le dijo textualmente: «Sé que usted puede no estar de acuerdo, pero yo no puedo sino decirle que el apoyo de Estados Unidos a las llamadas *revoluciones de colores*, el apoyo al golpe en Kiev en el 2014, ha llevado a la actual crisis de Ucrania». Tal cual. El mismo día le espetó al nuevo embajador de la Unión Europea, el francés Roland Galharague, que fue la Unión Europea la que «ha iniciado una confrontación geopolítica con Rusia». Y si lo dice es porque lo cree, aunque no sea cierto, quizás con la esperanza de que acabe colando a fuerza de repetirlo, como hacía Goebbels y más recientemente Donald Trump. Y Putin lo repite mucho, por ejemplo, en la 78.º conmemoración de la victoria en la Gran Guerra Patriótica contra el nazismo, el 9 de mayo de 2023, el presidente ruso recordó en la plaza Roja de Moscú que Rusia está rodeada de enemigos que buscan «el colapso y la destrucción de nuestro país». Como si él no hubiera invadido Ucrania en primer lugar. Su opinión es otra: antes de que las tropas rusas entraran en Ucrania, han sido este país y Occidente los agresores por llevar a cabo una política que no tenía en cuenta los intereses legítimos de Rusia en materia de seguridad.

El Gobierno interino que se hizo cargo de Ucrania tras la huida de Yanukóvich firmó rápidamente el acuerdo de asociación con la Unión Europea y Petró Poroshenko se convirtió en presidente tras ganar las elecciones presidenciales convocadas muy pocas semanas después, el 25 de mayo del mismo año 2014. La del Maidán no fue una revolución que diera la vuelta al país como si de un calcetín se tratara, no produjo cambios revolucionarios, pero se saldó con un mayor peso de la sociedad civil a la hora de hacer oír su voz, de luchar en contra de la corrupción imperante y a favor de reformas prodemocracia, y en ese sentido la revuelta fue importante. Putin se dio cuenta de que lo ocurrido era un parteaguas político que marcaba un antes y un después, que a partir de ese momento aumentaría en Ucrania el sentimiento nacional antiruso y que la deriva prooccidental que emprendía era irreversible. Y como también pensaba que no se había producido de forma natural, sino por oscuros manejos de los europeos y, sobre todo, de los norteamericanos, decidió tomar cartas en el asunto para, al menos, minimizar los daños. Su reacción se dirigió a anexionar Crimea e, inicialmente, a desestabilizar el Dombás, las dos regiones más próximas sentimentalmente a Rusia, las que más interés estratégico tienen y en las que hay más rusoparlantes. Y dicho y hecho.

5

LA REACCIÓN DE PUTIN:
LA DESESTABILIZACIÓN DE DOMBÁS
Y LA ANEXIÓN DE CRIMEA

Cuando Yanukóvich se vio forzado a dimitir y a escapar del país el 21 de febrero de 2014, Putin no perdió ni un segundo en tomar medidas de represalia que contribuyeran a garantizar sus intereses estratégicos en Ucrania. En primer lugar, sus intereses estaban en Dombás, la región oriental fronteriza con Rusia, rica en recursos minerales y poblada por rusohablantes de religión ortodoxa. En segundo lugar, su preocupación estaba en la península de Crimea que había sido rusa toda la vida, al menos desde que en 1753 dejó de ser un kanato tártaro sometido al Imperio otomano, donde se halla ubicada la importantísima base naval de Sebastopol, crucial para salir a las aguas cálidas del Mediterráneo, y donde tiene su sede la flota del mar Negro que Moscú no estaba en modo alguno dispuesto a perder. Hay que recordar que Crimea formaba parte de Rusia desde su conquista por Catalina la Grande y Potemkin y solo fue transferida a Ucrania en 1954 por una decisión de Nikita Kruschev por razones económico-administrativas de política interna soviética, al tener con ella una ligazón terrestre y recibir de Ucrania la electricidad y el agua potable que consumía. Además del hecho de que Kruschev, que era un ruso étnico, se había trasladado con su familia a vivir en Dombás cuando tenía catorce años, ascendió allí en el escalafón del Partido Comunista y debía de tener cariño a Ucrania. Pero, insisto, aquello no dejaba de ser una decisión administrativa entre dos entidades de la Unión de Repúblicas

Socialistas Soviéticas, que en aquella época no se le pasaba a nadie por la cabeza que fuera a terminar como lo hizo y tan pronto como lo hizo. Pero si la transferencia de Crimea por Kruschev fue clara, la de Sebastopol dejó dudas en el aire porque, debido a la importancia naval de su puerto, gozaba desde 1948 de un estatuto especial como un municipio que no estaba sometido a las autoridades provinciales o regionales, sino que dependía directamente de Moscú.

En el caso de Dombás, se trata de una amplia zona del este de Ucrania que a Rusia le interesa por razones de todo tipo: en primer lugar, por razones nacionalistas, porque, aunque en su mayoría está poblada por ucranianos étnicos (no rusos), son gentes que tienen fuertes vínculos con Rusia pues hablan ruso en un 70 por ciento y gran parte de ellas son de religión ortodoxa; en segundo lugar, por razones económicas a la vista de su riqueza industrial y minera, forjada en la época soviética; en tercer lugar, por razones sentimentales, pues los mineros de Dombás ocupan un lugar privilegiado en la mitología soviética como «operarios-modelo», y el partido político allí dominante desde la independencia, el de las Regiones, siempre abogó por una estrecha relación con Rusia; en cuarto lugar, por razones estratégicas, porque ese territorio le da un espacio suplementario que aumenta su glacis de protección frente a un Occidente que entiende que le agrede; y porque su anexión y la de las ciudades de Mariúpol y Melitópol le permiten crear una unión física terrestre entre la península de Crimea y la propia Rusia. En último lugar, existen razones que podríamos llamar incluso existenciales que se verán con más claridad cuando, ya en 2022, se proceda a la anexión formal a la Federación Rusa de las regiones de Donetsk, Lugansk, Zaporiyia y Jersón, porque, al hacerlo, un ataque ucraniano para recuperarlas se convierte en un ataque a la misma Rusia, que, en ese caso, podría responder con todas las armas a su alcance, incluidas las nucleares, pues se trataría de defender el propio suelo de la patria invadida.

El corolario obvio de todo esto es que si Ucrania optaba por Europa en perjuicio de Rusia iba a tener que pagar por ello un alto precio, como si dijéramos un canon de salida que le supondría la pérdida de la península de Crimea y de la región de Dombás.

Dicho y hecho, en Crimea Putin apuró los tiempos al máximo, y hay quien dice que viendo lo que se le venía encima comenzó los preparativos incluso días antes de la caída de Yanukóvich, cuando fueron puestas en estado de alerta las tropas rusas de los puertos de Sebastopol y de Novorossiysk. El 25 de febrero de 2014, cuatro días después de la huida del presidente, hubo en Sebastopol peleas callejeras —seguramente no inocentes— entre partidarios y contrarios a la expulsión de Yanukóvich, quizás animadas también por la torpeza de las nuevas autoridades de Kiev que, inflamadas de celo nacionalista, decidieron acabar con los apoyos a la lengua rusa en todo el país. Eso provocó indignación popular en varias zonas, en particular en Crimea y el Dombás, que es donde más se habla el ruso, y de esta manera llevó agua al molino del Kremlin. Solo dos días más tarde, el 27 de febrero, seis decenas de hombres armados sin distintivos en los uniformes tomaron los edificios del Consejo de Ministros y del Parlamento de Crimea, donde izaron la bandera rusa. Allí mismo, sobre la marcha, se hizo una votación apresurada para destituir al primer ministro Anatoli Moguiliov y poner en su lugar al prorruso Serguéi Aksiónov, y convocar un referéndum sobre la ampliación de la autonomía de que ya gozaba la península. El día 28, mientras continuaban en Crimea las manifestaciones, Moscú instaló puestos de control a cargo de agentes con uniformes ucranianos en Armiansk y en Chongar, los dos cruces de carretera más importantes y concurridos entre la península de Crimea y Ucrania, mientras más soldados sin distintivos, los que acabaron siendo llamados «hombres de verde», probablemente soldados rusos mezclados con mercenarios del Grupo Wagner, se apoderaron de los aeropuertos de Simferópol y Sebastopol como prólogo de la ocupación de toda la península, con la excusa de que había que proteger a los ciudadanos de los «extremistas» que habían dado un golpe de Estado en Kiev, mientras las defensas ucranianas literalmente se desmoronaban y algunos soldados se pasaban directamente a los prorrusos con armas y bagajes.

En ese momento, el recién nombrado primer ministro, Aksiónov hizo un llamamiento «al presidente de la Federación Rusa, Vladimir Putin, para que ayude a garantizar la paz y la tranquilidad en el territorio de Crimea». Putin aprovechó entonces para decir, sin que se le moviera un solo músculo de la cara, que las tropas que allí operaban no eran rusas, sino fuerzas locales de Crimea, aunque, a la vista de la confusa situación que allí había y del golpe de Estado en Kiev, se reservaba el derecho a intervenir para evitar que la anarquía se apoderase de la península.

Estos hechos y estas declaraciones causaron la comprensible preocupación en Occidente. La OTAN se reunió el 2 de marzo y su secretario general, Anders Fogh Rasmussen, recordó al mundo que lo que hacía Rusia violaba los principios de la Carta de las Naciones Unidas y era una amenaza para la paz y la seguridad en Europa. Como consecuencia, la OTAN decidió suspender todas las reuniones y la cooperación que tenía con Rusia mientras al mismo tiempo trataba de tranquilizar a los países bálticos, que tenían muy reciente aún la ocupación soviética, con la creación en la cumbre de Gales de una fuerza de reacción rápida que pudiera protegerles en caso de necesidad. A los bálticos no les llegaba la camisa al cuerpo y había que comprenderles. Por su parte, Obama llamó a Putin para expresarle también «su profunda preocupación por la clara violación por parte de Rusia de la soberanía y la integridad territorial de Ucrania, que constituye una clara violación del derecho internacional», y también de otros compromisos adquiridos por Rusia en la Carta de la ONU, el Memorando de Budapest de 1994, el Tratado de 1997 sobre armas nucleares, el Tratado de Amistad ruso-ucraniano del mismo año (¡vaya amistad!), el tratado sobre permanencia de la flota rusa en territorio ucraniano, que se había extendido hasta 2047, el Acta Final de Helsinki, etc., etc. Las acciones de Moscú lo violaban todo.

Pero Rusia no hizo el menor caso, y pocos días más tarde, el 6 de marzo, el Parlamento de Crimea votó a favor de separarse de Ucrania y de adherirse a la Federación Rusa y convocó un referéndum para el día 16 que, según datos oficiales, tuvo una participación superior al 80 por ciento con el 95,5 por ciento de los votos emitidos favorables a la integración en Rusia, pues nadie convoca un referéndum para perderlo (los tártaros que aún quedaban en Crimea tras las expulsiones masivas de Stalin lo boicotearon). Kiev no lo reconoció, aquello fue una charlotada, no hubo garantías ni observadores internacionales y, en consecuencia, el mundo entero lo tachó de ilegal y fue objeto de una condena específica por parte de un centenar de países en la Asamblea General de las Naciones Unidas.

El 17 de marzo el Parlamento de Crimea dio un paso más y pidió la adhesión a Rusia, que se sancionó el día siguiente con un tratado de incorporación de Sebastopol y de Crimea a la Federación Rusa como dos sujetos federales diferenciados: la República de Crimea y la Ciudad Federal de Sebastopol. Este tratado fue ratificado el día 21 por la Asamblea Federal Rusa y promulgado por Putin. No hay quién dé más, asunto cerrado en menos de un mes.

La guinda que coronaba el pastel llegó el 11 de abril de 2014 con la adopción de una Constitución de la República de Crimea donde se afirma que Crimea es una parte «inseparable» del territorio de Rusia. Los residentes allí adquirieron automáticamente la nacionalidad rusa y los que no quisieron, unos veinte mil, abandonaron la península y se trasladaron a Ucrania. En menos de dos meses se había completado todo el proceso, violando todos los compromisos adquiridos por Rusia con Ucrania desde la desaparición de la Unión Soviética. En años posteriores se construyó el gran puente de Kerch para ligar directamente la península con el territorio de la Rusia continental. Una obra faraónica de dieciocho kilómetros de longitud, el puente más largo de Europa, con capacidad para tráfico rodado y ferroviario que se inauguró con la debida fanfarria por el propio Putin en 2018 y que, años más tarde, ya en plena guerra, fue objeto de repetidos ataques por parte de Ucrania.

Los rusos actuaron tan deprisa y tan bien, que se diría que la operación había sido planificada al detalle mucho tiempo atrás. Desde luego, nada que ver con los muchos errores que se cometieron por parte de las tropas rusas en los primeros meses de la invasión de Ucrania en 2022 cuando, teóricamente al menos, dispusieron de mucho más tiempo para hacer los preparativos necesarios.

El mundo entero se rasgó las vestiduras y reaccionó con horror ante esta violación flagrante del derecho internacional. Estados Unidos anunció entonces sanciones contra una serie de altos funcionarios rusos y de Crimea envueltos en la operación, que resultaron más testimoniales que otra cosa porque solo le hicieron perder a Rusia un punto de PIB, al igual que también años antes le habían salido «muy baratas» las operaciones militares emprendidas en Transnistria, Abjasia y Osetia del Sur. Por su parte el G8 decidió suspender la cumbre que tenía previsto celebrar en junio en Sochi, ciudad rusa junto al mar Negro, en la que iba a participar Rusia como miembro, pues no parecía el lugar ni el momento oportuno. De hecho, el grupo decidió poco después la expulsión de Rusia, con lo que el G8 se convirtió en G7, que hoy es el club de los países democráticos más avanzados o, como le ha llamado Jake Sullivan, consejero de Seguridad Nacional de Biden, «the steering committee of the Free World» («el comité de dirección del mundo libre»), aunque eso tenga algo de *wishful thinking* (deseo piadoso) porque su peso económico relativo es decreciente como muestra el ascenso del grupo de los BRICS, que ya le sobrepasan en PIB. Es posible que una reacción más fuerte por parte de Occidente hubiera hecho que Putin se lo pensara mejor antes de invadir Ucrania en 2022. Pero eso es fácil decirlo a toro pasado.

Desde entonces la comunidad internacional no ha dejado de apoyar a Ucrania en su deseo de recuperar la península. En agosto de 2021 Zelenski convocó la Plataforma de Crimea, a la que asistieron sesenta países, con la idea de apoyar a Ucrania en este objetivo. Desde entonces se han celebrado otras dos reuniones en agosto de 2022 y en agosto de 2023 (que tuvo que ser interrumpida por amenaza de bombardeo en Kiev), sin que Ucrania haya logrado progresar en su objetivo.

Putin tampoco perdió el tiempo en el caso del Dombás, la zona más oriental de Ucrania, aunque a diferencia de Crimea esta región nunca hubiera formado parte del territorio de la Federación Rusa. A decir verdad, tampoco formó parte de los territorios dominados por los rusos de Kiev, y hasta el siglo xvii los rusos se referían a esta zona como «territorios salvajes» controlados por señores de la guerra y por pastores nómadas. Solo entonces edificaron algunas guarniciones defendidas por cosacos. Serhy Yekelchyk dice en su libro *Ukraine* (Oxford University Press, 2020) que «el Dombás como hoy lo conocemos nació en realidad en los años 1870 cuando comenzó el *boom* industrial del Imperio ruso», cuando la llegada del ferrocarril permitió comercializar el carbón y atrajo a la zona a millares de trabajadores rusos que instalaron allí potentes siderurgias. Durante la Segunda Guerra Mundial hubo en Dombás grandes batallas, pues tanto Hitler como Stalin deseaban quedarse con el carbón y el acero que producía. Fue entonces cuando en la Unión Soviética nació la leyenda de los «heroicos mineros» de Dombás que daban la vida por la patria soviética.

Acabada la contienda, la región se convirtió en un poderoso centro industrial metalúrgico de la Unión Soviética y esto, sin ninguna duda, moldeó el carácter de sus habitantes, que sufrieron de manera muy directa la desmembración económica que siguió a su desaparición y al nacimiento de Ucrania. La crisis económica golpeó en esa región con especial dureza y el Partido Comunista de Ucrania tuvo siempre en Dombás su bastión electoral más sólido, hasta que lo suplantó el Partido de la Regiones (el de Yanukóvich) que también era proruso y que desapareció en 2014 tras la Revolución del Maidán.

El caso es que, una vez «solucionada» la anexión de Crimea, Moscú no perdió ni un minuto en volcar su atención —aunque a un ritmo más lento— sobre Dombás utilizando la retórica del «glorioso» pasado común y de la Nueva Rusia o Novorossiya, una región del siglo xix zarista que englobaba el este y el sur de Ucrania hasta Odesa. Supongo que la retórica de Putin, que considera que la separación de Ucrania de Rusia es «una injusticia histórica», debe verse como parte de esa versión mitológica de la propia historia que se siente desde siempre atacada por Occidente y defendida por una sucesión de héroes de la talla de Alexander Nevski, Iván el Terrible, Pedro el Grande, Iósif Stalin o él mismo. Una constante a lo largo de la historia rusa. Y eso enlaza con su propia caracterización de la Revolución del Maidán en Kiev como «un golpe inconstitucional, una toma del poder por las armas» para «anular algunos derechos de las minorías étnicas, incluyendo los de la minoría rusa» que se sentía amenazada. Esta es una doctrina muy peligrosa porque puede utilizarse para justificar interferencias e intervenir en otros países.

En un discurso pronunciado en Moscú el 18 de marzo de 2014, Putin expresó su opinión, luego muchas veces repetida, de que se medía a su país con una vara diferente: «Nos encontramos en una situación en la que es correcto actuar como hicieron los Estados Unidos en Yugoslavia, en Irak, en Afganistán, en Libia (si hubiera estallado ya el conflicto entre Israel y Hamas, seguro que también lo hubiera traído a colación)… pero no es aceptable que Rusia defienda sus intereses», y después de poner el caso de Kosovo como ejemplo límite (Rusia, como España, no ha reconocido su independencia), terminaba diciendo: «Es una postura que no tiene ninguna lógica, ninguna». Se repite así hasta la saciedad la imagen de una Rusia diferente, un «Estado-civilización» que debe pugnar por mantener su identidad y defender sus valores frente a un Occidente invariablemente hostil.

El caso es que después de una serie de protestas populares en la región por el derrocamiento de Yanukóvich, que tanto podían ser espontáneas, pues era muy popular en Dombás, como «inspiradas» desde Moscú, el 1 de marzo activistas prorrusos ocuparon de forma coordinada una serie de edificios públicos en toda la región, aunque fueron rápidamente rechazados por la Administración ucraniana. Días después, unidades de «voluntarios» rusos (¿Grupo Wagner?) entraron en las ciudades de Sloviansk, Kramatorsk y Druzhkivka, en la región de Donetsk, al tiempo que lo intentaban también en Járkov y en Odesa, sin conseguirlo. Esas protestas culminaron con la autoproclamación de la República Popular de Donetsk el 7 de abril de 2014 y de la República Popular de Lugansk el día 27.

Tan solo unos días más tarde, el 11 de mayo, dirigentes locales prorrusos con el apoyo de «milicias populares» (¿financiadas desde Moscú?) ya en lucha abierta con unidades de la policía y del ejército de Ucrania, organizaron sin ningún tipo de control internacional referendos ilegales sobre la «separación de Ucrania» que otra vez, como en Crimea, obtuvieron un apoyo masivo según los organizadores pues no hubo otros testigos: 89,07 por ciento a favor en Donetsk y aún más, 96,2 por ciento en Lugansk. Es curioso porque un estudio hecho algunos meses más tarde por la Universidad de Oxford, ya en diciembre de 2014 después de varios meses de combates, daba resultados muy diferentes, pues llegó a la conclusión de que apenas el 10 por ciento de los habitantes de Dombás apoyaban la anexión a Rusia. El 50 por ciento preferían seguir como estaban, o sea provincias ucranianas, mientras el 25 por ciento eran partidarios de una mayor autonomía, pero dentro de Ucrania.

Naturalmente, ni Ucrania ni el resto del mundo dio credibilidad alguna a estos referendos (solo los reconoció Osetia del Sur), pero lo cierto es que, a partir de ese momento, Kiev perdió el control de la región porque una parte importante de las élites de Dombás (los oligarcas locales) apoyaban la secesión al sentir que sus intereses económicos quedarían mejor protegidos por Moscú, porque el ejército estaba corrompido hasta la médula y no luchó con determinación, y porque tampoco las fuerzas de seguridad locales se emplearon con el celo debido. Es de imaginar que Moscú pudo enviar armas y dinero para fomentar lealtades en una zona en cuya vida económica siempre había estado muy presente y cuyo esplendor se recordaba ahora con añoranza. A partir de entonces se instauró en el Dombás un clima de confusa confrontación civil con numerosos muertos por ambos bandos, incluidos civiles, y muchos daños a la infraestructura y a las viviendas. El siguiente 22 de mayo ambas repúblicas se unieron en la República Confederal de Nueva Rusia, que solo ha recibido el reconocimiento de Osetia del Sur, que tampoco nadie reconoce, y de países como Siria y Corea del Norte enfeudados a Moscú. La entrada abierta de tropas rusas en la lucha solo se constató a partir de agosto, aunque ya en junio los separatistas comenzaron a recibir armamento pesado. Sin ese apoyo lo que hubiera sido una guerra civil habría terminado más pronto que tarde con la victoria de Kiev.

La prueba del algodón ante todo el mundo de la llegada de este armamento ruso a Dombás la dio la tragedia del vuelo MH17, un avión de Air Malaysia que el 17 de julio de 2014 hacía el trayecto desde Ámsterdam a Kuala Lumpur y que fue derribado cerca de la ciudad minera de Torez, en una zona dominada por los rebeldes en la provincia de Donetsk. Investigaciones llevadas a cabo por Países Bajos (muchos de los muertos eran de esta nacionalidad) demostraron sin género alguno de dudas que el avión fue destruido por un misil T-A Buk de fabricación rusa disparado por separatistas de Dombás que, probablemente, inexpertos como eran en el manejo de armamento sofisticado, lo confundieron con un avión militar ucraniano. En el mundo entero causó indignación tanto la muerte de muchos civiles inocentes como el cinismo ruso al negar toda implicación en lo ocurrido.

Fue en ese momento que Occidente intervino proponiendo el proceso negociador de Minsk a que me refiero en el capítulo siguiente.

Años más tarde, una vez invadida Ucrania por las tropas rusas en febrero de 2022, hubo una petición formal por parte de las llamadas repúblicas populares de Donetsk y Lugansk y de las regiones (óblast) de Zaporiyia y Jersón para unirse a Rusia, con el resultado de que su incorporación formal a la Federación Rusa se produjo el 30 de septiembre de 2022. Su anexión fue ratificada por la Duma rusa el 3 de octubre siguiente y promulgada por el mismo Putin dos días más tarde. Nadie ha reconocido lo que no es otra cosa que un despojo por la fuerza de las armas.

No es la primera vez que Rusia desgaja territorios de otros países. Al poner en marcha esta operación, Rusia contaba con las experiencias previas ganadas en Transnistria, Abjasia y Osetia del Sur. Vale la pena detenerse un momento en ellas.

Transnistria es una estrecha franja de terreno en el oeste de Moldavia, entre el río Dniéster y la frontera con Ucrania, muy cerca de Odesa. También allí la población es en su mayoría de origen ruso, de habla rusa (utilizan el alfabeto cirílico) y de religión ortodoxa. Cuando desapareció la Unión Soviética y nació Moldavia, Transnistria no se quiso integrar en el nuevo país, se rebeló con las armas en la mano y recibió un apoyo ruso que resultó decisivo porque acabó obligando al Gobierno moldavo a firmar la paz en 1992. Una paz que autoriza la presencia de soldados rusos que aún hoy son garantes de una independencia que solo reconocen Rusia y las también repúblicas fantasmales de Abjasia y de Osetia del Sur.

Abjasia y Osetia del Sur decidieron asimismo separase de Georgia cuando este país nació al desaparecer la Unión Soviética. Lo que ambas regiones querían era integrarse en la Federación Rusa. En los dos casos el Gobierno de Tiflis envió tropas para sofocar la rebelión y recuperar el control y en ambos casos lo hubiera conseguido de no haberse topado con tropas rusas destinadas a apoyar a los rebeldes. En el caso de Abjasia la paz se firmó en 1994, se expulsó a los georgianos que quedaban en la zona y también allí quedaron estacionadas fuerzas rusas como garantes de la paz. El caso de Osetia del Sur es casi idéntico, aunque lo que deseaba era fusionarse con Osetia del Norte que, ese sí, es territorio ruso. También allí se impusieron las tropas georgianas hasta que intervinieron soldados rusos que luego, firmada la paz, se quedaron para garantizarla. En 2008 Georgia hizo un intento para recuperar Abjasia y Osetia del Sur, pero el ejército ruso lo impidió y como reacción reconoció la independencia de ambas repúblicas cuyos ciudadanos gozan de pasaportes rusos y que hoy solo son reconocidas por la propia Rusia, Siria, Venezuela, Nicaragua y Nauru, que probablemente pagan así otros favores de Moscú, sin que ello parezca preocuparle lo más mínimo a Putin. Lo último al respecto ha sido un artículo de Dimitri Medvedev en el periódico *Argumenty I Facty* donde amenaza con anexionar definitivamente las regiones separatistas de Abjasia y Osetia del Sur, algo que considera «muy probable que se lleve a cabo si hay buenas razones para ello». De momento Rusia va a trasladar a parte de su flota en el mar Negro desde Sebastopol a la base naval de Ochamchira, a 60 kilómetros de la Sujumi, capital de Osetia del Sur. El anuncio fue hecho en octubre de 2023 por el presidente abjazo, Aslán Bzhania y se entiende por el deseo de Moscú de buscar aguas más seguras para sus barcos tras los repetidos ataques ucranianos sobre Sebastopol.

Queda así claro que cuando Rusia se lanzó sobre Crimea y las cuatro regiones de Ucrania, que ha incorporado a su propio territorio nacional, contaba con una extensa experiencia previa que le ha evitado tener que improvisar con todos los inconvenientes que eso conlleva.

6

LA DIPLOMACIA LO INTENTA: LOS ACUERDOS DE MINSK

Tras la anexión de Crimea, la extensión de los combates en la región de Dombás causaron mucha preocupación en el mundo y de manera muy especial en Europa, que veía saltar por los aires la arquitectura de seguridad que mal que bien había garantizado la paz en el continente durante los últimos setenta años. Y por eso el 6 de marzo de 2014 Andreas Fogh Rasmussen, secretario general de la OTAN, describió la situación como «la más grave amenaza a la seguridad de Europa desde el final de la guerra fría», porque «no es solo Ucrania que está en causa. Esta crisis trae implicaciones graves para la seguridad y la estabilidad de la zona euroatlántica en su conjunto». No se equivocaba, tenía mucha razón, y visto lo que hemos visto en años posteriores sus palabras resultaron proféticas.

La diplomacia se puso entonces en marcha para tratar de evitar el peor escenario, y el 17 de abril de 2014 Ucrania, Rusia, Estados Unidos y la Unión Europea emitieron una declaración conjunta pidiendo el fin inmediato de la violencia, el desarme de los grupos ilegales que operaban en Dombás, la amnistía para los rebeldes salvo en casos de extrema gravedad como delitos de sangre, y la apertura de un diálogo dentro de Ucrania para poner en marcha un proceso constituyente que llevara a una descentralización efectiva. Además, se confiaba a la OSCE (Organización para la Seguridad y Cooperación en Europa) la supervisión de este conjunto de medidas que beneficiaban sobre todo a

Rusia porque no se hacía mención alguna a Crimea (!), y porque trataba los problemas en Dombás como un asunto interno de Ucrania en el que Moscú no tuviera ninguna responsabilidad, mientras que Ucrania parecía consolarse con la idea de que la firma por Moscú implicaba su reconocimiento del Gobierno surgido de la Revolución del Maidán. No era mucho, pero el que no se consuela es porque no quiere.

El proceso descarriló sin haber siquiera comenzado, porque estas ideas, por gaseosas que fueran, no fueron aceptadas por los rebeldes separatistas que estaban obteniendo triunfos en los enfrentamientos armados y que, por otro lado, no habían sido invitados a participar en la reunión y no estaban contentos con la exclusión. De manera que los combates continuaron igual que antes o peor. El ministro ruso de Asuntos Exteriores Serguéi Lavrov se hizo eco de este malestar de los separatistas, porque le convenía, y como la mejor defensa es un buen ataque, echó la culpa del fracaso al Gobierno de Kiev mientras bajo cuerda seguía animando a los rebeldes. Lo hizo sin que le temblara la voz porque mientras tanto las elecciones de mayo en Ucrania habían llevado a la presidencia a Petró Poroshenko, un millonario local, rey del chocolate, que se expresó desde el primer momento a favor de que su país entrara en la Unión Europea y en la OTAN, con lo que Moscú debió de perder las pocas ilusiones que aún le quedaban de hacer que Ucrania volviera al redil. Era inevitable que una Ucrania con vocación democrática se separaría cada vez más de una Rusia que caminaba con Putin hacia formas cada vez más represivas y autoritarias.

El día 6 de junio de 2014, aprovechando la conmemoración del Día D, el setenta aniversario del Desembarco de Normandía, y ante la justificada preocupación que suscitaba en Europa la escalada de la violencia en Dombás, se reunieron los jefes de Estado de Ucrania, Rusia, Francia y Alemania bajo la égida de la OSCE en lo que, por el lugar del encuentro, se dio en llamar «Formato de Normandía», que implicaba la europeización de los esfuerzos de paz porque se dejaba fuera a Estados Unidos, lo que no dejaba de ser llamativo, y que probablemente pretendía tranquilizar a Moscú alejando a Washington de la búsqueda de una solución diplomática de la crisis. Hubo algunas reuniones posteriores a nivel de ministros sin que se lograra nada significativo salvo dar lugar un par de meses más tarde, ya en septiembre, a lo que se conoció como Acuerdos de Minsk.

Pero antes de llegar a ellos, el día 20 de junio, Poroshenko dio a conocer un plan para el alto el fuego que recibió el visto bueno inicial de Putin a reserva de que los separatistas de Dombás participaran en su puesta en práctica, algo que Kiev rechazaba por negarse comprensiblemente a reconocerlos como interlocutores válidos. Kiev no quería hablar con ellos porque sabía que con la que tenía que negociar era con Rusia que era la que de verdad tomaba las decisiones importantes, y porque también era muy consciente de que sin la intervención de Rusia no habría problema alguno en Dombás o que, si lo hubiera, haría tiempo que Kiev lo habría solucionado. Y pocos días después, Poroshenko firmaba el ansiado acuerdo comercial con la Unión Europea, el que había desencadenado la Revolución del Maidán, lo que motivó protestas de Moscú mientras norteamericanos y europeos adoptaban un segundo paquete de sanciones contra Rusia que atacaba su sector energético y su acceso al sistema financiero internacional. Después del primer paquete con unas pocas sanciones a personas que habían participado en la anexión de Crimea, este era un salto cualitativo importante que le hizo daño a Rusia. Era el principio de un proceso largo durante el cual las sanciones, cada vez de mayor alcance han perjudicado mucho a la economía rusa… y también a la nuestra, como afirmó Putin que sucedería al decir que tendrían un «efecto bumerán». Tampoco él se equivocó porque todos hemos acabado perdiendo y mucho con la invasión rusa de Ucrania.

La situación había vuelto así a un bloqueo porque ni los separatistas aceptaban ser marginados en el plan de Poroshenko ni Moscú estaba contenta con la firma del acuerdo comercial entre la Unión Europea y Ucrania y, en consecuencia, no cooperaba. Por eso, el día 5 de septiembre de 2014 en la capital de Bielorrusia se intentó sobrepasar estos problemas con el diseño de un formato diferente, más ambiguo, integrado por Rusia, Ucrania y la OSCE (Organización para la Seguridad y Cooperación en Europa) —conocidos como Grupo de Contacto Trilateral o más comúnmente como Minsk 1— en el que también se permitía la participación, aunque sin estatuto oficial, de representantes de las dos repúblicas populares separatistas de Donetsk y Lugansk que interpretaron esta asistencia como prueba de su reconocimiento por parte de Kiev. Este grupo elaboró un acuerdo que incluía, entre otras cuestiones, otro alto el fuego inmediato en Dombás, la amnistía para los separatistas, la liberación de todos los prisioneros de uno y otro bando, la retirada de los mercenarios y de «las formaciones militares ilegales», la retirada de toda la artillería pesada treinta kilómetros hacia atrás en ambas direcciones para crear una zona neutralizada entre ambos bandos, el control por el Gobierno de Kiev de la frontera entre Rusia y Ucrania, y la descentralización de Ucrania con mayor autonomía para las regiones díscolas. Fue el llamado Acuerdo de Minsk 1. Muy bonito todo, bastante más detallado que en anteriores reuniones, y que hubiera podido conducir a una solución pacífica de la crisis de no ser por el pequeño detalle de que, en realidad, no había voluntad política para que lo hiciera. Ucrania exigía la retirada de las formaciones militares ilegales como paso previo para poder comenzar, y Rusia y los separatistas lo que exigían era la inmediata descentralización de Ucrania y no querían que Kiev controlara su frontera. Diálogo de sordos.

De manera que los combates continuaron con mayor violencia porque Rusia cada vez enviaba más soldados y daba más armas a los rebeldes, lo que hacía que el escenario empeorara para Kiev, hasta que la pérdida del aeropuerto de Donetsk provocó que se reuniera en febrero de 2015 en la capital bielorrusa lo que se llamó Acuerdo de Minsk 2, con presencia de Poroshenko, Putin, Merkel y Hollande, que elaboraron un «paquete de medidas para la aplicación de los Acuerdos de Minsk», insistiendo de nuevo en una serie de propuestas imposibles de cumplir porque eran inaceptables para las partes enfrentadas: el alto el fuego inmediato y supervisado por la OSCE (que en 2020 llegó a tener en Dombás setecientos cincuenta observadores de cuarenta y cinco nacionalidades) no se cumplió ni un solo día; los rusos negaban tener fuerzas militares en Dombás y, en consecuencia, afirmaban que no podían retirar lo que no tenían, aparte del pequeño detalle de que los separatistas no querían de ninguna manera que se fueran porque entonces estarían a merced del ejército de Ucrania; la descentralización exigía a Ucrania cambios constitucionales complicados de hacer, y, además, Kiev se negaba a hacer elecciones locales como parte de ese proceso de descentralización si no controlaba esas consultas y no había supervisión internacional... y menos aún con soldados rusos sobre el terreno. Y así todo. Dos no bailan si uno no quiere, y aquí no quería ninguno de los dos. Hablar en este contexto de transferencia del dinero de las pensiones parecía de broma. El fondo del problema es que era imposible conciliar la restauración de la soberanía de Ucrania sobre Dombás con la existencia de las dos repúblicas populares de Lugansk y Donetsk que querían integrarse en Rusia. Imposible.

Es interesante constatar que, aunque Minsk 2 no lo cumplió nadie, Putin se sintió traicionado por Occidente y destruyó la (poca) confianza que le quedaba. O eso dice. John Mearsheimer defiende la tesis de que Merkel, Hollande y Poroshenko le engañaron porque en ningún momento tuvieron intención de que el acuerdo funcionara, sino que lo utilizaron para ganar tiempo y permitir a Ucrania prepararse para la guerra que se avecinaba con Rusia. Como si Rusia hubiera jugado limpio cuando allí nadie lo hizo. Y cita en apoyo de su tesis declaraciones de Poroshenko cuando dijo: «Nuestro objetivo era detener la amenaza, o al menos retrasar la guerra: asegurarnos ocho años para restablecer el crecimiento económico y crear unas fuerzas armadas poderosas». También Merkel confesó a *Die Zeit* bastante tiempo más tarde, en diciembre de 2022, que Minsk 2 se trató de «un intento de dar tiempo a Ucrania para que se hiciera más fuerte». Por su parte, Putin comentó poco después que «la confianza (con Occidente) ya está casi a cero, pero después de estas declaraciones ¿cómo podemos negociar? ¿Sobre qué? Podemos hacer tratos con cualquiera y ¿dónde están las garantías?». Sin duda, había olvidado las que él mismo había dado sobre la soberanía y la integridad de Ucrania en el Tratado de Budapest de 1994 y en el de Amistad de 1997.

Lo que todavía Putin no había desvelado era lo que quería hacer con esas dos «repúblicas»: ¿anexionarlas como Crimea? ¿Utilizarlas para mantener un conflicto de baja intensidad que debilitara a Ucrania e impidiera su aproximación a la Unión Europea y a la OTAN, que no desean incorporar a países con conflictos internos? ¿Realizar, partiendo de ellas, el sueño imperial de la Novorossiya, protegiendo a las minorías prorrusas de Dombás como anticipo de otras aventuras posteriores? ¿Garantizar con su territorio (ampliado) la unión física entre Crimea y la Federación Rusa? Lo más probable es que entonces todavía no lo tuviera claro, como prueban las dudas que siguieron a la invasión rusa en 2022.

El Acuerdo de Minsk 2 no trajo la paz al sureste de Ucrania y las acciones bélicas continuaron desde 2015, aunque con baja intensidad puntuada de sobresaltos coyunturales. Pero el acuerdo se mantuvo vivo sobre el papel porque Ucrania interpretaba que le permitía recuperar el control formal dc Dombás, al tiempo que Rusia consideraba que legitimaba a las dos repúblicas populares de Donetsk y Lugansk. Pero ninguno de los dos tenía intención real de cumplir con lo acordado: a Rusia le convenía mantener el conflicto en estado latente y prolongado para desestabilizar al Gobierno de Kiev y poner palos en las ruedas de su cada vez más clara intención de aproximarse a la Unión Europea y a la OTAN, mientras que tampoco los ucranianos pensaban ir adelante con los compromisos de descentralización real que habían asumido. Y como ninguno de los dos podía imponer al otro su visión del problema, la lucha continuó durante los años siguientes en un frente de unos quinientos kilómetros más o menos estabilizado.

Aun así, todavía hubo un último intento de evitar la defunción de los Acuerdos de Minsk. Lo hizo con mucha imaginación y no poco encaje de bolillos el entonces ministro alemán de Asuntos Exteriores Frank-Walter Steinmeier, y consistía en convocar elecciones en

Dombás y aplicar excepcionalmente la ley ucraniana sobre organización administrativa del territorio desde las ocho de la mañana del día de la consulta, de manera que se llevara a cabo formalmente bajo la legalidad de Ucrania. Una vez que la OSCE determinara que habían sido justas y libres, el estatuto especial para la región entraría en vigor de manera definitiva. Pero esta fórmula alambicada también fracasó porque, a pesar de que inicialmente un Poroshenko débil se inclinó por aceptarla, Kiev no creía posible hacer ningún tipo de elección en presencia de soldados rusos ya que entonces acabaría teniendo dentro del Estado ucraniano dos territorios controlados por un país extranjero y hostil… mientras que Moscú continuaba negando que tuviera allí fuerzas militares. Por otro lado, Rusia pensaba que, si cedía a Kiev el control de su frontera internacional con Dombás, no tendría ninguna garantía de que no fuera a revertir la autonomía concedida sin que ella pudiera seguir apoyando de manera efectiva a los rebeldes. Es lo que pasa cuando no hay confianza o cuando dos tahúres se sientan en la misma mesa de juego. Todavía Zelenski trató de resucitar esta fórmula cuando llegó a la presidencia en 2019, aunque desistió rápidamente en cuanto se dio cuenta de lo impopular que resultaba en Ucrania. Ahí terminaron los Acuerdos de Minsk, imaginativos y cargados de buenas intenciones, pero incapaces de superar la intransigencia de las partes enfrentadas.

Durante ese tiempo, en el frente interno, como antes he señalado, Petró Poroshenko ganó las elecciones de mayo de 2014, apenas tres meses después del Euromaidán, con una agenda internacional ambiciosa que no ocultaba su deseo de aproximación a la Unión Europea y a la OTAN mientras a su alrededor ocurrían cosas que iban a marcar de forma indeleble el futuro.

Poroshenko puso entonces en marcha lo que se pensó que sería una valiente política de reformas de las cuales algunas tuvieron éxito, aunque otras se quedaron en buenas intenciones, mientras la pérdida de Crimea y la situación en Dombás reforzaban y mucho la identidad y el sentimiento nacional ucraniano en contraposición a Rusia, que paradójicamente perdió influencia al dejar de votar los electores prorusos de Dombás en las elecciones nacionales. Poroshenko puso también en marcha, con apoyo de Estados Unidos, una reforma del ejército, ineficaz y corrupto, para prepararle a lo que se veía que podía venir y acabó llegando, aunque esa participación norteamericana contribuyó a que se encendieran todas las alarmas en Moscú, las pocas que aún estaban apagadas, y a que su desconfianza se acercara a la paranoia con graves consecuencias pocos años más tarde.

También se separó la Iglesia ortodoxa ucraniana de la rusa. Parece poco importante, pero no lo fue. Fue muy importante, y Rusia lo resintió mucho. En Ucrania, aparte de los católicos, había nada menos que tres Iglesias ortodoxas: la Iglesia ortodoxa ucraniana del Patriarcado de Moscú, mayoritaria, y que controlaba el famoso y tétrico monasterio de las Cuevas de Kiev. Es una Iglesia muy vinculada al Kremlin cuyo patriarca, Kirill, no solo asume sino que alienta vigorosamente el nacionalismo panruso de Putin; la Iglesia ortodoxa autocéfala ucraniana, creada tras la Gran Guerra de 1914, reprimida por los soviéticos y poco importante; y la Iglesia ortodoxa ucraniana del Patriarcado de Kiev, también dependiente de la de Moscú que se creó al desaparecer la Unión Soviética y al alcanzar Ucrania la independencia. Lo que hizo Poroshenko como parte de su esfuerzo de edificación nacional fue pedirle al patriarca de Constantinopla, que es el jefe de todas las Iglesias ortodoxas, que reconociese la independencia de la tercera, de la Iglesia ortodoxa ucraniana respecto del Patriarcado de Moscú. Fue un auténtico terremoto, la indignación en Rusia fue tal que en 2018 el Patriarcado de Moscú rompió con Constantinopla, que se encontró así con más libertad para, un año más tarde, en 2019, acceder a la petición y reconocer la independencia de la Iglesia ucraniana de la rusa… lo que ha provocado una pelea entre ambas por hacerse con las lealtades de muchas parroquias dentro de la misma Ucrania, mientras que Putin afirmaba que el principal objetivo de esta decisión ha sido «dividir a los pueblos de Rusia y de Ucrania, sembrando la discordia étnica y religiosa», y su ministro de Asuntos Exteriores echaba más leña al fuego al ver en lo ocurrido «una provocación con el apoyo público directo de Washington». Una nueva vuelta de tuerca en esta embrollada situación tuvo lugar en octubre de 2023 cuando la Rada ha puesto en marcha un procedimiento legislativo tendente a prohibir la minoritaria Iglesia ortodoxa ucraniana a la que acusa de colaborar con Moscú tras la invasión. La Iglesia, cuya afiliación ha bajado del 18 al 4 por ciento en los cuatro últimos años, según el Instituto Sociológico de Kiev, niega la mayor, como es natural; dice que lo que quiere hacer la Rada es inconstitucional y ha recibido el apoyo del patriarca Kirill, de la Iglesia ortodoxa rusa, que añade que en Ucrania se está atentando contra la libertad de religión. Demasiadas iglesias a la gresca, me parecen a mí. Las espadas siguen en alto.

Poroshenko también abolió las llamadas «leyes de la dictadura», leyes represivas adoptadas por Yanukóvich en su intento por aferrarse al poder, y aprobó otra —aún más polémica— sobre educación que obligaba a todos los alumnos a adquirir el manejo de la lengua ucraniana en perjuicio de la local (lo que motivó protestas de Hungría, Rumanía y Rusia que son países con minorías importantes dentro de Ucrania) y exigía también que toda la Administración pública hablase en ucraniano, irritando aún más a la minoría rusófona de Dombás. Y también los rusos se indignaron cuando en una especie de «ley de memoria histórica» propia, Kiev ordenó la retirada de estatuas y de nombres de calles dedicadas a héroes y prohombres rusos y comunistas mientras se ensalzaba a héroes nacionales y nacionalistas propios, alguno de los cuales, como Stepán Bandera, han sido acusados, con mucha razón, de filonazismo. Eso es algo que Putin ha usado años más tarde como respaldo a sus acusaciones de «nazismo» contra el régimen de Zelenski.

También quiso combatir la corrupción, endémica en todos los escalones del país, y aquí los esfuerzos de Poroshenko tuvieron menos éxito: primero, porque se vio personalmente envuelto en un asunto de corrupción sobre recambios militares y, en segundo lugar, porque un informe del Índice de Percepción de la Corrupción entre 2013 y 2018 constata que Ucrania tan solo logró descender desde el puesto ciento cuarenta y cuatro al ciento veinte sobre un total de ciento ochenta países, y eso, aunque sea un avance relativo, no es tampoco como para estar muy orgulloso.

Mejor le fue a Poroshenko con su aproximación a la Unión Europea, pues el acuerdo de asociación entró en vigor el día 1 de septiembre de 2017 y en un par de años hizo crecer el comercio de Ucrania con la Unión Europea un 49 por ciento mientras caían al mismo tiempo los intercambios con Rusia, que veía cómo Kiev estaba cada día más cerca de Bruselas y más lejos de Moscú.

Y algo parecido pero muy distinto pasaba con la OTAN, con la que se intensificaron los contactos políticos, se hicieron pequeñas maniobras militares, se desarrolló la cooperación en temas de guerra cibernética y, sobre todo, en formación de militares. Aun así, la perspectiva de adhesión estaba tan presente para Kiev como objetivo que en 2019 la incluyó en su Constitución, sin que por parte de los miembros de la Alianza se diera ningún paso que pudiera hacer pensar que la consideraran seriamente y menos aún que estuviera próxima.

Todo esto tuvo la virtud de poner muy nerviosa a Rusia que veía que cada día que pasaba Ucrania se alejaba más de su esfera de influencia. Y reaccionó como cabía suponer que haría. Tras la anexión de Crimea, Moscú controlaba ambas riberas del estrecho de Kerch y con ellas el acceso al mar de Azov donde Ucrania posee un trozo de costa y un puerto tan importante como el de Mariúpol, entre otros. Y Moscú comenzó construyendo un puente de dieciocho kilómetros sobre el estrecho de Kerch, entre Crimea y la península de Tamán, y luego decidió que el mar de Azov era suyo y que podía fiscalizar el paso de cualquier navío por sus aguas. Con estas premisa, el incidente era previsible y se produjo en septiembre de 2018 cuando buques de guerra rusos detuvieron a tres barcos pequeños de la Marina ucraniana (dos cañoneras y un remolcador) cuando pretendían atravesar el estrecho para dirigirse a un puerto ucraniano en el mar de Azov, sin que esta provocación y violación de derecho del mar tuviera mayores consecuencias al margen de la protesta ucraniana y de su eco en la prensa nacional e internacional que, como es lógico, defendía la libertad de navegación.

Rusia también reaccionó ante la deriva prooccidental de Ucrania con medidas en el campo de la energía: tras una serie de disputas sobre precios y deudas entre Gazprom y la ucraniana Naftogaz, la compañía rusa decidió rescindir el acuerdo y dejar de exportar gas a Europa a través de suelo ucraniano (que suponía un tercio del consumo europeo) cuando en 2019 expirase el contrato en vigor, lo que privaría a Kiev de importantes ingresos en términos de miles de millones de dólares anuales por derechos de tránsito y provocaría un fuerte aumento de los precios internos del gas. Rusia pensaba que con el gasoducto Nord-Stream 2 y el Turk-Stream, ambos con su instalación muy avanzada, no necesitaría depender de Ucrania para alcanzar el mercado occidental. Sin embargo, retrasos en la construcción y la fuerte oposición por parte norteamericana al Nord-Stream 2 acabaron por conducir a una renovación por cinco años del contrato de gas con Ucrania… una extensión que debía habernos llevado hasta 2024 de no haber estallado antes la guerra.

Entretanto, los gasoductos Nord-Stream 1 y 2 fueron objeto de un sabotaje bajo el mar Báltico el 26 de septiembre de 2022 con varias explosiones que los dejaron inutilizados, sin que por el momento se conozca su autoría, aunque sobren teorías «conspiratorias» para todos los gustos, porque ya se sabe que cuando hay un conflicto bélico la primera víctima es la verdad. Rusia acusa sin pruebas al Reino Unido y a Estados Unidos, la fiscalía alemana dice haber registrado una embarcación sospechosa alquilada por una empresa de propiedad ucraniana con sede en Polonia, los norteamericanos afirman que fue un comando ucraniano… Puede haberse tratado perfectamente de una operación de falsa bandera en la que uno hace algo que cree que le conviene cuando al que beneficia de verdad es a un tercero que se lo ha sugerido y que permanece oculto. Quizás algún día se sepa lo realmente ocurrido. O no. Puede que nunca salga a la luz como probablemente tampoco se sabrá lo sucedido con la muerte de Yevgueni

Prigozhin, líder del Grupo Wagner, fallecido cuando su avión cayó en un vuelo entre Moscú y San Petersburgo en agosto de 2023. ¿Se sabe acaso todo sobre el asesinato de Kennedy? El caso es que el Nord-Stream 2 nunca llegó a ser utilizado y que, como consecuencia de las sanciones contra Rusia, los países miembros de la Unión Europea dejaron de importar gas a finales de 2022 con daño evidente para la economía rusa y fuertes sacrificios por parte de la población europea pues el 40 por ciento de nuestras importaciones de gas procedían de Rusia.

Con Estados Unidos se produjeron durante estos años una serie de incidentes que poco a poco fueron familiarizando al país con el nombre de Ucrania. En primer lugar, fueron las actividades de Paul Manafort, un consultor político que acabó condenado por fraude fiscal tras haber sido asesor de Yanukóvich y luego jefe de la campaña de Donald Trump en las elecciones de 2016, un presidente que no ocultaba su admiración por el líder fuerte que es Vladimir Putin, hasta especularse que este último podría tener *kompromat*, material comprometedor sobre las andanzas del primero en Moscú durante un concurso de Miss Mundo. Cuando no hay claridad se fomentan todo tipo de bulos. La constancia de la injerencia rusa en las elecciones norteamericanas de 2016, en apoyo de Trump y en contra de Hillary Clinton, tuvo la consecuencia de hacer que como reacción creciera mucho entre los americanos el apoyo a Ucrania en sus contenciosos con Rusia. Ese apoyo aumentó aún más con las acusaciones de Trump contra Biden en las elecciones de 2020, cuando afirmó —sin lograr demostrarlo— que Biden había presionado para que los ucranianos destituyeran al fiscal general con objeto de evitar que investigara las actividades de su hijo Hunter, durante su etapa como asesor de la empresa gasística Burisma. Y creció todavía más cuando se supo que Trump había chantajeado a Zelenski al amenazarle con retener un paquete de ayuda militar si no se prestaba a ese juego, lo que condujo en 2019 a su primer proceso de destitución o *impeachment*. El segundo sería en 2021 tras el asalto al Capitolio.

Y así es como llegamos a las elecciones de 2019 en las que Poroshenko intentó sin éxito ser reelegido bajo el lema de resonancias fuertemente conservadoras de «ejército, lengua y fe», en referencia a los que habían sido tres ejes importantes de su mandato, la inversión militar, la ley de educación y la separación entre las iglesias de Rusia y Ucrania, que confiaba poder rentabilizar electoralmente a su favor. Cuando parecía que los ucranianos deberían elegir entre Petró Poroshenko y Yulia Timoshenko, más popular, apareció en escena un actor muy conocido que protagonizaba una serie televisiva muy popular titulada *Servidor del pueblo*, sobre un profesor de historia que acababa convertido en presidente. E igual acabó ocurriéndole a él, que, sin ninguna experiencia política previa, sin ser profesor de nada y sin partido político propio, se impuso con el 73 por ciento de los votos en la segunda vuelta con una campaña vaga, sin más compromisos que acabar con la guerra y luchar contra la corrupción. Con Zelenski irrumpía en la política ucraniana un *outsider*, un cómico completamente ajeno al mundo político, una carta fuera de la baraja que iba a tomar las riendas del país en el momento más difícil de su historia y que, contra todo pronóstico, no defraudó. A Putin no le desagradó en principio su elección y de hecho se entrevistó con él el 9 de diciembre de ese mismo año. También Putin había sido reelegido para un cuarto mandato tan solo un año antes, en 2018, aunque en este caso en medio de acusaciones de fraude y manipulación (ganó con el 77 por ciento de los votos), y tras una oportuna reforma constitucional se aseguró de mantenerse en el poder hasta 2036.

Zelenski y Putin iban a ser los actores principales del drama que finalmente estallaría en febrero de 2022.

7

AUMENTAN LOS NERVIOS: BIELORRUSIA Y KAZAJISTÁN

En este contexto de desconfianza y tensión creciente, se produjeron tres revueltas en Rusia, en Bielorrusia y en Kazajistán, que era lo último que Putin necesitaba para ponerse aún más nervioso al pensar que se estaba aflojando de manera inevitable el puño de hierro con el que creía mantener un área de influencia bajo su control, al tiempo que le demostraban sin género de dudas que una Ucrania democrática era una pésima influencia para Rusia y sus intereses y que no podía tolerarla sin asumir riesgos muy graves.

Primero fue en Rusia. En 2016 los americanos acusaron a Moscú de interferir en sus elecciones presidenciales para perjudicar la candidatura de Hillary Clinton y beneficiar la de Donald Trump, y, al parecer, se trató de una acusación fundada porque un par de años más tarde, tras una seria investigación, el Departamento de Justicia acusó a trece ciudadanos rusos por ese motivo. Pero en 2017 el mismo Putin fue el que devolvió la papeleta a Washington acusando a Estados Unidos de «causar problemas» con una «campaña anti-rusa sin precedentes» en vísperas de las presidenciales de 2018 que ganaría el propio Putin en primera vuelta con el 77 por ciento de los votos. Trump, Merkel, Juncker estuvieron entre los líderes mundiales que felicitaron a Putin por su victoria en unos comicios que otros tacharon de manipulados. El opositor Kaspárov los calificó de «farsa», Navalni dijo que el resultado se había inflado en diez puntos porcentuales, y el mismo Snowden, refugiado en Rusia (obtendría la nacionalidad rusa en 2022), comentó desdeñosamente que las elecciones se habían limitado a ser «un rellenado de papeletas». Pero así son las cosas en aquellas latitudes.

Luego se produjeron disturbios en la elecciones municipales de 2019 en los que el Kremlin vio de nuevo la larga mano de Washington, como la vio también en las protestas que siguieron al envenenamiento de Alekséi Navalni cuando su ropa interior fue impregnada con el agente nervioso Novichok. El opositor se sintió mal en un vuelo entre Tomsk y Moscú y acabó tratado en Alemania donde estuvo un par de semanas en coma inducido hasta que, ya repuesto, pudo regresar a Moscú para ser detenido en el mismo aeropuerto y ser luego enviado a prisión en Siberia por diversas acusaciones, que siguen aumentando y que le pueden mantener entre rejas durante muchos años. Aunque el Kremlin negó tener nada que ver con el envenenamiento diciendo que Occidente había emprendido «una campaña de desinformación» en contra de Rusia, los precedentes de Alexander Litvinenko en 2006 y de Serguéi Skripal en 2018, también con agentes nerviosos al alcance de muy pocos, merman mucho la credibilidad de esta negativa.

En todo caso, el dato a retener es que Moscú se dio perfecta cuenta de que una Ucrania democrática al lado mismo de sus fronteras era un enemigo muy peligroso porque constituiría un modelo a seguir para aquellos que luchan por la libertad dentro de sus propias fronteras, lo cual no deja de ser muy cierto. Y la ansiedad del Kremlin aumentó aún más con los acontecimientos que se produjeron en Bielorrusia cuando Alexander Lukashenko dio un pucherazo descomunal para mantenerse en un poder que ocupa desde 1994, lo que le ha ganado con justicia el apelativo de ser el «último dictador de Europa». Y todo indica que quiere seguir siéndolo con el apoyo de Moscú con el que tiene una relación ambivalente, pues, por un lado, intenta evitar que su país sea fagocitado, que es lo que Putin desearía hacer, mientras que, por otro, no tiene más remedio que buscar su ayuda y protección hasta el punto de decir en cierta ocasión que Rusia y Bielorrusia son «como una casa con dos habitaciones» y «dos Estados y una patria». Son cosas que a Putin le debe de gustar mucho oír.

Lukashenko se presentaba por sexta vez a la reelección el 9 de agosto de 2020 con una imagen muy deteriorada tanto por el tiempo que llevaba en el poder, que tiene a la gente muy harta, como por la mala situación económica del país y su nefasta gestión de la pandemia del Covid-19, que él no consideraba «una amenaza». En esto se parecía a Donald Trump. Con los líderes opositores Tijanovski y Babariko debidamente encarcelados y sin observadores internacionales que garantizaran la limpieza del escrutinio, Lukashenko anunció su victoria con el 80,23 por ciento de los votos, y naturalmente no se lo creyó nadie. Los manifestantes, hasta doscientos mil, inundaron el centro de Minsk y otras ciudades en protestas que fueron «generalizadas», según el German Marshall Fund, y que en su mayoría fueron pacíficas pero a las que el régimen respondió con una represión «sistemáticamente brutal», como señaló Human Rights Watch. El resultado fue un número indeterminado pero elevado de manifestantes heridos y algunos muertos, sin que fueran escuchadas las ofertas de mediación hechas por Merkel, Macron y los líderes de los vecinos países bálticos, preocupados ante el violento cariz que adquiría el problema. Estas manifestaciones se conocieron entonces como la Revolución de las Zapatillas porque un manifestante fotografiado las empuñaba como la mejor arma para acabar con «cucarachas» que es como el opositor Tijanovski había llamado a Lukashenko.

Al igual que había hecho Putin en Rusia, desde el primer momento el presidente de Bielorrusia enmarcó las protestas en campañas de agitación movidas desde el malvado Occidente. Le interesaba hacerlo así y al Kremlin le interesaba creerlo, y por eso Putin le advirtió a Merkel en contra de las injerencias externas cuando ella le llamó por teléfono para expresarle preocupación y pedir su intervención. Lukashenko se animó entonces a hablar de «un frustrado intento de golpe de Estado», parte de un complot extranjero que atribuía sin concretar a Estados Unidos, la OTAN o a la misma Ucrania.

Lukashenko temía que también a él le hicieran una revolución como la del Maidán y advirtió claramente que no lo permitiría, acusando abiertamente a la BBC y a Radio Free Europe de estar detrás de lo que ocurría en su país. Se dice que ante la dimensión que tomaban las protestas en algún momento pensó en tener que huir a Rusia y le pidió ayuda a Putin, que le prometió «asistencia integral para garantizar la seguridad» frente a «amenazas militares externas», a la vez que concentraba tropas junto a la frontera oriental de Bielorrusia mientras Lukashenko decía sin sonrojarse que la OTAN también las acumulaba en su frontera occidental. En otros momentos lanzó asimismo acusaciones contra Polonia y Lituania diciendo sin fundamento que estaban detrás de unos manifestantes que no protestaban por otra cosa que un pucherazo electoral expresando así el deseo de libertad. Son reacciones que muestran que hubo muchos nervios en Minsk y en Moscú hasta el aplastamiento de los disturbios.

Desde entonces se ha acentuado la represión. En agosto de 2023 el grupo local de derechos humanos Viasna ha identificado a casi mil quinientos prisioneros políticos y a otros mil novecientos acusados en «juicios criminales políticamente motivados». Según la Asociación Bielorrusa de Periodistas, también hay treinta y seis profesionales encarcelados. El mensaje es claro, Lukashenko ha recuperado el control y allí no se mueve nadie, pero lo ha hecho con el apoyo de Moscú. El enfeudamiento a Rusia se manifiesta también en el ataque a Ucrania desde suelo bielorruso al comienzo mismo de la invasión, en el estacionamiento de armas nucleares tácticas rusas en Bielorrusia, y en el acuartelamiento, también allí, de miembros del Grupo Wagner después de su extraño amotinamiento de junio de 2023.

En el caso de Putin esos nervios aún aumentaron un poco más con los sucesos de Kazajistán, que comenzaron el día 2 de enero de 2022 en la ciudad petrolera de Janaozen con protestas populares por una repentina subida del precio del gas y que se extendieron rápidamente por todo el país, incluyendo la capital Astaná y la ciudad más poblada, Almatý. Y como sucede en las dictaduras, el descontento popular se desbordó muy pronto y los manifestantes empezaron a pedir no solo que bajara el precio del gas, que es lo que había motivado las primeras protestas, sino también «elecciones justas», «reformas políticas reales» como la liberación de los presos políticos, la elección popular de los líderes regionales (nombrados a dedo por el Gobierno central) y —puestos ya a pedir— la constitución de un Gobierno provisional que convocara elecciones constituyentes. O sea, una auténtica revolución. También volcaron su ira contra Nursultán Nazarbáyev, que había sido presidente del país casi treinta años, entre 1990 y 2019, y que en 2022 seguía siendo un gran poder en la sombra, pues presidía el Consejo Nacional de Seguridad. Nazarbáyev fue obligado a dimitir mientras se derribaban algunas estatuas suyas.

Cuando las protestas se extendieron hasta un nivel preocupante para el gusto de las autoridades, los manifestantes se toparon con una respuesta decidida por parte del presidente Kasim-Yomart Tokáev, que el día 5 de enero declaró el estado de emergencia afirmando que planeaba «actuar con la mayor dureza posible» ante unos manifestantes que caracterizó con epítetos como «bandidos», «terroristas», «criminales armados», «terroristas extranjeros» que azuzaban a los manifestantes, y «radicales islamistas entrenados en el extranjero» que pretendían llevar a cabo «un intento de golpe de Estado». Como se aprecia, en estos países no hay problemas, y cuando los hay se echa la culpa a conspiradores y terroristas extranjeros, que se ve que engañan los buenos sentimientos de las poblaciones locales que no tienen motivo alguno para estar descontentas. Y fiel a su promesa, Tokáev, un bárbaro, dijo en la televisión pública —sin andarse por las ramas— que había «dado orden de disparar a matar sin previo aviso», lo que motivó la inmediata protesta de la ONG Human Rights Watch.

No contento con la extrema dureza de la represión y porque no debía de tenerlas todas consigo, Tokáev invocó entonces el artículo 4 de la Organización del Tratado de Seguridad Colectiva (OTSC), una alianza militar entre varios estados surgidos del Imperio soviético (Rusia, Bielorrusia, Armenia, Tayikistán, Kirguistán y el mismo Kazajistán). Ese artículo 4 es parecido al artículo 5 de la OTAN que prevé una cláusula de defensa colectiva cuando un Estado pide apoyo en caso de agresión que define como un «ataque armado a la seguridad, la estabilidad, la integridad territorial y la soberanía»... en cuyo caso «los demás le proporcionarán inmediatamente la ayuda necesaria, incluida la militar».

Como consecuencia, el primer ministro de Armenia, país que ostentaba en ese momento la presidencia de la OTSC, pidió a los demás miembros que enviaran ayuda militar a la vista de «amenazas a la seguridad nacional y a la soberanía de la República de Kazajistán, incluida la injerencia externa». Y los socios se la dieron inmediatamente, de manera que María Zajárova, portavoz del Ministerio de Asuntos Exteriores ruso, pudo confirmar que Moscú había enviado tropas a Kazajistán en el marco de la OTSC, «por un tiempo limitado y para normalizar la situación». También respondieron al llamamiento de tropas Armenia, Bielorrusia, Kirguistán y Tayikistán. Todos a una, no quedó ningún socio fuera. Gracias, sin duda, a esta intervención en apoyo de su maltrecho régimen, Tokáev pudo decirle a Putin el día 8 de enero que había recuperado el control del país. Sin poder contrastar las cifras, se habla de ocho mil detenidos, casi doscientos muertos y muchos más heridos. Las protestas generalizadas en todo el país fueron reprimidas en tan solo una semana.

Llaman la atención las constantes referencias a interferencias de enemigos externos, como si la situación interna en Kazajistán, sin libertades y uno de los países más corruptos del mundo (el Banco Mundial lo colocaba entonces al nivel de Angola, Libia, Bolivia o Venezuela), no fuera suficiente para explicar la desafección ciudadana con el impresentable régimen autoritario que los pobres kazajos han heredado de la época soviética.

Es interesante constatar que China se limitó a decir que las protestas eran «un asunto interno» de Kazajistán y a expresar el deseo «de una pronta restauración del orden público», aunque debió de ver con cierta aprensión esta intervención militar, sobre todo rusa, porque Xi Jinping en una visita a Almatý que había tenido lugar cuatro meses antes de estos acontecimientos, dijo que «independientemente de cómo cambie la situación internacional, continuaremos apoyando con fuerza a Kazajistán en defensa de su independencia, soberanía e integridad territorial… y nos opondremos a la interferencia de cualquier fuerza en los asuntos internos de su país», en una declaración en la que muchos entonces quisieron ver una velada advertencia a Moscú con el que Beijing compite abiertamente por su influencia en esta zona del mundo.

El caso es que Putin comenzó a ver que las protestas y la demanda de más democracia llegaban a los países que consideraba que formaban parte de su zona de influencia en el mundo, y que eso era un peligro para su propio régimen en Rusia porque el riesgo de contagio es grande y solo crecería con el paso del tiempo. El politólogo ruso Arkady Dubnov, del Centro Carnegie de Moscú, dijo entonces que era lógico que estas protestas inquietaran al Gobierno ruso: «No hay duda de que el Kremlin no querría ver un ejemplo de un régimen (próximo) comenzando a hablar con la oposición y cediendo a sus demandas». Pero Putin, como Lukashenko y como Tokáev, también quiso ver en esas protestas la mano larga de Occidente que las excitaba en Rusia, en Bielorrusia y en Kazajistán, al igual que llevaba haciendo en Ucrania al menos desde 2014.

En ese momento la paranoia se impuso, Putin se dijo que hasta aquí hemos llegado y decidió que tenía que intervenir militarmente en Ucrania si no quería perderla del todo, porque se le acababa el tiempo y porque era hora de dar una lección a Occidente y en particular a Estados Unidos, con los que le gusta compararse a pesar de las enormes diferencias que hay entre ambos países. Son patéticos los esfuerzos sobrehumanos que Putin sigue haciendo para tratar de llenar los zapatos de la extinta Unión Soviética y ponerse así a su altura… sin conseguirlo.

En marzo de 2023, un año después de la invasión de Ucrania, Rusia hizo pública su actualización del «Concepto de Política Exterior» que se redactó en 1993, todavía en época de Yeltsin, y cuya última reforma databa de 2016. En ese documento —y sin duda escarmentada Rusia por recientes acontecimientos relatados en páginas anteriores— se lee: «La Federación Rusa prestará una atención prioritaria a la estabilidad en la zona extranjera próxima, incluida la supresión de las revoluciones de color y otros intentos de interferir en los asuntos internos de los aliados y socios de Rusia». Se acabaron las protestas. Por si a alguien le quedaban dudas. No es la «doctrina de la soberanía limitada» de tiempos de Brézhnev que tan cara costó a los checos en 1968, pero se le parece. Por otro lado, en el mismo documento, Moscú se compromete a buscar «una integración más profunda en Rusia» de los territorios que están ocupados por sus tropas, aunque carezcan de reconocimiento internacional, como son Transnistria en Moldavia y las regiones de Abjasia y Osetia del Sur, ambas en Georgia y, según Dimitri Medvedev, no descarta anexionarlas.

El caso es que a finales de 2021 Putin debió de pensar que tenía delante de sí una ventana de oportunidad que no podía dejar pasar porque los principales países occidentales estaban distraídos con otros problemas o, como dicen los franceses, «tenían otros gatos a los que azotar». Era el momento de dibujar con firmeza una línea roja en el suelo. Hasta aquí hemos llegado, se dijo Putin, Ucrania me ofrece la oportunidad de mostrar al mundo la firmeza de Rusia y a mí no me va a temblar el pulso.

8

LA VENTANA DE OPORTUNIDAD

Esa oportunidad se le presentó a Putin por una serie de circunstancias que desde mitad de 2021 parecieron centrar en otros lugares y en otros problemas la atención de los principales países occidentales.

Para empezar, Estados Unidos acababa de salir bastante chapuceramente de Afganistán en el verano de 2021 y no parecía con ganas de ulteriores aventuras en el exterior. Al menos durante un tiempo.

Afganistán fue la guerra «impuesta» a los norteamericanos tras los atentados del 11 de septiembre de 2001, en contraposición a la guerra «elegida» de Irak. También ha sido la más larga de su historia para, al final, dejar en el poder a los mismos talibanes que fueron a expulsar veinte años antes. Lo que se dice hacer un pan como unas tortas. Aun así, la rapidez de la victoria talibán después de veinte años de presencia norteamericana en aquellas tierras suscita algunos interrogantes. El primero es que tan solo setenta y dos horas antes de que los talibanes entraran en Kabul el secretario de Estado norteamericano, Tony Blinken, pensara que la caída de la capital podría producirse entre treinta a noventa días más tarde. ¿Cómo es posible que los americanos no vieran lo que les venía encima a toda velocidad, no supieran lo que estaba ocurriendo y no tomaran las medidas necesarias para evitar la chapucera evacuación? El adjetivo no es mío, Biden la llamó «messy» (chapucera), que parece una buena definición, y ha sido el único responsable de la ignominiosa retirada final, cuyo momento él eligió, aunque la política de Trump se la colocara en bandeja. Es poco probable que los servicios de inteligencia mejor dotados del mundo no vieran lo que estaba pasando y se me ocurre que caben dos posibilidades: o que lo dijeran y no les creyeran, lo cual es grave, o que no lo supieran, que sería aún peor. Podría haber una tercera posibilidad, que lo dijeran, pero sin dar a la información la relevancia necesaria para actuar de inmediato.

Otro interrogante se refiere a por qué un ejército de trescientos mil efectivos entrenados por los mejores instructores del mundo (entre ellos españoles), y dotados por los americanos de abundante y moderno material militar, se ha desmoronado ante el avance de unos guerreros talibanes montaraces, tribales, menos disciplinados y peor armados, pese al apoyo que siempre han encontrado en Pakistán y en Arabia Saudita por debajo o por encima de la mesa. Porque el ejército afgano no plantó cara al enemigo, sino que —salvo excepciones— tiró las armas y salió corriendo dejando el país entero en manos de los talibanes en apenas tres meses. Nadie les paró los pies porque ni siquiera lo intentaron. Para que un ejército luche deben darse al menos tres condiciones: primero, la identificación con una causa, un país o un gobierno, y los afganos no tienen sentido de país y se sienten más pastunes, hazaras, tayikos…, que afganos. Tampoco tenían motivos para identificarse con un presidente —Ashraf Ghani— que los abandonó a las primeras de cambio al salir corriendo de la ciudad asediada. En segundo lugar, un ejército combate cuando tiene jefes militares a los que admira, que saben lo que quieren y que se ocupan de que sus hombres estén motivados, bien dirigidos, armados y alimentados, y eso tampoco ocurrió, probablemente porque el dinero desaparecía en el agujero negro de una corrupción endémica. En tercer lugar, los soldados tienen que estar convencidos de la bondad de lo que defienden y creer que para salvarlo necesitan acabar con el enemigo en un juego de suma cero. Estar dispuestos a matar y a morir y convencidos de vencer. Estar decididos a luchar hasta el final para no ver sometidas y humilladas a sus mujeres, madres, hijas y hermanas a las que esperaba un futuro atroz en un régimen tan reaccionario y medieval como el talibán. Pero se ve que no les importó demasiado, porque tiraron las armas y se desbandaron sin luchar ni ofrecer resistencia. A falta de esas condiciones y abandonado por su aliado americano, el ejército afgano no encontró motivos para combatir, entregó a los talibanes su arsenal militar y les permitió para mayor escarnio entrar en el mismo Kabul sobre los mismos Humvees blindados que les había dado el ejército de Estados Unidos.

Como consecuencia de todo ello, Putin debió de pensar que unos norteamericanos que se habían pasado guerreando los últimos veinte años, y que acababan de salir de Afganistán como gato escaldado y con el rabo entre las piernas, no estaban de humor para otras aventuras exteriores que les salían carísimas en vidas y en dinero, que la gente ya no entendía y que además nadie en el mundo les agradecía. Algunas imágenes de la evacuación final desde el aeropuerto de Kabul hicieron pensar inevitablemente en otra caótica evacuación, la de Saigón en 1975 con aquellas imágenes de los helicópteros sacando gente desde el tejado de la embajada americana. Eliminados, pues, los norteamericanos.

En Francia, Emmanuel Macron pretendía revalidar su mandato otros cinco años enfrentando a Marine Le Pen, que le forzó a una segunda vuelta el 24 de abril de 2022. La amenaza de una ultraderecha euroescéptica se cernía sobre uno de los países más importantes e influyentes de la Unión Europea, que contuvo la respiración hasta que el conteo final le dio la victoria al presidente en ejercicio por el 58,34 por ciento de los votos (18.643.128) frente al 41,46 por ciento (13.276.015) que obtuvo la líder de la extrema derecha, dando así una patada hacia adelante a la lata y aplazando el problema unos años más. No es de extrañar que Putin pensara que los franceses —y Europa entera— estaban con la atención concentrada en esa importante cita electoral cuando en febrero de 2022 tomó la decisión de invadir Ucrania. Para Putin, Francia, enfocada en sus problemas internos, también quedaba eliminada.

En Alemania pasaba tres cuartos de lo mismo. Finalizado el mandato de Angela Merkel, que durante dieciséis años había sido «la adulta en la habitación» del Consejo Europeo, había que encontrarle un sucesor al frente de la Cancillería federal. Las elecciones de 2021 las ganaron los socialdemócratas del SPD que formaron la que se llamó la «coalición semáforo» con los Verdes y los liberales del FDP, y juntos decidieron respaldar la candidatura del socialista Olaf Scholz para el cargo. Scholz, un hombre gris, como gusta a los alemanes, que parecen curados de líderes carismáticos para mucho tiempo, miembro del SPD, había sido alcalde de Hamburgo y ministro de Finanzas en el cuarto gabinete de Merkel, en el que desempeñó una gestión brillante frente a la pandemia del Covid-19 con un plan de ayudas de ciento treinta mil millones de euros para ayudar a empresas y autónomos a superar la crisis. También fue determinante en la creación de los fondos Next Generation de la Unión Europea por valor de setecientos cincuenta mil millones para auxiliar a los países más afectados por la pandemia. De forma que Olaf Scholz fue elegido canciller el 8 de diciembre de 2021 y Putin debió estimar que era el momento de actuar en Ucrania aprovechando la llegada en Berlín de un canciller sin experiencia al frente de un gabinete de coalición cuyos miembros mostraban sensibilidades diferentes en cuanto a la relación con Rusia. Putin debió de pensar que tampoco Alemania estaba en condiciones de plantarle cara si invadía Ucrania.

Y finalmente quedaba el Reino Unido, todavía inmerso en la gestión del tremendo error de Cameron que, a mi juicio, ha supuesto el Brexit, una separación traumática que nos ha hecho perdedores a todos a la vez, a europeos comunitarios y a británicos soberanistas… pero más a estos últimos, pues provocó una caída de la libra y un aumento del déficit comercial, escasez en el abastecimiento de algunos productos como combustible en las gasolineras, éxodo de expatriados y falta de mano de obra comunitaria, dificultades para la libre circulación de personas entre el continente y las islas, etcétera, por no hablar de la amenaza de una crisis constitucional con Escocia pidiendo otro referéndum de autodeterminación, pues no deseaba salir de Europa, y el encaje de bolillos que había que hacer con Irlanda del Norte para conseguir aproximarse lo más posible a no estar dentro de la Unión Europea sin dejar al mismo tiempo de estarlo. De locos. Y más aún si a eso se añade la gestión de la pandemia. Por si fuera poco, el primer ministro Boris Johnson estaba envuelto en un escándalo por unos alegres guateques en su residencia oficial del número 10 de Downing Street cuando todo el mundo estaba confinado en el Reino Unido. Todo eso junto con la crisis económica acabaron costándole el puesto. No es extraño que Vladimir Putin pensara que bastantes problemas tenía ya como para prestar mucha atención a lo que él consideraba que iba a ser una corta «operación militar especial» que casi habría terminado antes de empezar. Otro que se equivocaba.

Teniendo en la cabeza todos estos argumentos, desde un Occidente débil, dividido y con otros problemas más acuciantes hasta una muy fuerte dependencia europea del gas ruso, Putin debió de pensar que no encontraría un momento mejor para hacer lo que llevaba tiempo con ganas de hacer y se lanzó a su descabellada aventura, porque las oportunidades no duran toda la vida, hay que aprovecharlas antes de que pasen y él tenía una delante. La invasión rusa de Ucrania se produjo en este contexto y apenas un mes después de los acontecimientos antes reseñados en Kazajistán

9

LAS EXIGENCIAS DE RUSIA

Rusia parte de considerarse un «Estado-civilización único», como dice el Concepto de Política Exterior de la Federación Rusa actualizado en marzo de 2023, que «no se considera enemigo de Occidente. No se aísla de él ni tiene intenciones hostiles en su contra», aunque se contempla como un bastión frente a «amenazas» provenientes de Europa y «a la imposición de actitudes ideológicas neoliberales destructivas que contradicen los valores espirituales y morales tradicionales». El documento muestra una actitud defensiva frente a Occidente sin llegar a rechazar la cooperación con el Viejo Continente si se aleja de Estados Unidos que es considerado «el principal inspirador, organizador y ejecutor de la agresión antirusa» y la «principal amenaza para el desarrollo justo de la humanidad».

Sobre estas premisas, ¿qué quería Putin cuando envió a sus tropas a invadir Ucrania en febrero de 2022? ¿Cuáles eran sus objetivos? No es fácil responder a esta pregunta porque una espesa neblina rodea la cuestión, que ha sido contestada de maneras diferentes en distintos momentos. ¿No tenía Putin las ideas claras sobre lo que pretendía lograr? ¿No quería compartir sus pensamientos con nadie? ¿Jugaba a desconcertar a propios y extraños, o es que sus objetivos cambiaban a medida que los confesados se convertían en imposibles de cumplir? Probablemente nos encontramos ante una combinación de todo eso, y aún más, aunque el historiador Orlando Figes insiste en los elementos psicológicos cuando afirma que, en realidad, «Rusia castiga a Ucrania por su audacia de dejar el imperio», porque los rusos «piensan de verdad que Ucrania forma parte de la Gran Rusia y esto procede de la visión imperial de la historiografía rusa del siglo XIX» como manifestaba con mirada retrospectiva en una entrevista concedida a Marc Marginedas que el *Diario de Mallorca* publicó el 28 de mayo de 2023. Figes continuaba diciendo que «en 1991, en lugar de elaborar nuevos libros de historia, el país volvió a los del siglo XIX, y ese sentido de superioridad sobre los ucranianos, esa mentalidad de que no son merecedores de confianza porque la mitad son católicos o polacos, buscan romper con Rusia o colaboraron con los nazis, se mantuvo… En las atrocidades cometidas (por los rusos) hay un elemento de castigo a los ucranianos por la audacia de querer abandonarles, como en el pasado se castigaba a los campesinos». Después de esta entrevista, los rusos editaron un nuevo manual de historia —al que ya me he referido anteriormente— de uso obligado en todas las escuelas del país en el que se afirman los derechos históricos de Rusia sobre el territorio de Ucrania.

Pero queda la pregunta de lo que realmente perseguía Putin en Ucrania y se han ofrecido diversas explicaciones al respecto:

—Proteger a los rusoparlantes del Dombás y eventualmente anexionar las regiones de Donetsk y Lugansk tras constatar que los Acuerdos de Minsk no producían los resultados apetecidos de volver a poner a Ucrania bajo su esfera de influencia, sino que, al contrario, las ambiciones rusas sobre esas regiones habían contribuido a echar al resto del país en brazos de Occidente. Es lo que Putin ha llamado «la cuestión nacional». En el Concepto de Política Exterior de la Federación Rusa antes mencionado se afirma que Rusia debe apoyar a «los compatriotas en el extranjero que se inclinan por una relación constructiva hacia Rusia», a la vez que proteger «sus derechos e intereses legítimos en los Estados donde residen, principalmente en los Estados hostiles». Pues si eso piensan del extranjero, ¿qué no van a pensar de los que residen en una tierra que consideran que les ha sido arrebatada? En algún momento Putin ha dicho que la guerra comenzó para proteger a los habitantes del Dombás del «régimen nazi» de Zelenski.

—Apoderarse de una franja de territorio ucraniano que una físicamente a Rusia con Crimea para asegurarse suministros de agua y electricidad para la península y no depender exclusivamente del vulnerable puente de Kerch para sus comunicaciones físicas. Por eso, después de Donetsk y Lugansk, también se ha anexionado las provincias de Jersón y Zaporiyia, aunque no haya llegado a poder ocuparlas en su totalidad. Si con esas cuatro regiones Rusia controla el 23 por ciento del territorio ucraniano, es probable que, si pudiera, procuraría conquistar también los óblasts de Dnipropetrovsk, Járkov, Mikolaiv y la propia ciudad portuaria de Odesa para poseer hasta el 43 por ciento de Ucrania, lo que la dejaría sin acceso no ya al mar de Azov, sino al mismo mar Negro. Así lo cree al menos John Mearsheimer.

—Acabar con el «régimen nazi» de Zelenski y colocar en Kiev a un gobernante dócil como había sido antes Yanukóvich o es Lukashenko en Bielorrusia. Si Volodímir Zelenski hubiera huido de Kiev en los primeros días de la invasión, quizás lo hubiera podido conseguir. Pero aguantó sin escapar y sin rendirse. Son constantes las referencias en Rusia al ataque que sufre de Ucrania y de sus aliados occidentales con objeto de aniquilarla, y despertar así en el país analogías con la Gran Guerra Patriótica que terminó en 1945 con la victoria sobre la Alemania nazi que también la había agredido. Es una comparación que puede tener resonancias nostálgicas entre algunos rusos, pero que resulta bastante incomprensible para nosotros porque nada tiene que ver la Alemania nazi con la Ucrania actual, por mucho que algunos símbolos inspirados en el nazismo que lucen algunos voluntarios ucranianos, como los miembros del Batallón Azov, ayuden a Putin a establecer este paralelismo, al igual que también lo hacen los homenajes a héroes del pasado tan discutidos como Stepán Bandera, que se definía a sí mismo como «notorio fascista», que fue colaborador de los nazis cuando invadieron Ucrania y que participó en la «limpieza étnica» de polacos y judíos. No parece un modelo a seguir. Por otra parte, si alguien recuerda hoy al nazismo es el Grupo Wagner de milicianos al servicio del Kremlin. Su mismo nombre recuerda al compositor preferido de la élite nacionalsocialista, como reconocía uno de sus comandantes, Dimitri Utkin, un neonazi confeso que murió con su jefe Prigozhin cuando su avión, un jet Embraer Legacy, se estrelló cerca de Moscú el 23 de agosto de 2023 en sospechosas circunstancias. En todo caso, decir que el régimen de Zelenski es nazi es una solemne estupidez que no gana credibilidad por mucho que se repita.

—Acabar con la soberanía e independencia de Ucrania y anexionarla pura y simplemente, que desaparezca en el seno de la Federación Rusa. O sea, fagocitarla y que deje de existir como sujeto independiente de derecho internacional. Es lo que parecen sugerir las continuas referencias de Putin a la artificialidad de Ucrania, creada, según él, por los bolcheviques tras la Revolución de Octubre en Rusia, y a la identidad común de los pueblos de ambos países. «Recuperar» Ucrania sería un gran paso hacia la recreación del Imperio zarista/soviético en torno a una Rusia que, no lo olvidemos, es la única potencia colonial que aún no ha descolonizado, y alcanzar de nuevo el estatuto de superpotencia que una tozuda realidad hoy le niega, porque simplemente no es posible serlo con un PIB de dos billones y pico de dólares, por mucho Consejo de Seguridad con derecho de veto y muchas bombas atómicas que se posean y que, sin duda, contribuyen a disfrazar esta realidad.

—Neutralizar Ucrania y crear un glacis de seguridad en el entorno de Rusia, impidiendo que Ucrania se adhiera a la OTAN o que en su territorio se instalen armas occidentales que amenacen a Rusia. Es algo en lo que Putin insistió mucho en los meses previos a la invasión. Por eso, cuando por causa de la epidemia del Covid se encontró «virtualmente» con Biden, una semana más tarde, le pidió que la OTAN detuviera los que consideraba «peligrosos intentos de crecer en territorio ucraniano o de aumentar su potencial a lo largo de nuestras fronteras». La expansión al este de la OTAN ha sido un factor, a mi juicio, de mucho peso en la sensación, real o no, pero muy presente de acoso y de ahogamiento que dice sentir Rusia a pesar de que la adhesión de Ucrania no llegara a estar nunca sobre la mesa de la organización como una propuesta a considerar seriamente. En todo caso, hay que admitir que la oferta genérica que la OTAN hizo a Ucrania y a Georgia en 2008, por presión de Estados Unidos en contra del juicio de Francia y Alemania, fue un error porque alimentó las obsesiones rusas. También hay que reconocer que Occidente no prestó la debida atención a estas preocupaciones rusas. No quiero decir que hubiera que ceder ante ellas, pero hacerles algo más de caso y tratarlas con menos displicencia no hubiera estado de más.

—Denunciar la arquitectura de seguridad europea surgida de la Segunda Guerra Mundial y de la posguerra fría con hitos como el Acta Final de Helsinki de 1975, que establece la inviolabilidad de las fronteras europeas; la Carta de la ONU, que prohíbe el recurso al uso de la fuerza en las relaciones internacionales (derecho que se reserva en exclusiva el Consejo de Seguridad); y los acuerdos de 1994 y 1997 garantizando las fronteras y el territorio de Ucrania cuando accedió a enviar a Rusia sus arsenales nucleares.

Moscú entiende que este orden estratégico ya no favorece sus intereses y por eso el día 1 de diciembre de 2021, Putin se quejó del crecimiento de la amenaza en sus fronteras occidentales y manifestó su preocupación por la expansión de la OTAN, proponiendo «acuerdos concretos» que prohibían una vez más «la ampliación de la OTAN» y el «posicionamiento de sistemas de armamento en la proximidad inmediata del territorio ruso» que provocaron una respuesta tajante por parte de Stoltenberg: «Rusia no tiene poder de veto, Rusia no tiene poder de decisión, Rusia no tiene derecho a establecer una esfera de influencia para tratar de controlar a sus vecinos». Es una respuesta nítida y concisa, tajante, pero no la que Putin quería escuchar. Probablemente podría haber sido formulada con algo más de diplomacia, aunque también es cierto que con ciertos personajes es mejor hablar claro y evitar equívocos.

Un par de semanas más tarde, el 17 de diciembre, Rusia presentó un proyecto de Tratado de Seguridad Colectiva que afirmaba que podría poner fin a la crisis, titulado «Acuerdo sobre medidas para garantizar la seguridad de la Federación Rusa y de los Estados miembros de la Organización del Tratado del Atlántico Norte» donde, una vez más, exigía poner fin a la expansión de la OTAN hacia el este, así como que la organización se comprometiese a no desplegar tropas ni armamento en los países surgidos de la desaparición de la Unión Soviética. Proponía asimismo un nuevo tratado INF (Intermediate-Range Nuclear Forces) sobre fuerzas nucleares de alcance intermedio en Europa, y establecer una línea directa de comunicación entre Moscú y el cuartel general de la OTAN en Bruselas para evitar malentendidos.

En Occidente se recibió esta propuesta con sentimientos contrapuestos, pues había en ella elementos a considerar mientras que otros no resultaban aceptables, aunque la Organización se manifestó dispuesta a hablar sobre ella. O sea que ni la aceptó ni la rechazó y ofreció celebrar una reunión el 10 de enero de 2022 en Ginebra para discutirla con mayor detalle. El 26 de enero Washington respondió por escrito descartando algunas propuestas y proponiendo seguir hablando de otras en posteriores encuentros. Es interesante señalar que cuando el presidente francés Emmanuel Macron fue a Moscú el 8 de febrero, dieciséis días antes de la invasión, dijo que una de las principales exigencias que le había planteado Putin era, precisamente, la de una nueva arquitectura de seguridad europea. Aquí se aplica lo mismo que decía un par de párrafos más arriba: Rusia estaba pidiendo ayuda y perdimos la ocasión de, al menos, marear un poco más la perdiz y tratar de llegar a un entendimiento, por difícil que fuera, aceptable para ambos bandos. Al fin y al cabo, evitar guerras es el trabajo de los diplomáticos, y ahora Putin repite una y otra vez, a quien le quiera oír, que no hemos hecho caso alguno a los que considera sus «legítimos intereses de seguridad» y que por eso no le ha quedado otra solución que la de invadir Ucrania.

En todo caso, la invasión, la marcha de la guerra y el apoyo occidental a Ucrania hacen muy difícil —si no imposible— la consecución de estos objetivos que, reducidos al mínimo, probablemente serían ciertas concesiones territoriales y la neutralización futura de Ucrania. Pero para lograrlo Rusia tendría que derrotar a Kiev, y eso es algo que Occidente hará lo posible por evitar, como recuerda y una y otra vez el presidente Joe Biden. Las cosas han llegado a un punto en el que una victoria rusa tendría efectos muy malos para la OTAN y para la UE, que entrarían en crisis, y para el mismo prestigio de Estados Unidos, con impacto sobre sus relaciones con otros países y en especial con China, que podría extraer consecuencias para sus propias ambiciones sobre Taiwán. Como dijo el rey Carlos III de Inglaterra, «la seguridad de Europa y nuestros valores están amenazados» en una pugna que, además, es parte de una confrontación más amplia entre democracias y autoritarismos y que es contemplada con perplejidad y preocupación por los países del sur global que creen que pecamos de doble rasero y que nos escondemos detrás de nuestros valores para mejor defender nuestros intereses. Volveré sobre ello más adelante.

10

LA INVASIÓN. LOS ERRORES DE PUTIN

Putin debía de llevar bastante tiempo pensando en la invasión de Ucrania, y eso hace más incomprensibles los errores cometidos, sobre todo después de la profesionalidad y eficacia que mostró al anexionar Crimea. Como ya he dicho, en 2014 se dio cuenta de que Ucrania se escapaba irremediablemente de su órbita y luego constató que los Acuerdos de Minsk 1 y Minsk 2 no le habían servido para hacer avanzar sus intereses. Es cierto que se había apoderado de buena parte del Dombás, pero eso ni le daba más influencia sobre el Gobierno de Kiev ni le ganaba el corazón de los ucranianos. Antes al contrario, pues acentuó la deriva prooccidental del país. Y entonces decidió intervenir militarmente, por las bravas, sin aclarar los objetivos que realmente perseguía y que, en definitiva, podemos concluir sin miedo a equivocarnos que consistían, en el mejor de los casos, en fagocitar Ucrania o al menos instalar en Kiev un Gobierno marioneta para conseguir que de una forma u otra se convirtiera en un Estado vasallo en la órbita de Moscú... aunque luego la marcha de la guerra le obligara a moderar sus objetivos y a recortar su ambición inicial.

Por eso, un año antes de la invasión, ya en febrero de 2021, Putin reunió a ocho mil soldados junto a la frontera con Ucrania con la excusa de unas maniobras militares, citando para justificarlas «actos provocativos de Kiev que... está agravando la situación de forma deliberada». O sea que la culpa era del otro y esa ha sido una línea de desinformación de la que nunca se ha separado, como cuando insiste en que la guerra la comenzaron Ucrania y Occidente al no atender los «intereses de seguridad» rusos. Este despliegue militar motivó que Merkel, en abril, le expresara preocupación por el aumento de tensión que la presencia de estos soldados provocaba cerca de la frontera de Ucrania, mientras el resto de Europa seguía atónita este ejercicio de creciente *bullying* militar que duró todo el año 2021.

A finales de año, la tensión era ya suficientemente alta como para que el día 3 de diciembre los servicios de inteligencia norteamericanos advirtieran que la cosa iba en serio y que Rusia se preparaba para invadir Ucrania a principios de 2022, afirmación que en Europa fue recibida con escepticismo y como una muestra de la tendencia de Washington a la exageración. Y cuando en una cumbre celebrada el 7 de diciembre de forma virtual por la pandemia, Putin le repitió a Biden sus exigencias de que la OTAN no se ampliara hacia el este, el americano le contestó que eso era algo que solo podían decidir Ucrania y la OTAN y le propuso seguir hablando más adelante del asunto, cosa que le hizo con seguridad ver a Putin que por las buenas no iba a conseguir sus objetivos, si es que aún albergaba alguna esperanza. Aun así, hubo un encuentro entre diplomáticos en Ginebra a principios de enero de 2022 en el que el representante ruso, Serguéi Ryabkov reiteró que su país no tenía «planes ni intenciones de invadir Ucrania», y lo mismo manifestó unos días más tarde el embajador ruso en plena reunión del Consejo de Seguridad de las Naciones Unidas en Nueva York. No hay que descartar que lo dijeran de buena fe porque es lo que a ellos les habían dicho desde Moscú... o, por lo menos, lo que les habían dicho que tenían que decir. Eso sin duda. Pese a lo cual, y aunque las conversaciones continuaban, Estados Unidos decidió desplegar ocho mil quinientos soldados adicionales para tranquilizar a sus aliados del Este de Europa, que cada vez estaban más comprensiblemente preocupados. Pero, como nunca llueve a gusto de todos, si eso contribuyó a calmar a los bálticos y a Polonia, produjo el efecto contrario en Rusia.

Porque la verdad era que en Europa, a los países del Este, sobre todo a Polonia y a los bálticos no les llegaba la camisa al cuerpo, y el Reino Unido se alineaba como siempre con Washington, mientras que más al oeste, en Francia, Italia, Alemania o la misma España, más alejados de la zona conflictiva, las cosas se veían con más tranquilidad y en el fondo no creíamos que Putin fuera a atacar al vecino y a invadir Ucrania en una guerra de expansión territorial más propia de la época del zar Alejandro I y de Tolstói que del siglo XXI, aunque también las hubiera habido en el siglo XX gracias a las ambiciones descabelladas de Hitler. Y, además, durante todo este tiempo, Putin seguía negando vigorosamente la mayor y decía que no tenía ninguna intención de invadir nada mientras seguía acercando tropas a su frontera con Ucrania. Puede que se debiera a que acariciaba la idea, pero no tenía aún tomada la decisión final o porque, simplemente, nos engañó de forma consciente desde el primer momento. Cada vez parece más probable la última opción, salvo que realmente esperase una respuesta más positiva a su oferta del 17 de diciembre de «Acuerdo sobre medidas para garantizar la seguridad de la Federación Rusa y de los Estados miembros de la Organización del Tratado del Atlántico Norte», exigiendo que la OTAN no se acercara a sus fronteras ni instalara armas y tropas en los países que habían formado parte de la Unión Soviética. Si era así habría que acusarle de ingenuo, y no creo que lo sea.

En todo caso, en cuanto llegó febrero, las cosas se aceleraron, y mientras Rusia preparaba otras maniobras militares el día 10, esta vez con su satélite Bielorrusia, Putin viajó el día 4 a Beijing para cubrirse las espaldas con la excusa de asistir a la inauguración de los Juegos Olímpicos de Invierno. Allí le dijo a Xi Jinping: «Nuestras relaciones bilaterales han progresado en un espíritu de amistad y de asociación estratégica. Son relaciones realmente sin precedentes». Y añadió, para que no quedaran dudas, que son relaciones «sin límites». Es de suponer que, durante ese viaje, solo veinte días antes de la invasión, informaría al líder chino de sus planes que para entonces ya tendría bien definidos, aunque ninguno de los dos lo ha reconocido. Desde ese momento, esas relaciones sino-rusas no han hecho más que estrechar-se desde el mutuo convencimiento de que ambos países son objeto de una especial inquina por parte de Estados Unidos, que les quiere impedir ocupar el lugar que les corresponde en la geopolítica mundial. En la declaración que Xi y Putin firmaron durante ese viaje a Beijing puede leerse que «un país puede elegir las formas y los métodos de poner en práctica la democracia que mejor se adapte a su situación particular», porque a ninguno de los dos se les ocurre pensar que lo que viven sus respectivos países no es una democracia. Y Xi lo tiene muy claro, y, por eso, la misma idea fue recogida en el XX Congreso que el Partido Comunista Chino celebró meses más tarde, en octubre de 2022, donde se exigía el respeto «para los caminos de desarrollo y sistemas sociales elegidos de forma independiente por los pueblos del mundo». Este interés compartido es, en mi opinión, lo que más une a estos dos grandes países que, por otra parte, mantienen importantes desacuerdos pues ni Putin apoya las reivindicaciones territoriales de Beijing sobre el mar del Sur de China, ni a Xi se le ha pasado por la cabeza endosar la anexión rusa de Crimea. Al menos hasta la fecha.

En cuanto Putin regresó de Beijing, Emmanuel Macron y Olaf Scholz fueron a Moscú en el espacio de pocos días a ver a Vladimir Putin, y también Joe Biden le llamó por teléfono en un desesperado ejercicio de diplomacia del último minuto. Que no se diga que no se intentó, aunque ya se sabe que para bailar el tango hacen falta dos y que dos no bailan si uno no quiere. Pero era demasiado tarde. Putin ya había tomado su decisión y no estaba por la labor, no quería bailar, y menos al son de Occidente. Fue entonces cuando sentó a Macron en el extremo de una ridícula mesa de seis metros de longitud mientras él ocupaba el otro extremo, como para marcar distancias. Todos peregrinaron a Moscú en un último intento desesperado de utilizar la presión diplomática, el palo y la zanahoria, para evitar lo que ya se veía como casi inevitable, dando a Rusia la garantía de que no había riesgo inmediato de que Ucrania entrara en la OTAN y, al mismo tiempo, explicándole las sanciones que se le podrían imponer con objeto de tratar de que no hiciera lo que no queríamos creer, pero veíamos llegar, y efectivamente llegó en la madrugada del día 24 de febrero de 2022: una guerra en el corazón de Europa.

Una guerra en la que Putin ha cometido errores que nadie esperaba y que han conducido, entre otras tragedias mayores, a un serio deterioro de la imagen de Rusia ante el mundo como país agresor que no ha conseguido dominar rápidamente a un vecino mucho más débil. Veamos algunos de esos errores que tan caros le han costado al Kremlin:

1.   Pensar que podía acabar con el régimen «nazi» de Volodímir Zelenski en cuestión de días o pocas semanas. Rusia se lanzó a invadir un país de cuarenta y seis millones de habitantes con apenas ochenta mil soldados, que no parece una cifra ni de lejos suficiente…, salvo que pensara que iban a ser recibidos entre aplausos como libertadores. Se dice que los soldados rusos que se dirigían a Kiev llevaban en sus macutos uniformes de gala para desfilar por sus calles entre los vítores de la multitud. Rusia no previó la reacción del pueblo de Ucrania, que defendió con bravura su territorio desde el primer momento, como también hizo su presidente que se quedó en Kiev cuando muchos le aconsejaban que escapara como había hecho un año antes el presidente afgano ante el avance de los talibanes sobre Kabul. Sea como fuere, la actitud de Zelenski galvanizó la de su pueblo o el pueblo influyó sobre la determinación de su presidente, pero los ucranianos no se rindieron, lucharon, bloquearon, detuvieron y al final lograron hacer retroceder a las columnas de blindados rusos. Los servicios rusos de inteligencia, SVD, GRU, son muy buenos y se supone que de Ucrania deberían de saberlo todo. No puedo creer que se equivocaran hasta el punto de pensar que sus soldados iban a ser recibidos con flores como libertadores de un régimen tiránico. Entonces, ¿no informaron? ¿Les engañaron o se dejaron engañar por corrupción? ¿No dijeron la verdad porque en los regímenes dictatoriales nadie dice otra cosa que lo que piensa que el jefe quiere oír? ¿O la dijeron y nadie les hizo caso porque no convenía? Cualquiera de estas hipótesis pudo ocurrir. Lo de

luego echar la culpa a los servicios de los errores del Gobierno convirtiéndoles en chivos expiatorios… eso, por desgracia, ocurre también en otros países. Calder Walton, un experto en temas de inteligencia que trabaja en el Belfer Center de Harvard, ha escrito al respecto en «The New Spy Wars» («Las nuevas guerras de espías»), un artículo publicado el 19 de julio de 2023 en *Foreign Affairs*, que «si un día fuera posible acceder a la inteligencia que Putin recibió justo antes de la guerra en Ucrania, no nos sorprendería encontrar que confirmaba y no contradecía su exceso de confianza en el poderío militar de Rusia. Hay poco espacio para decir la verdad en la corte de Putin, como tampoco lo había en la de Stalin. La naturaleza asesina de su forma de gobernar garantiza que se le dé inteligencia sicofántica».

A mí me resulta imposible no comparar lo ocurrido en la invasión de Ucrania con la serie de errores que cometió Sadam Husein en los días previos a la guerra para la liberación de Kuwait en 1991 o con el enorme fallo de inteligencia, aunque por distintos motivos, que hizo que a Israel le pillara desprevenido el brutal ataque terrorista de Hamas en la madrugada del 7 de octubre de 2023. Pero volviendo a Irak, James Baker, secretario de Estado de Estados Unidos, pidió a Francisco Fernández Ordóñez, a la sazón ministro de Asuntos Exteriores de España, que le fuera a ver con urgencia a Londres, advirtiendo que quería hablar de Irak y que le acompañaría mi homólogo, el *assistant secretary* (director general) para asuntos de Oriente Medio, mi colega y amigo Ed Djerejian. De modo que Fernández Ordóñez me pidió que yo fuera con él y a Londres nos dirigimos él y yo una noche para reunirnos con ellos en una habitación del hotel Carlton. Y allí, en su suite, solos los cuatro, Baker lanzó sobre su cama un manojo de fotografías en blanco y negro de buen tamaño y nos pidió que las examináramos, lo que el ministro y yo hicimos como si fuéramos expertos en interpretación de imágenes tomadas por satélite, en las que hay que tener mucha experiencia y haber visto muchas para sacar algo en claro. Confieso que no se veía nada especial a simple vista, o al menos ni el ministro ni yo lo distinguíamos, hasta que con ayuda de los americanos comenzamos a «ver» cuarteles, misiles, rampas de lanzamiento, artillería, tanques, refugios antiaéreos, pistas de aterrizaje y otras muestras del despliegue militar iraquí que los americanos se disponían a destruir en las primeras veinticuatro horas, si Sadam no se retiraba del emirato de Kuwait que había invadido semanas antes contra toda norma del derecho internacional. Aquello era ciertamente interesante, pero no acabábamos de entender por qué nos había llamado para enseñarnos a nosotros aquellas fotos tan secretas, hasta que Baker nos lo aclaró: «Ustedes, los españoles, tienen muy buena relación con algunos líderes árabes: ¿podrían hablar con alguno de ellos, alguno que tenga buena sintonía con Sadam y pedirle que vaya cuanto a antes a verle a Bagdad para decirle que tenemos toda la información que os acabamos de enseñar y que vamos en serio?». Y repitió: «*We mean business* (vamos en serio) y le vamos a dar por todos lados a Sadam antes de que se entere, si no se retira ya mismo de Kuwait. Si su gestión tiene éxito, quizás todavía podamos evitar una guerra, que es lo que deseamos».

Fernández Ordóñez (que todavía no era «*dear* Paco» para Jim Baker, rango que solo alcanzaría en la Conferencia de Paz de Madrid entre árabes e israelíes unos meses más tarde) contestó que haríamos con gusto la gestión que nos solicitaba, pues también nosotros deseábamos evitar otra guerra en Oriente Medio, por más que esta —a diferencia de la posterior de 2003 en Irak— tuviera todas las bendiciones de la ONU. Al salir del hotel pasada ya la medianoche y de regreso al aeropuerto donde nos esperaba el Mystère del Ala 45 de nuestra Fuerza Aérea para regresar a Madrid, íbamos el ministro y yo en el coche comentando opciones sobre cuál sería el jefe de Estado árabe que mejor podría desempeñar la gestión encomendada. Yo, que era director general para África y Oriente Medio y estaba más familiarizado con un mundo que el propio ministro confesaba que le interesaba menos, sugerí el nombre de Maaouya Ould Taya, un militar al que yo conocía bien que era presidente de Mauritania y que me parecía el más indicado por dos razones: por un lado, era amigo personal de Sadam, que le suministraba armas para su confrontación con Senegal a cambio de permitirle experimentar con misiles en los enormes espacios desérticos e inhabitados de su país (¡como si en Irak no hubiera desiertos!), y, por otro lado, nosotros teníamos con Mauritania una buena relación de vecindad basada en la creciente cooperación que hacíamos a cambio de un mayor control mauritano de los cayucos que salían hacia las islas Canarias con inmigración irregular. Una política que rindió buenos frutos como me demostró años más tarde, cuando yo era embajador ante el Gobierno de Estados Unidos, una conversación en la que la entonces secretaria de Estado Hillary Clinton me preguntó cuáles eran las áreas de especial interés geoestratégico para España y yo le contesté con lo obvio: Europa, el Mediterráneo e Iberoamérica. Entones ella me dijo: «Pues desde Washington y aparte de esas tres zonas que usted menciona, vemos con interés su creciente influencia en África occidental». Tenía mucha razón.

Al ministro le pareció bien la idea, se la comentó al presidente Felipe González y con su visto bueno el día siguiente me despachó hacia Nuakchot con escala en Las Palmas. El presidente Ould Taya, prevenido desde Madrid, me recibió enseguida. Nos conocíamos y fue muy cordial conmigo. Le expliqué mi misión, le hablé de las fotos que había visto en Londres y de la determinación del presidente George H. W. Bush (padre) por restaurar la independencia de Kuwait, invadido por los iraquíes. Incluso le traduje al francés lo de «we mean business» y el mauritano, que no me ocultó en ningún momento su simpatía por Sadam Husein y su desagrado con el «matonismo» americano, no perdió tampoco un minuto y viajó a Bagdad el día siguiente, pidiéndome que yo me quedara en Nuakchot esperando su regreso, cosa que evidentemente hice mientras que —a medida que la tensión crecía— las calles de la ciudad se llenaban un día sí y otro también de manifestantes con banderas que vociferaban consignas proiraquíes. Sadam Husein era un personaje muy popular entre las masas árabes porque las mismas manifestaciones de simpatía había yo visto en semanas anteriores en Argel, Túnez o El Cairo. Incluso en Rabat.

Cuando Taya regresó de Bagdad mandó llamarme a la presidencia y me dijo que temía que su viaje hubiera sido en vano, porque Sadam no le creyó, no se creyó que los americanos le fueran a atacar, y afirmó que les derrotaría si se atrevían a hacerlo. Yo le pregunté entonces si le había hablado de las fotos y me dijo que claro que sí, pero que no había comentado nada al respecto. Quise saber si había estado con él a solas o había alguien más en la reunión y me contestó que a Sadam le acompañaban el vicepresidente Yassin Ramadan, su ministro de Exteriores Tarek Aziz y otros dos ministros, ninguno de los cuales pronunció palabra en ningún momento. «Mientras yo les hablaba de las fotos que usted me había mencionado, ninguno abrió la boca, ninguno levantó la vista, todos miraban con intensidad la punta de sus zapatos», recuerdo que me dijo el presidente mauritano, y eso me convenció de que no había nada que hacer, Sadam estaba rodeado de *yes-men* que solo le decían lo que él quería oír y que le condujeron al desastre no una, sino dos veces. Y acabó en la horca.

En todo caso, es evidente que Moscú ha cometido graves errores de cálculo, logísticos y militares, que han llevado a que sufra muchas bajas, incluido un desproporcionado porcentaje de generales, muchas más que en Afganistán en mucho menos tiempo (los americanos calculan que hasta trescientos mil entre muertos y heridos en los primeros dieciocho meses de combates), sin lograr conquistar sus objetivos (sobre los que siempre ha mantenido una conveniente ambigüedad). Y es que, como dijo el general norteamericano Patton durante la Segunda Guerra Mundial, «mientras los aficionados hablan de estrategia, los profesionales hablamos de logística», y a los rusos la logística les ha fallado de manera escandalosa. La guinda la puso Yevgueni Prigozhin, jefe el Grupo Wagner, cuando, tras denunciar una y otra vez los errores cometidos en la guerra por los más altos responsables del Ministerio de Defensa ruso, su titular Shoigú y su jefe de Estado Mayor, Gerásimov, que le dejaron repetidamente sin munición en la batalla de Bajmut, fue un paso más allá, les acusó de corrupción y denunció «las falsedades» en las que el propio Putin basó la invasión.

Desde ese momento comenzó a olerle la cabeza a pólvora y el olor se hizo mucho más fuerte con su marcha sobre Moscú en junio de 2023. Si esas acusaciones no eran suficientes para bajar la moral de las tropas que combaten en Ucrania, que venga Dios y lo vea.

2.   Infravalorar la capacidad de resistencia de Ucrania y el apoyo occidental fue otro grave error cometido por el Kremlin. La política de atacar a núcleos civiles de población desprovistos de valor militar, bombardear viviendas, centros comerciales, teatros, estaciones… ha llevado a que el presidente Putin sea acusado de crímenes de guerra ante el Tribunal Penal Internacional, «crímenes de guerra de proporciones históricas que solo tienen parangón con los de la Segunda Guerra Mundial», como ha dicho Josep Borrell, que le han impedido a Putin viajar a Sudáfrica en agosto de 2023 para asistir a una cumbre de los BRICS (Brasil, Rusia, India, China y Sudáfrica) por miedo a ser detenido. Pero ni siquiera esos crímenes han debilitado la moral o quebrado la voluntad de resistencia de un pueblo pequeño frente a un poderoso agresor, como supongo que debía ser la intención de Moscú al dejar a la población civil sin electricidad, calefacción, comunicaciones o agua corriente en medio de un invierno con temperaturas a muchos grados bajo cero. Y ese temple ha tenido otras consecuencias contrarias a los intereses de los invasores: por una parte, ha reforzado la identidad nacional ucraniana frente a Rusia, haciendo que los ucranianos pasaran de primos hermanos a enemigos jurados que nunca podrán olvidar lo ocurrido y, por otra parte, ha conmocionado al mundo libre facilitando tanto la acogida de millones de refugiados en Europa como el envío de ayuda humanitaria y militar en cifras que estoy seguro de que el propio Zelenski nunca se hubiera atrevido a soñar. Es esa ayuda la que permite a Ucrania mantenerse gallardamente en pie frente a un enemigo teóricamente muy superior.

3.   La invasión de Ucrania ha reforzado a la OTAN, una OTAN que, en una entrevista a *The Economist* en noviembre de 2019, el pre-

sidente francés, Emmanuel Macron, consideraba que estaba en «muerte cerebral», sin que tampoco fuera mejor la opinión que de ella tenía un Donald Trump que incluso hablaba de deshacerla por inútil al decir que la seguridad de Europa «no valía la vida de un soldado americano» cuando habían muerto por millares para salvar al Viejo Continente del nazismo. Otra estupidez de Donald. Pero eso ha cambiado drásticamente con la invasión de Ucrania, la agresividad rusa ha despertado al gigante dormido, y el propio Macron ha rectificado reconociéndolo así en un discurso que pronunció en Bratislava el 31 de mayo de 2023, un año después de la invasión, cuando, cogiendo el toro por los cuernos, afirmó sin rodeos: «Dije en 2019 que la OTAN estaba en muerte cerebral. Putin la ha reanimado con el peor de los electrochoques».

El hecho es que tras la invasión de Ucrania todos los países miembros, desde Estados Unidos a Luxemburgo, han aumentado sus aportaciones a la OTAN y han incrementado el porcentaje del PIB que destinan a defensa. El objetivo del 2 por ciento perseguido por los americanos durante décadas ya no es algo impensable —aunque aún muchos no lo alcancemos—, sino que se considera más un suelo que un techo. Alemania ha vencido los complejos derivados de la Segunda Guerra Mundial, ha puesto punto y final a su antimilitarismo de décadas (como también ha hecho Japón), ha duplicado su presupuesto de defensa y ha pasado a tener las Fuerzas Armadas más potentes del continente… salvo por la fuerza nuclear (*Force de Frappe*) francesa. Incluso España, tradicionalmente con una de las aportaciones porcentualmente más bajas a la OTAN (1,02 por ciento), ha anunciado un aumento del 80 por ciento de su gasto militar en los próximos siete años (dieciocho mil millones de euros en 2024) hasta el 1,5 por ciento del PIB, aunque todavía lejos del objetivo del 2 por ciento que se fijó la cumbre de Gales de 2014 para los treinta países miembros de la Alianza. En todo caso, aún estamos lejos de lograr ese objetivo, pues Estados Unidos sufraga hoy el 70 por ciento de los gastos de la Alianza y solo once de los treinta y un miembros llegan al 2 por ciento: los propios Estados

Unidos, Reino Unido, Estonia, Letonia, Lituania, Polonia, Grecia, la recién ingresada Finlandia, Hungría, Eslovaquia y Rumanía.

La cumbre de la OTAN se pudo así celebrar en Madrid a finales de junio de 2022 en un ambiente de optimismo que permitió adoptar su nuevo «Concepto Estratégico» que define a Rusia como «la amenaza más importante y directa a la seguridad de los aliados, así como a la paz y estabilidad del área euro-atlántica». Por insistencia norteamericana, por vez primera la OTAN menciona también a China como «un desafío para nuestros intereses, nuestra seguridad y nuestros valores». En Madrid se dio asimismo la bienvenida a Suecia y a Finlandia, iniciando así su proceso de adhesión, aunque todavía pendiente en aquellos momentos en relación con Estocolmo del levantamiento del veto turco por cuestiones relacionadas con un pretendido apoyo a miembros del PKK kurdo. Si Putin no deseaba tener a la OTAN en Ucrania, ahora, con la entrada de Finlandia, ha añadido nada menos que mil trescientos kilómetros de frontera directa con la organización.

Y como las guerras con frecuencia aceleran el devenir histórico, la OTAN se ha embarcado, tras la invasión de Ucrania, en un amplio proceso de reforma que fue aprobado en la cumbre de Vilna de julio de 2023, donde vio la luz una estrategia de «planes regionales» con objeto de estar preparada ante los nuevos retos y amenazas espaciales, el llamado «sombrero estratégico» que abarca tres zonas: norte, que cubre el Atlántico y el Ártico europeo; centro, para Europa Central y los países bálticos; y el sur que abarca el Mediterráneo y mar Negro, desde Portugal a Turquía. En cada una de estas áreas se procurará neutralizar las amenazas militares en los cinco dominios de tierra, mar, aire, espacio, y cibernéticas o híbridas, determinando qué países y qué fuerzas se ocupan en cada momento de cada amenaza. También se quiere diseñar una nueva arquitectura que descanse menos en las grandes intervenciones y que apueste por fuerzas más numerosas, especializadas y de despliegue muy rápido, pasando de los actuales cuarenta mil a trescientos mil efectivos para tranquilizar a los socios más cercanos a Rusia y aprovechando, eso sí, previos depósitos de material estratégicamente distribuidos por la geografía más apropiada. El reto está en lograr que esas fuerzas sean eficientes, con un alto nivel de interoperabilidad, que eviten duplicidades y que se beneficien de economías de escala. Es una auténtica revolución que sin la invasión rusa de Ucrania no se hubiera hecho, porque no se hubiera sentido la necesidad de hacerlo ni de poner encima de la mesa el dinero preciso para llevarlo a cabo y quizás, entonces sí, la OTAN hubiera podido entrar en esa «muerte cerebral» de la que hablaba Emmanuel Macron en 2019.

Naturalmente, una cuestión que está a diario sobre la mesa de la OTAN es qué hacer con Ucrania. En 2008, cuando George W. Bush —que salía escaldado de la guerra de Irak— ofreció a Georgia y a Ucrania una perspectiva de integración en contra de la opinión de la canciller alemana Angela Merkel que temía despertar al oso ruso, Putin estaba presente en la cumbre de Bucarest, como invitado de la Alianza. Hoy sería impensable, y es que eran otros tiempos. Pero ya entonces le dijo a la asamblea de la OTAN pública y claramente que lo que proponía Bush era una «amenaza directa» contra Rusia. También manifestó que Ucrania no era «una nación-Estado real», sino una invención soviética y sembró dudas sobre su soberanía, implicando que la mayor parte de sus habitantes eran simplemente «rusos». Finalmente, dejó claro, ya entonces, seis años antes de la anexión, que Crimea era solo rusa. Para que no hubiera dudas sobre lo que pensaba al respecto y para los que creen que improvisó en 2014 y en 2022.

Pero si Rusia no quería a Ucrania en la OTAN, ahora está más cerca que nunca, y en vísperas de la cumbre de Vilna, en julio de 2023, el presidente Volodímir Zelenski pidió formalmente el ingreso al decirle a Biden que invite a Ucrania «ahora», una petición que hay que comprender que hiciera en la situación de emergencia en la que se encontraba, que respaldaron varios países de la Europa del Este hasta el punto de que ocho ministros de Asuntos Exteriores escribieron una carta en ese sentido. Pero no es realista. Por eso en esa cumbre, celebrada a escasos cuarenta kilómetros de Bielorrusia donde un par de meses antes se había estacionado armamento nuclear táctico ruso, se ha tomado la decisión de seguir apoyando a Ucrania sin desfallecer y de dar un salto en la relación diplomática bilateral, convirtiendo la Comisión OTAN-Ucrania en un Consejo OTAN-Ucrania que permitirá al Gobierno de Kiev participar en ciertas reuniones con los aliados. Otra cuestión es si Ucrania debe o no entrar en la Alianza, asunto que plantea muchas dudas, sobre todo mientras no resuelva su actual contencioso, pues podría arrastrarnos a todos a una guerra con Rusia, que es lo último que queremos.

Y esa es la postura que Biden llevó a la cumbre de Lituania y la que se impuso. En una entrevista con Fareed Zakaria para la CNN, el presidente norteamericano fue muy claro al decir que Ucrania no estaba aún preparada («*ready*») para entrar en la Alianza, aludiendo de pasada a problemas como la corrupción, para concluir que «debemos diseñar un camino racional para que Ucrania esté en condiciones de poder entrar en la OTAN». Y el consejero de Seguridad Nacional, Jake Sullivan ha añadido por su parte —y para disipar esperanzas que Moscú pudiera albergar sobre nuestra «fatiga de guerra»— que Biden «ha dejado claro que vamos a ayudar a Ucrania todo el tiempo que haga falta y a darle… armas, pero no queremos empezar la Tercera Guerra Mundial». Y ese ha sido en último término el mensaje de la cumbre: Ucrania entrará un día en la Alianza, «en el momento que los aliados lo acuerden y cuando se cumplan las condiciones». No es lo que Zelenski quería, pero hay que ser realistas y eso ya es mucho en las actuales circunstancias, y más aún si se considera que este compromiso va acompañado de una especie de «alianza de acero», informal pero sólida, a cargo de los miembros del G7 y de otros países (incluida España) y quizás algo parecida a la que Israel tiene con Estados Unidos, un compromiso que va acompañado de un plan plurianual de ayuda financiera y militar destinado a hacer desvanecer la esperanza rusa de que nos cansemos de apoyar la brava lucha del pueblo ucraniano.

Salvo, claro está, que las cosas cambien en Washington, algo no deseable pero tampoco imposible, porque hay elecciones presidenciales en 2024 y algunos republicanos ya están enviando señales de considerar que el apoyo americano a Ucrania debería reducirse. Si eso sucediera sería un gran regalo para el Kremlin.

4. La invasión de Ucrania ha reforzado la relación transatlántica que había sufrido mucho tras los cuatro años de Donald Trump en la Casa Blanca. Trump presumía en público de que hay que ser impredecible («*we have to be unpredictable*»), y lo consiguió con creces. Su política errática desconcertó por igual a amigos y a enemigos y sus comentarios sobre la seguridad de Europa o la OTAN, así como su apoyo al Brexit y sus elogios a un líder autoritario como Orbán en Hungría, provocaron una gran desconfianza en Europa que abogó entonces por una política de seguridad independiente que la pusiera al abrigo de los repentinos cambios de humor del inquilino de la Casa Blanca. Se la llamó humorísticamente «política Sinatra» por su canción «*My Way*», y se empezó a hablar con mayor insistencia de la autonomía estratégica europea y de los planes de Josep Borrell, jefe de la diplomacia de Bruselas, de formar una Fuerza de Despliegue Rápido de cinco mil efectivos como un primer paso simbólico, pero que, en el fondo, no solucionaba nada por dos razones al menos: porque esa fuerza tiene que ser compatible y coordinarse con la OTAN (sin que eso implique subordinación), y porque esa fuerza no puede nunca competir con la seguridad que da el respaldo nuclear norteamericano dentro de la OTAN. Una tercera razón es que los propios europeos estamos divididos al respecto: cuanto más cerca está uno de Rusia mayor es su apuesta por la OTAN y menor entusiasmo muestra por todo aquello que detraiga medios de esa atención prioritaria. Una autonomía estratégica europea solo tendría sentido si se hace en torno a la única fuerza nuclear que existe en la Unión Europea que es la francesa, y eso es algo muy difícil de conseguir en el contexto político actual por múltiples razones que a nadie escapan y que comienzan, pero no terminan con la grave carencia de una política de defensa común y de una política exterior común. Cuando los europeos le han visto las orejas al lobo en forma de invasión rusa de Ucrania han bus-

cado cobijo bajo el ala norteamericana, que es el único lugar donde se les puede garantizar. Y han puesto sus dineros en la cesta de la Alianza porque con las cosas de comer no se debe jugar.

Eso ha reforzado la relación entre la Unión Europea y Estados Unidos. Si Putin pensaba en dividirnos, se equivocó por completo, como se ha demostrado también en la cumbre del G7 (Estados Unidos, Alemania, Italia, Canadá, Francia, Japón y Reino Unido, además de la UE), reunida en Hiroshima en mayo de 2023, donde se hizo un cerrado apoyo a Ucrania frente a la invasión rusa, un compromiso sin límite temporal hasta lograr una paz justa y duradera. Y como prueba palpable de ese compromiso se aprobó la decisión de dotar de aviones de combate F-16 a la Fuerza Aérea de Ucrania, unos cazas que, al parecer, son muy superiores a los Mig-29 y Su-27 de los que disponen los rusos. En Hiroshima también se adoptaron nuevas sanciones contra Rusia (incluyendo el sector de los diamantes), aunque lo realmente importante fue la reiteración de la señal inequívoca lanzada hacia Moscú de que no debía esperar que flaqueara el respaldo occidental a Ucrania. Para que no se hiciera ilusiones.

En octubre de 2023, pocos días después del inicio del conflicto entre Israel y Hamas, y ante el temor ucraniano de que Europa olvidara su apurada situación y flaqueara en el envío de armas y dinero, el presidente del Consejo Europeo, Charles Michel, trató de tranquilizar a Kiev diciendo: «Ucrania es una prioridad y lo seguirá siendo», mientras que la presidente de la Comisión, Ursula von der Leyen, dejó claro que: «Pese a las tensiones geopolíticas en Oriente Próximo, nuestro foco sigue estando en apoyar a Ucrania. Seguiremos suministrando las armas y munición que necesitan los ucranianos, así como alivio financiero». En los primeros dieciocho meses de guerra, la Unión Europea ha dado a Ucrania 83.000 millones de euros, por encima de los 70.000 millones de dólares entregados por Estados Unidos. Y ahora Bruselas ha propuesto un aumento de 100.000 millones en el presupuesto comunitario y una propuesta de revisión del marco presupuestario para el periodo 2024-2027 que permita concederle otros

50.000 millones de euros en los próximos cuatro años. Pero no todo es tan color de rosa porque empiezan a verse algunas grietas en el grupo comunitario, en el que la Hungría de Orban y la Eslovaquia de Fico muestran serias reservas a seguir ayudando a Ucrania con dinero y con armas, mientras Polonia y Eslovaquia también bloquearon durante un tiempo la salida del grano ucraniano para proteger a sus campesinos. Esas divisiones y ese cansancio con la invasión es algo que Moscú cree que acabará jugando a su favor y eso es precisamente lo que dijo el 2 de octubre Dimitri Peskov, portavoz del Kremlin, cuando afirmó: «La fatiga por este conflicto y por el patrocinio completamente absurdo del régimen de Kiev, crecerá en varios países, incluido Estados Unidos donde, precisamente, la ley temporal aprobada por el Congreso el 30 de septiembre para impedir el cierre de la Administración excluyó por imposición de los republicanos una partida de 6.000 millones de dólares destinada como ayuda a Ucrania». Y desde entonces las cosas han ido a peor tanto en Washington como en Bruselas. El conflicto entre Israel y Hamas ciertamente ha ayudado a Moscú.

5.   Porque eso, cansarnos y dividirnos, es exactamente lo que deseaba Putin cuando justo antes de la invasión, su ministro de Asuntos Exteriores Serguéi Lavrov envió una carta a los gobiernos de los cincuenta y siete países que forman parte de la OSCE (Organización para la Seguridad y Cooperación Europea) y a los veintisiete de la Unión Europea. Lavrov confiaba en obtener respuestas separadas y diferentes y poder jugar luego en su favor con esas diferencias. Pero la Unión Europea no aceptó ese juego, ninguno de los ministros destinatarios contestó, y fue Josep Borrell, alto representante para la política exterior y de seguridad, el que el 10 de febrero tuiteaba que: «He respondido en nombre de los 27 Estados miembros de la UE a las cartas que ellos han recibido del ministro Lavrov. Las tensiones y los desacuerdos deben resolverse por el diálogo y la diplomacia. Pedimos a Rusia que desescale y retire sus tropas en y alrededor de Ucrania y en Bielorrusia». Ursula von der Leyen lo explicó así: «La UE contestó con una sola y

única respuesta que se tradujo en un apoyo sin precedentes para Ucrania y en sanciones contra el Kremlin» y eso no gustó nada en Moscú.

Lo cierto es que la invasión de Ucrania ha cimentado la unidad europea de como mínimo tres maneras: en contraste con el cicaterismo mostrado en 2015 con la llegada de un millón de refugiados sirios, recibidos con fronteras cerradas a cal y canto y con barreras de alambre de espino (con la honrosa excepción de Alemania), los países de la Unión Europea han reaccionado conjuntamente y con extraordinaria generosidad ante la llegada masiva de hasta seis millones de refugiados de Ucrania que huían de la invasión rusa de su país, facilitándoles alojamiento y trabajo de forma indefinida hasta que las circunstancias les permitan regresar a su tierra. En segundo lugar, la Unión Europea ha aprobado el envío de material militar letal a Ucrania con cargo a los fondos europeos, en la línea que comenzó con la compra conjunta de mascarillas y vacunas durante la pandemia del Covid. Como dijo Borrell en la Conferencia de Seguridad de Múnich en febrero de 2023, un año después de la invasión: «Zelenski y los ucranianos tienen muchos aplausos y poca munición. Esa es la paradoja. Tiene que haber menos aplausos y mejor suministro de armas», y a tono con esta petición, que expresa el sentir común europeo, la Unión Europea y sus países miembros han aumentado sus donaciones de armamento cada vez más sofisticado a Kiev... hasta el punto de desabastecer sus propios arsenales estratégicos. Un ejemplo paradigmático es Alemania que de comenzar donando cascos (¡parecía una broma!) pasó luego a enviar tanques Leopard. Es un salto grande en un club que, no hay que olvidarlo, nació para la paz y que ha acabado financiando con dinero común la compra y donación a Ucrania de armamento letal. No solo eso, porque los veintisiete han puesto también en marcha un fondo inicial de quinientos millones de euros para reabastecer los arsenales de los socios que se vacían más deprisa que se reponen. En esa misma longitud de onda, los veintisiete han adoptado un documento llamado «Compás Estratégico para la Seguridad y la Defensa» con objeto de aumentar la movilidad militar dentro de la UE, facilitar ejercicios militares conjuntos tanto en tierra como en el mar o el aire y, sobre todo, crear una fuerza de cinco mil efectivos con capacidad para desplegarse con rapidez en lo que se pretende que sea un salto cualitativo basado en la Iniciativa Europea para la Paz, que prevé destinar mil millones de euros al año con los que hacer frente a nuestras necesidades de armamento y a la financiación de nuestros programas de asistencia militar a terceros, desde Nigeria a Macedonia del Norte. Hay que ser conscientes de la importante barrera psicológica que se ha cruzado con estas decisiones que hubieran sido impensables hace solo unos años, por más que sigan siendo insuficientes todavía para garantizar la seguridad de nuestro continente.

Hay que seguir remando, pero al menos lo hacemos en la dirección correcta porque, por amigos que seamos de los norteamericanos, la errática presidencia de Donald Trump nos ha demostrado que solo podemos fiarnos de ellos hasta cierto punto y ahora corremos el riesgo de acabar encontrándonos con la paradoja de que, aunque invertimos mucho más que antes en defensa, seguimos dependiendo de los norteamericanos. Comprendo que en plena guerra de Ucrania no es el momento, pero Europa no debería abandonar el objetivo de dotarse de una mayor autonomía en el campo militar y si no se puede gastar más ahora con ese objetivo, sí que se puede trabajar en evitar duplicidades, hacer economías de escala, homogeneizar material siempre que sea posible, comprar producto europeo, armonizar industrias de armamento… y, sobre todo, procurar avanzar en el objetivo de dotarnos de políticas de exterior y de defensa comunes aboliendo la paralizante regla de la unanimidad en la toma de ciertas decisiones, por difícil que parezca entre estados tan viejos y con tanta historia a las espaldas, porque hoy Europa, los veintisiete, gastamos en defensa más que China (cien mil millones de dólares más) y tres veces más que Rusia, y no conseguimos que se nos tome en consideración en el ámbito militar. Es nuestro futuro el que está en riesgo y con eso no se juega. De eso, de modificar la regla de la unanimidad, se habló también en la cumbre que los 27 celebraron en Granada el 2 de octubre de 2023.

Finalmente, lo más difícil, los veintisiete países miembros de la Unión Europea han conseguido ponerse de acuerdo hasta octubre de 2023 en una decena de paquetes de sanciones a Rusia que, si bien son simétricas en su formulación, son asimétricas en sus efectos, en el sentido de que nos afectan a unos y a otros de manera muy diferente. Por ejemplo, España, con siete plantas de licuefacción para LNG e importaciones de gas de Argelia, Catar y Estados Unidos, no tenía la misma dependencia que Alemania del gas ruso y, en consecuencia, su embargo le afectó mucho menos. Y en estas condiciones poner de acuerdo a veintisiete países es obra de titanes, y sé muy bien de lo que hablo porque durante tres años fui el director político en el Ministerio de Asuntos Exteriores con la misión de procurar la convergencia de la política exterior de los entonces quince miembros de la UE, preparar los Consejos de Asuntos Generales (ministros de Asuntos Exteriores) y los Consejos Europeos que reúnen a los jefes de Estado y de Gobierno, y puedo asegurar que llegar a resoluciones unánimes por parte de quince países con agendas diferentes, intereses distintos, unos de derechas y otros de izquierdas, algunos neutrales (Suecia, Irlanda, Austria), unos del norte y otros del sur… era una tarea ciclópea que con frustrante frecuencia se resolvía aplicando la regla del común mínimo denominador como ha sucedido en el Consejo Europeo de finales de octubre de 2023 cuando, después de un día de discusiones solo se logró acordar la petición de «pausas humanitarias» (no alto el fuego y ni siquiera «pausa humanitaria») que permitieran hacer llegar ayuda a la maltratada población de Gaza, y las mismas frustrantes divisiones se han constatado al respecto en el último Consejo Europeo celebrado bajo presidencia española en diciembre de 2023. Es muy difícil poner de acuerdo a veintisiete, y por eso tiene mucho mérito que se haya logrado con sucesivos paquetes de sanciones a Rusia adoptados por unanimidad y que en muchos casos también acababan haciendo daño a nuestra propia economía. ¡Chapó! La misma presidente de la Comisión Europea lo resumía diciendo que «la lección que hemos aprendido es que para superar crisis de esta magnitud hay que tirar de todo nuestro peso como club y actuar con plena solidaridad unos con otros».

6. La agresión rusa a Ucrania ha puesto fin a la dependencia energética europea con respecto del gas y el petróleo rusos. Rusia producía el 11 por ciento del petróleo mundial. De esa cantidad, un 53 por ciento se exportaba a Europa, lo que suponía el 25 por ciento de nuestras importaciones. En gas era aún más escandaloso porque con una producción mundial del 19 por ciento, el 77 por ciento iba al mercado europeo hasta representar el 40 por ciento de nuestras importaciones totales. Eso, que alarmaba y mucho a los norteamericanos, y preocupaba a húngaros, letones y eslovacos (que recibían de Rusia el 80 por ciento de su consumo), parecía no importar a los alemanes que pocos días antes de la invasión seguían construyendo otro gasoducto por el mar Báltico, el Nord Stream 2, que aseguraría exportaciones directas de gas ruso sin pasar por Ucrania, cosa que a los ucranianos no les gustaba nada pues cobraban derechos de tránsito, además de quedarse con una parte del gas transportado por su suelo.

Como consecuencia de las sanciones adoptadas por la Unión Europea contra Rusia, las importaciones bajaron a un 20 por ciento en junio de 2022, solo tres meses después de la invasión, y en noviembre ya eran solo del 12,9 por ciento, aumentado la preocupación por un posible desabastecimiento en mitad del invierno, que, por fortuna, no fue especialmente duro, sino todo lo contrario, aunque la combinación de escasez de gas y su alto precio obligaran a cerrar industrias, bajar calefacciones en todo el continente y condujeran a un repunte en el consumo de carbón, por ejemplo en Alemania y Rumanía. Según la Agencia Internacional de la Energía, la demanda global de carbón en 2023, como consecuencia de la crisis, ha alcanzado la cifra récord de nueve mil millones de toneladas, al nivel del pico de 2013. Y todo ello mientras los europeos gastábamos millones en construir terminales para recibir gas natural licuado de Texas, y para aumentar nuestra capacidad de almacenamiento, al tiempo que nuestros políticos y empresarios viajaban como locos a Catar, Argelia, Azerbaiyán y otros países para firmar contratos que garantizaran los suministros en el invierno de 2022… y Pedro Sánchez, en España, elegía incomprensiblemente ese momento para cambiar la posición sobre el conflicto del Sahara Occidental y enemistarse seriamente con Argelia. En enero de 2023 ya no importábamos gas ruso en Europa. Lo que parecía una dependencia inevitable no ha sido tal y hemos sustituido el gas ruso con el de otras procedencias desde Noruega a Azerbaiyán…, incluyendo la ironía de traer gas licuado obtenido en Estados Unidos con la técnica del *fracking* que nosotros prohibimos en Europa.

Y lo mismo hemos hecho al vetar el petróleo ruso, una vez que Estados Unidos y Canadá marcaron el camino desde marzo de 2022, aunque para ellos el sacrificio era mucho menor. En junio de ese mismo año todos los países miembros de la Unión Europea adoptaron un paquete de sanciones que preveía un descenso gradual de la importación de crudo y productos refinados hasta febrero de 2023, con algunas excepciones para países especialmente dependientes como Hungría, la República Checa y Eslovaquia que carecían de alternativas viables a corto plazo. Con objeto de limitar aún más los beneficios de Rusia por sus exportaciones de petróleo y contribuir a estabilizar los precios, el Consejo Europeo decidió en diciembre de 2022 fijar un tope de sesenta dólares por barril que se aplica a la exportación de petróleo ruso a otros países, a su transporte marítimo y a la prestación de asistencia técnica, servicios de intermediación y asistencia financiera. Todo con algunos plazos transitorios para facilitar su puesta en práctica.

Desde la adopción de estas sanciones se han incrementado mucho las exportaciones de gas ruso a China y a la India, a pesar de que las infraestructuras de gas rusas están pensadas para exportar a Europa y girarlas hacia Asia ni es barato ni se puede hacer en poco tiempo… ni tampoco Asia es capaz de sustituir los niveles de consumo europeos. También Rusia exporta más petróleo hacia Asia, pero a precios más bajos, al tiempo que busca mecanismos que le permitan vulnerar el embargo occidental exportando en buques pequeños que transbordan el petróleo en alta mar a buques de mayor calado que apagan sus transpondedores para evitar su localización, mientras se dirigen a países que no han impuesto sanciones a Rusia y que, no lo olvidemos, representan al 73 por ciento de la población mundial. Parece que una parte de ese trasiego de petróleo ruso en alta mar se realiza en aguas del estrecho próximas a Ceuta y a Gibraltar.

7.   La invasión ha hecho que todos le veamos las orejas al lobo, aunque algunos, como los nórdicos, más que los mediterráneos, más alejados del corazón de la invasión. La conclusión es que mientras en los años que siguieron a la implosión de la Unión Soviética los europeos disminuimos nuestro gasto en defensa por considerar muy improbable una nueva guerra en nuestro continente, sin que la intervención rusa en Georgia (2008) hiciera saltar las alarmas, las cosas comenzaron a cambiar a partir de la anexión de Crimea y de la desestabilización del este de Ucrania (Dombás) en 2014. Es en ese momento cuando se dispararon las alarmas y en el decenio siguiente, entre 2014 y 2023, el gasto europeo conjunto en defensa se elevó a un 30 por ciento con acusadas diferencias a medida que nos alejamos del teatro de la guerra en Ucrania y así los mayores aumentos se han dado en Lituania (353 por ciento), Letonia (186 por ciento), Hungría (148 por ciento) y Rumanía (124 por ciento). Al mismo tiempo, Alemania dio un giro de ciento ochenta grados poniendo fin a su política antimilitarista y acordando un fondo especial de cien mil millones de euros para modernización de sus Fuerzas Armadas durante los próximos cinco años, además de pasar de diez mil a treinta y cinco mil millones anuales el dinero destinado a desarrollar nuevo armamento. Es un cambio muy profundo. Por su parte, Polonia se ha propuesto aumentar su aportación a la defensa hasta alcanzar el 4 por ciento de su PIB a fin de 2024 en lo que supone el mayor aporte en términos relativos, incluso por encima de Estados Unidos. Durante ese mismo decenio, la contribución a gastos de defensa ha crecido menos en los países mediterráneos, como antes apuntaba, y así Francia solo incrementó su gasto un 15 por ciento, Italia un 23,6 por ciento y España un 28,4 por ciento, aunque partiendo de cifras más bajas.

Un dato importante a retener es que, en conjunto, el gasto militar europeo creció un 3,6 por ciento en 2022 hasta alcanzar la suma de trescientos cincuenta mil millones de euros, muy por debajo de los ochocientos cuarenta mil millones de dólares que destina a defensa Estados Unidos, pero por encima de los doscientos cincuenta mil que gasta China y desde luego a una distancia muy considerable de los sesenta y cinco mil millones de Rusia. El que, a pesar de ello, no seamos tenidos en cuenta en el plano militar en el mundo, como antes señalaba, se debe a la falta de una política exterior y de defensa común, a nuestra incapacidad de hablar con una sola voz y de proyectarnos militarmente juntos hacia el exterior en la protección de nuestros intereses. Es algo que debe hacernos reflexionar, y cuanto antes lo hagamos, mejor. Sirvan de consuelo las palabras de Javier Solana, que fue secretario general de la OTAN, cuando recordaba en un seminario organizado por el centro de investigación EsadeGeo a mediados de 2022 que «Europa atraviesa un momento muy importante… pero todas las decisiones que se han tomado tienen en común que tienden a integrar más la Unión Europea». No perdamos, pues, la esperanza.

8.   Finalmente, la invasión rusa de Ucrania pone fin no ya al sueño de Gorbachov de «una casa común» europea desde el Algarve hasta los Urales, sino a la misma posibilidad de una relación normal con Rusia durante muchos años. Porque, suceda lo que suceda en esta guerra, gane o pierda, mucho me temo que Rusia se va a pasar mucho tiempo aislada y de cara a la pared. Desde luego mientras siga Putin al frente, pero también —aunque quizás menos— con otros líderes, salvo una milagrosa conversión a la democracia que por ahora nada permite atisbar. La consecuencia es que Rusia se ve abocada a buscar apoyo en China, que se aprovechará como el elemento más fuerte del binomio, lo que también da un giro de ciento ochenta grados a una relación en la que el fuerte era tradicionalmente Moscú. No debe de ser nada fácil para un líder nacionalista y macho alfa como es Putin

aceptar este papel subordinado en la nueva relación que surge de la actual invasión de Ucrania. Pero es lo que hay.

Dicho todo esto, que revela los errores cometidos por el Kremlin al desencadenar la invasión de Ucrania, no debemos concluir que Rusia está sola porque no es cierto. En la votación que se hizo en la Asamblea General el 2 de marzo de 2022, un par de semanas después de comenzar la invasión, ciento cuarenta y un países apoyaron una condena a Rusia, siete se opusieron a ella (desde Bielorrusia a Corea del Norte, pasando por Eritrea, Irán, Nicaragua, Siria y Cuba) y treinta y dos se abstuvieron. Pero eso no debe llamarnos a engaño, porque el 73 por ciento de la población mundial vive en países que no han condenado la invasión y un centenar de los que la condenaron luego se han negado a adoptar sanciones en contra del Kremlin, países que piensan que este es, en definitiva, un problema entre europeos, entre gentes del primer mundo que además son unos hipócritas con doble moral que están montando un pollo en torno a esta invasión de Ucrania mientras nada dijeron en 2003 cuando Estados Unidos invadió Irak, también sin motivo. Con esa claridad lo dijo el embajador de la República Sudafricana en el Consejo de Seguridad de la ONU. Y lo mismo han dicho más tarde cuando estalló el conflicto de Gaza: ¿ustedes, occidentales, montan un escándalo cuando Rusia ocupa tierra ucraniana y llevan años callados mientras Israel ocupa tierra palestina? Una ocupación que, para mayor escarnio, sucesivas resoluciones del Consejo de Seguridad de la ONU declaran ilegal. Es un escándalo, dicen.

Y es que las grandes potencias tienen en común una tendencia a tomarse la justicia por su mano. Recuerden que Trump consultó a sus militares sobre la posibilidad de atacar a México (sí, a México) con misiles cuando era presidente y ha respaldado una acción militar al principio de la campaña electoral de 2024 para parar a los cárteles de la droga que operan en el país vecino. Y Ron DeSantis, candidato republicano en las primarias, ha pedido también el uso de fuerza letal y de un bloqueo naval con la misma finalidad. Otra candidata, Nikki Haley, que fue embajadora ante la ONU, que es más grave porque se la supone más ducha en política internacional, también apoyó el uso de la fuerza: «O lo hacéis vosotros o lo hacemos nosotros», dijo que había que decirle al presidente López Obrador. Van demasiado sobrados, es una mentalidad muy prepotente. Ese creer que las grandes potencias están por encima de la ley permite augurar que habrá más problemas en el futuro.

El caso de los países africanos me parece particularmente interesante. Hay que comenzar por decir que hay muchas Áfricas, un continente con mil trescientos millones de habitantes y culturas, sensibilidades e intereses muy diferentes. Pero hay tres factores que influyen mucho en la postura de los africanos sobre la guerra de Ucrania, uno inspira simpatía por Moscú, otro desconfianza y el tercero claro rechazo: hay simpatía por el apoyo ruso con los movimientos de liberación colonial en el siglo pasado, por la ayuda que Rusia (y China) prestaron durante la pandemia del Covid, y también por la venta de armas; hay desconfianza ante la presencia hoy del Grupo Wagner que aporta estabilidad (a un alto precio) en varios países del Sahel donde la inestabilidad es crónica, pues en los últimos años hemos visto golpes de Estado en Mali, Burkina Faso, Guinea Conakry, Chad, Sudán y, más tarde, en Níger y Gabón. Esa creciente influencia rusa en África, que no es en modo alguno gratis, suscita recelo; y en tercer lugar hay en África un fuerte rechazo a las dificultades que Rusia impone a la exportación de grano ucraniano por el mar Negro porque de ese trigo dependen muchos países, hecho que un alto funcionario keniano definió acertadamente como «una puñalada por la espalda». No se puede justificar de ninguna manera que se use el hambre como elemento de chantaje militar, y así, cuando tras denunciar el acuerdo que permitía la exportación de grano por el mar Negro, Putin anunció donaciones de trigo a África, el presidente Cyril Ramaphosa de Sudáfrica le respondió que los africanos no querían limosnas, sino que bastaba que no dificultara la salida de barcos ucranianos con grano para África.

Al principio de la invasión, diecisiete de los cincuenta y cuatro países que hay en África se abstuvieron de un voto de condena de la agresión rusa en la Asamblea General de la ONU y otros ocho se ausentaron para no «retratarse», lo que provocó consternación en Occidente, solo calmada cuando vieron que solo dos votaban con Putin: Eritrea y Mali. Pero la impresión es que, aunque no quieran sumarse a nuestra política de sanciones, el apoyo africano hacia Rusia disminuye como prueba el dato de que en 2019 nada menos que cuarenta y tres jefes de Estado africanos asistieron a una cumbre Rusia-África convocada por Putin, mientras que a la edición de 2023 en San Petersburgo solo lo han hecho diecisiete, y eso, a pesar de la intensa campaña de viajes por el continente del ministro Lavrov.

La realidad es que buena parte del mundo, eso que hoy se llama el sur global, no quiere verse obligado a tomar una posición (un país tan prooccidental como Marruecos se ausentó de la sala al comenzar la votación de la ONU para no tener que retratarse) en un conflicto que ven lejano y que afecta a un país que es importante porque es miembro permanente del Consejo de Seguridad, que tiene derecho de veto y un enorme arsenal nuclear, un país, en definitiva, que les ayudó en las luchas anticoloniales del siglo pasado y al que pueden volver a necesitar en el futuro porque seguirá siendo importante. La India le echa un balón de oxígeno a Rusia aumentando mucho sus compras de petróleo, mientras que el brasileño Lula auspicia una ofensiva diplomática pidiendo que se tengan en cuenta las razones y motivos de Putin, que sin duda también ha recibido con alegría la noticia de la reelección de Erdoğan en mayo de 2023.

Rusia encuentra las armas que necesita para su guerra en Irán (sobre todo drones Shahed que están haciendo mucho daño y que, al parecer, para más inri, usan tecnología alemana) y en Corea del Norte (munición de artillería), mientras que China y sobre todo la India han multiplicado sus adquisiciones de gas y petróleo ruso. El gran respaldo de Rusia es la China de Xi Jinping con la que tiene «una amistad sin límites» basada en la común oposición a Estados Unidos y a que Beijing puede necesitar el apoyo ruso en caso, por desgracia no imposible, de que un día estalle un conflicto en torno a Taiwán.

11

LAS ETAPAS DE LA GUERRA

La guerra de Ucrania utiliza las más modernas tecnologías, armas de enorme precisión desde drones de control remoto Shahed y Bayraktar a geolocalización por satélites, misiles hipersónicos, otros portátiles antitanque Javelin y antiaéreos Stinger y Starstreak, los modernísimos ATACMS, lanzamisiles Himars, sistemas de interferencia electromagnética de última generación, artillería pesada guiada por algoritmos generados por inteligencia artificial, modernos carros de combate Abrams y Leopard, aviones F-16… En diciembre de 2023 *hackers* del grupo ruso Solntsepyiok han atacado cibernéticamente a Kyivstar, el mayor operador de telefonía móvil de Ucrania, dejando a millones de ucranianos sin teléfono porque, según ellos, Kyivstar «proporciona comunicaciones a las Fuerzas Armadas de Ucrania», así como a organizaciones estatales y otras estructuras de poder. Y al mismo tiempo esas armas de última generación conviven con asaltos de infantería a la antigua usanza, lucha sin cuartel casa por casa, trincheras, terrenos minados hasta el punto de convertir a Ucrania en el país más minado del mundo con hasta cinco minas por metro cuadrado en zonas del frente (minas que perdurarán muchos años después de que acabe esta guerra, como vemos que ocurre en Laos y Camboya todavía hoy), defensas de «dientes de dragón», barreras de hormigón, zanjas antitanque, líneas de alambre de espino, y obsoletos tanques T-72 y T-80 de factura soviética…

En Ucrania todo parece valer, lo antiguo y lo moderno, procedimientos de la Primera y de la Segunda Guerra Mundial junto con otros más propios de *La guerra de las galaxias*, hasta el punto de haber desatado un debate entre especialistas sobre si nos encontramos o no en el umbral de una nueva era en la forma de guerrear, como hace unos años anunció que sucedería Valery Gerásimov, jefe del Estado Mayor ruso, cuando pronosticó que las guerras del siglo XXI tendrían «un 25 por ciento de componente tradicional y el 75 sería cibernético», aunque no me parece que sea el caso y desde luego no lo es en lo que concierne al desempeño del ejército ruso en este conflicto. T. X. Hammes, especialista en estrategia militar, cree que en Ucrania asistimos a una «auténtica revolución militar» por las novedosas armas que se utilizan, y lo mismo parece pensar Eric Schmidt, asesor del Pentágono, cuando dice que el conflicto en Ucrania muestra que «el futuro de la guerra lo dictarán y lo llevarán a cabo los drones», que no cabe duda que han puesto de manifiesto en esta contienda una tremenda eficacia a muy bajo coste. Otros son más escépticos, y así David Johnson, analista estratégico, piensa que este enfrentamiento es un paso atrás y que asistimos a «un momento clave en la historia militar: el regreso de la defensa como forma decisiva de la guerra», porque tras año y medio de combates nos encontramos otra vez en medio de una guerra de desgaste con trincheras y frentes más o menos estáticos que recuerdan a la Gran Guerra de 1914-1918.

Yo me quedo con la opinión de Stephen Biddle, profesor de Asuntos Internacionales en la universidad neoyorquina de Columbia, que en el artículo «Back in the Trenches. Why New Technology hasn't Revolutionized Warfare in Ucraine» («De vuelta a las trincheras. Por qué la nueva tecnología no ha revolucionado la forma de hacer la guerra en Ucrania»), publicado el 10 de agosto de 2023 en *Foreign Affairs*, dice que, a pesar de las nuevas armas utilizadas, «en muchos aspectos esta guerra parece bastante familiar. Vemos a soldados abriéndose paso a pie en trincheras llenas de barro que recuerdan más a la Primera Guerra Mundial que a *Star Wars*». Y tiene razón. La respuesta, según Biddle, es la capacidad de adaptación que muestran los ejércitos que hace que, «aunque las herramientas en Ucrania son a veces nuevas, los resultados que producen no suelen serlo. Los ejércitos se adaptan a las nuevas amenazas, y las contramedidas que los dos lados han adoptado en Ucrania han reducido de forma espectacular los efectos netos de las nuevas armas y equipos, resultando en una guerra que en muchos aspectos se parece más a un conflicto del pasado que a uno de un futuro imaginado con alta tecnología». Esta opinión parece compartirla Margaret MacMillan, historiadora de la Universidad de Oxford, cuando dice que «los estrategas militares sabían de la creciente importancia de la guerra de trincheras y de la artillería de fuego rápido, y sin embargo no fueron capaces de ver sus consecuencias. No estaban preparados para lo que muy deprisa se convirtieron en líneas de frente estáticas en las que los bandos enfrentados intercambiaban disparos masivos de artillería y fuego de ametralladoras desde trincheras fortificadas» («Today's World View», *The New York Times*, 15 de agosto de 2023) con el resultado de un elevado número de bajas con avances territoriales mínimos. Y eso es lo que parece estar ocurriendo al final del verano de 2023.

Hasta el otoño de 2013, en el primer año y medio de la invasión pueden establecerse cuatro etapas diferenciadas de la guerra.

—Primera etapa. Febrero-marzo de 2022: es la que sigue inmediatamente a la invasión rusa del 24 de febrero. Con ciento noventa mil soldados concentrados sobre la frontera de Ucrania, Rusia ataca por el norte, por el este y por el sur de este país.

Su objetivo por el norte es la ciudad de Kiev, la capital, que fue atacada por columnas motorizadas desde Rusia y también desde Bielorrusia. Ambas formaron una pinza sobre su presa. Llegaron muy cerca, pues tomaron el aeropuerto de Gostomel y la ciudad de Irpín, pero fracasaron ante la resistencia ucraniana y la decisión de Zelenski de aguantar y no abandonar la ciudad. Los rusos quedaron desconcertados, no lo esperaban,

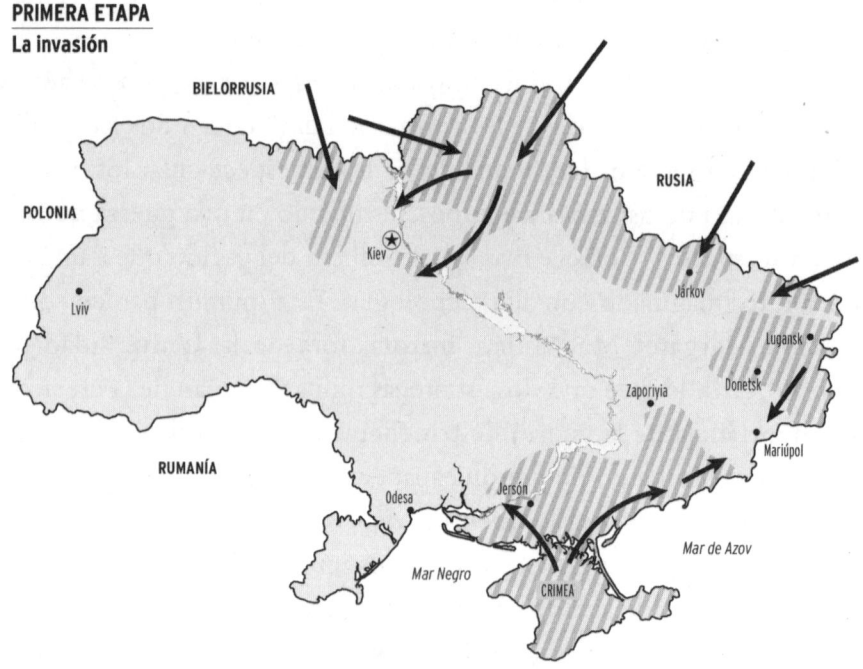

Primera etapa de la invasión rusa.

pues parecían creer que iban a ser recibidos como libertadores. Llama la atención las muchas bajas de oficiales superiores.

Por el este la ofensiva rusa se volcó sobre Járkov.

Por el sur los rusos hicieron otra pinza y avanzaron sobre Mariúpol desde Dombás, ocupado por ucranianos prorrusos, y desde Crimea, anexionada en 2014. La intención era privar a Ucrania de toda costa sobre el mar de Azov y unir a Crimea con Rusia por tierra firme de la que depende para abastecerse de agua y electricidad, pues hasta ese momento la unión física con Rusia solo existía por el puente sobre el estrecho de Kerch construido en 2018.

En conjunto, en las primeras semanas de ofensiva los rusos ocuparon ciento diez mil kilómetros cuadrados de territorio ucraniano.

—SEGUNDA ETAPA. Abril-junio de 2022: los objetivos máximos de la ofensiva rusa fracasaron y Ucrania pasó a la contraofensiva. Rusia se vio obligada a retirarse de Kiev hacia Rusia y Bielorrusia, después de cometer, ante la mirada atónita del mundo, masivos fallos logísticos y operativos. El norte quedó libre de soldados rusos, que abandonaron mucho material en su retirada y dejaron terribles imágenes de muerte y destrucción en la ciudad de Bucha. Comienzan las acusaciones por crímenes de guerra.

Moscú centró entonces sus esfuerzos en el corredor del sur entre Crimea y Dombás. Se pelea muy duro en Mariúpol, que fue destruida y ocupada, dejando a Ucrania sin acceso al mar de Azov. Aun así, los combates se mantuvieron durante meses en las gigantescas instalaciones de la acerería Azovstal de Mariúpol. Después de una heroica resistencia ante fuerzas muy superiores, los defensores, aislados, tuvieron que rendirse. Según Borrell, los crímenes de guerra cometidos por los rusos son atroces: «Solo Mariúpol es varias veces Gernika».

Desde Crimea se lanzaron también ataques en dirección a Jersón y la central nuclear de Zaporiyia, que fueron ocupadas por las fuerzas rusas (en medio de la preocupación mundial por su seguridad), mientras Moscú trataba de quebrar la voluntad de resistencia del pueblo ucraniano con ofensivas sobre todo tipo de infraestructuras (estaciones, vías de ferrocarril, depósitos de combustible, centrales eléctricas, etcétera) y también sobre ciudades (incluidas las más alejadas como Lviv, en el oeste del país), edificios de apartamentos… incluso hospitales y escuelas. Estos ataques se mantuvieron todo el tiempo y causaron muchas víctimas civiles, también calificadas como crímenes de guerra.

Ucrania se apuntó una victoria que sube mucho la moral al hundir en abril el crucero portamisiles *Moskva*, buque insignia de la armada rusa en el mar Negro. Ucrania también co-

SEGUNDA ETAPA
Abril - junio 2022

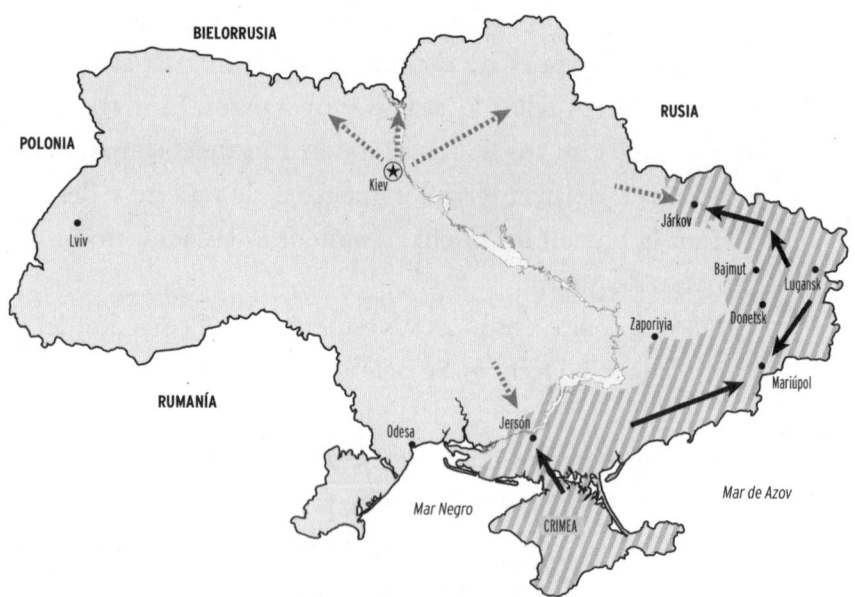

Segunda etapa: Ucrania repele el ataque inicial ruso.

menzó a recibir mucho apoyo de Occidente en forma de armas, entrenamiento de sus tropas e inteligencia. Durante esta segunda etapa, Ucrania logró recuperar hasta cincuenta mil kilómetros cuadrados de territorio y eso subió mucho la moral de sus tropas.

—Tercera etapa. Junio 2022-febrero de 2023: los ucranianos pasaron a la ofensiva y tratan de recuperar el terreno perdido en las regiones de Járkov (al este) y Jersón (al sur) logrando avanzar siete mil kilómetros cuadrados en el este y mil doscientos en el sur. Hay combates muy duros en Severodonetsk (al este), que acabó cayendo en manos rusas. Los rusos se retiraron de la simbólica isla de las Serpientes en el mar Negro.

Un ataque al puente sobre el estrecho de Kerch, que había inaugurado el mismo Putin, le causó serios daños y fue respon-

TERCERA ETAPA
Junio 2022 - febrero 2023

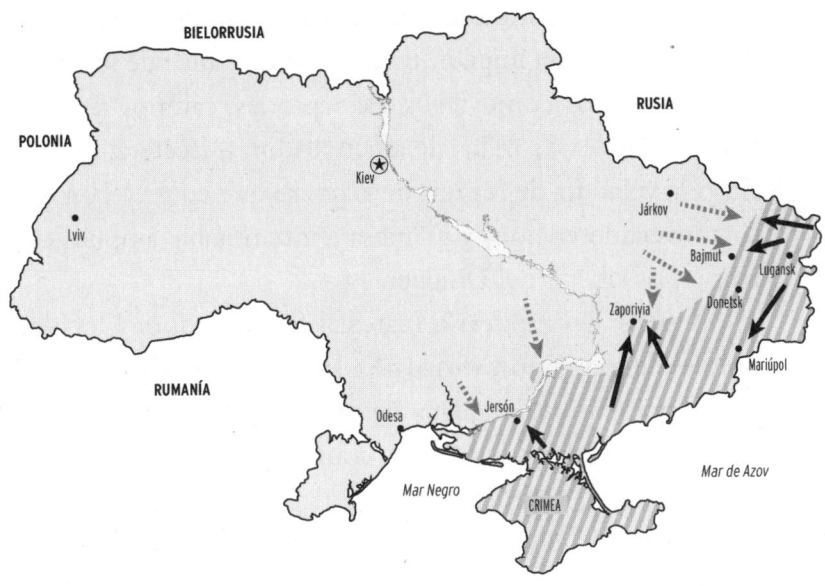

Tercera etapa: Ucrania recupera terreno.

dido por Rusia con oleadas de misiles a distintos puntos del país. La contraofensiva ucraniana reconquistó la ciudad de Jersón, en el sur, y obligó a las fuerzas rusas a replegarse al otro lado del río Dniéper. Los combates se centraron en el este, en la ciudad de Bajmut, que finalmente quedó en manos de Ucrania, y en su vecina Soledar, que lo hace en las de Rusia. El valor estratégico de ambas es escaso, pero alto el simbólico. El líder del Grupo Wagner, Yevgueni Prigozhin, dirigió duros ataques contra el ministro de Defensa Shoigú, y el jefe de Estado Mayor Valery Gerásimov, a los que acusó abierta y públicamente de traición por no proporcionarle la munición que sus hombres necesitaban en la batalla de Bajmut.

—CUARTA ETAPA. Abril-noviembre de 2023: el frente se estabiliza al estilo de la Primera Guerra Mundial. Los rusos han aprove-

chado el invierno para atrincherarse en el terreno que controlan (20 por ciento de Ucrania), han levantado ochocientos kilómetros de estructuras defensivas, construyendo triples líneas
de obstáculos para impedir o dificultar el avance de los blindados ucranianos como fosos, escorpiones, campos de minas,
búnkeres, redes de nidos de ametralladoras, etcétera, hasta, incluso, la voladura de la presa de Kajovka que controlaban y que
ha convertido en zona pantanosa e intransitable amplios espacios en las riberas del Dniéper.

A pesar del moderno material facilitado por Occidente
(misiles de todo tipo y carros de combate Leopard), la anuncia-
da contraofensiva ucraniana de primavera logró avances muy
limitados en contraste con los conseguidos con rapidez en la
tercera etapa, y se produjeron los primeros ataques sobre suelo
ruso en Bélgorod y de drones, al principio más simbólicos que
otra cosa, sobre Moscú. La guerra tendía así a cronificarse en
un combate de líneas establecidas que oscilan poco. Rusia con-
traatacaba en el norte en la zona de Járkov, mantenía el control
de la franja que va de Dombás hasta Crimea, y trataba de resis-
tir los ataques que Ucrania concentra en el este y en el sur para
romperla, ganar acceso al mar de Azov y aislar a Crimea. En
realidad, ninguna de las dos partes da la impresión de poder
inclinar la guerra a su favor de forma decisiva, salvo que —como
dicen estrategas norteamericanos y británicos— los ucranianos
acaben con la dispersión de sus fuerzas y concentren todo su
potencial sobre Melitópol, a sesenta y cinco kilómetros de las
líneas ucranianas con la esperanza de romper el frente. Pero eso
los rusos también lo saben y toman las medidas adecuadas tanto en reforzar posiciones como en recibir munición de artillería norcoreana que se está mostrando decisiva porque su.llega-
da ha coincidido con escasez en las filas ucranianas porque
Europa no parece capaz de entregar en primavera de 2024 el
millón de disparos de artillería comprometidos, y porque los

republicanos ponen trabas a un paquete de ayuda por valor de 50.000 millones de dólares que Biden deseaba comprometer antes de fin de 2023. El resultado es que los ucranianos, que no han logrado tomar Bajmut a pesar de los sangrientos combates que allí han tenido lugar, avanzan muy lentamente pues solo han logrado recuperar 1.300 kilómetros cuadrados desde abril a diciembre (en comparación con los 7.000 de la tercera etapa) y se estrellan contra unas defensas rusas que les impiden progresar hacia Melitopol (solo han avanzado 8 kilómetros en un corredor muy vulnerable que solo tiene 12 kilómetros de ancho) y cortar las comunicaciones terrestres entre Rusia y Crimea. Lo que sí ha conseguido Ucrania es atravesar el río Dniéper y crear una cabeza de puente en la zona dominada por Rusia, pero la realidad es que el frente se ha estabilizado a

CUARTA ETAPA
Abril - noviembre 2023

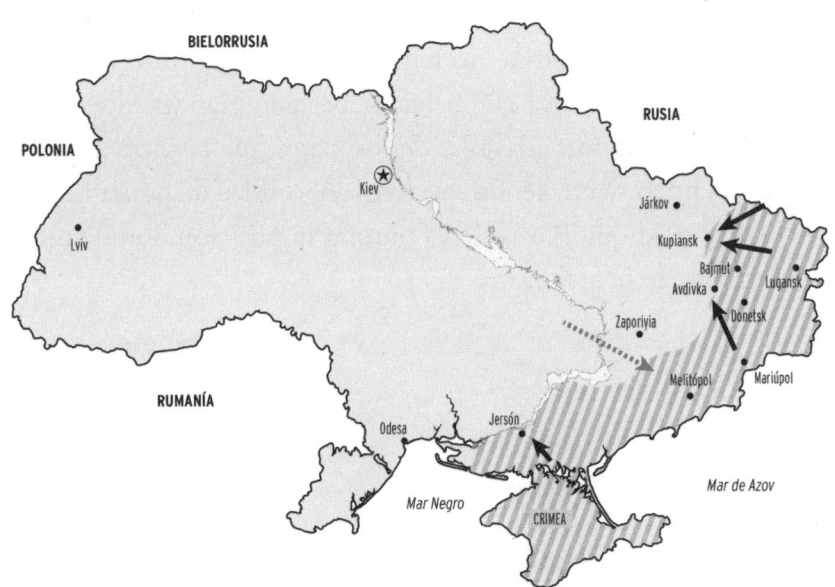

Cuarta etapa: el frente se estabiliza.

80 kilómetros al norte de Melitopol y las tropas de Ucrania se han quedado a 100 kilómetros de Crimea, mientras por su parte los rusos contraatacan con muy relativo éxito en el este y noreste y procuran acercarse a Járkov. También ese frente se ha estabilizado con fuertes combates en Kupiansk y en Avdiivka, al oeste de Donstk, que causan fuertes pérdidas a ambos. Otra novedad importante de esta cuarta etapa del conflicto han sido los ataques ucranianos con misiles de largo alcance y con drones sobre instalaciones de la flota rusa en Sebastopol, que han obligado a retirarla a zonas más seguras abriendo así un corredor marítimo para la exportación de grano.

En resumen, cabe constatar que en diciembre de 2023 se lucha desde trincheras fortificadas al estilo de la Primera Guerra Mundial y que los avances tanto de ucranianos en el sur como de rusos en el este son muy pequeños cuando se acerca el invierno que impedirá grandes movimientos de tropas. El propio jefe de las Fuerzas Armadas de Ucrania, el popular Valeri Zaluznhi, ha reconocido este estancamiento en una entrevista que concedió en noviembre a *The Economist*. Eso perjudica a Ucrania porque no logra liberar su territorio, porque ha fracasado en una ofensiva que había despertado grandes esperanzas, y porque lleva desánimo a las filas de los países que la apoyan y en los que poco a poco va creciendo *soto voce* la necesidad de poner fin a esta guerra, que es lo que Rusia desea porque su posición dominante sobre el terreno le beneficia.

12

LA REACCIÓN DE OCCIDENTE:
LAS SANCIONES

La reacción puede calificarse con tres palabras: airada, preocupada y eficaz.

Airada, en primer lugar, ante lo que, con razón, consideramos un ataque a nuestros valores, a la paz que reinaba en nuestro continente desde 1945 (con las excepciones de la implosión de Yugoslavia y luego la crisis de Kosovo), a una guerra de expansión territorial en el corazón de Europa que parece más propia del siglo XIX, de la época del zar Alejandro I cuando las campañas napoleónicas ensangrentaban el continente, se borraban fronteras y se dibujaban en el mapa reinos de nuevo cuño para los familiares y generales del genio corso, pero un conflicto completamente fuera de lugar en pleno siglo XXI. Una guerra que pone, además, patas arriba toda la arquitectura de seguridad europea entronizada en el Acta Final de Helsinki de 1975, que consagra la intangibilidad de las fronteras europeas, que fue firmada por la Unión Soviética —de la que la Federación Rusa es heredera— y que en nuestra ingenuidad considerábamos intocable. Una violación directa, asimismo, no me canso de repetirlo, de los compromisos adquiridos por el mismo Putin en los Tratados de Budapest de 1994 y de Amistad de 1997 por los que Rusia garantizaba la integridad territorial de Ucrania y la inviolabilidad de sus fronteras.

Y también preocupada por la tragedia humanitaria que ha causado la invasión, los miles de muertos y heridos, muchos de ellos civiles inocentes entre los que abundan los niños, los millones de refugiados y de desplazados internos, los efectos que tiene sobre todos nosotros al haber provocado una crisis de oferta de gas y petróleo como consecuencia de las sanciones impuestas, el aumento de la inflación, la ralentización del crecimiento mundial cuando se comenzaba a salir de la crisis de la pandemia del Covid-19. A ello se añade el desastre humanitario que la destrucción y el bloqueo ruso provocan al dificultar la exportación de cereales de Ucrania de los que depende alimentar a poblaciones famélicas en el Cuerno de África, que también han visto subir el precio de los fertilizantes que tienen la misma procedencia. Por eso no es exagerado concluir que la guerra mata sin duda a mucha gente en Ucrania, pero también lo hace a miles de kilómetros con personas que ni siquiera habían oído hasta ahora hablar de Ucrania o saben dónde está ese país.

Nuestra reacción ha sido finalmente eficaz. Los occidentales sabemos que no podemos cruzarnos de brazos ante la agresión injustificada de Rusia. Mirar hacia otro lado no es una opción porque están en juego nuestros valores, los que han asegurado la paz durante los últimos tres cuartos de siglo y los que queremos que la sigan garantizando en el futuro. Porque dejar que Rusia gane significa permitir que Ucrania desaparezca sacrificada en el altar de ese nuevo e insaciable Baal que es Putin. Una Rusia victoriosa se sentiría tentada a seguir imponiendo su voluntad al margen del derecho internacional y pondría en peligro desde Moldavia a los países bálticos y quizás más allá. No habría límites al déspota que cree que se puede adueñar por la fuerza de cuanto apetece. Por eso tiene razón Zelenski cuando —interesada pero verazmente— afirma que es nuestra propia seguridad la que se dirime en los campos de batalla de Ucrania. Biden se extendió sobre el asunto durante su intervención en el 78 periodo de sesiones de la Asamblea General de la ONU en septiembre de 2023 cuando dijo: «Rusia cree que el mundo se cansará y le permitirá brutalizar a Ucrania sin consecuencias. Pero yo les pregunto lo siguiente: si abandonamos los principios básicos de la Carta de las Naciones Unidas para apaciguar a un agresor, ¿puede algún Estado miembro sentirse protegido? Si permitimos que se trocee Ucrania, ¿está segura la independencia de cualquier nación? La respuesta es no. Debemos hacer frente a esta agresión descarada hoy para disuadir a otros posibles agresores mañana... Por eso Estados Unidos, junto con nuestros aliados y socios de todo el mundo, seguirán apoyando al valiente pueblo de Ucrania en la defensa de su soberanía e integridad territorial y de su libertad». Es un bonito texto que tendría más fuerza si fuera acompañado de una mayor coherencia por nuestra parte, pues son muchos los países en el mundo que ven hipocresía y doble rasero en la respuesta de Occidente cuando se compara nuestra reacción ante la invasión rusa de Ucrania y nuestra pasividad ante los muchos años que Israel lleva ocupando tierra palestina y haciendo caso omiso de las muchas resoluciones del Consejo de Seguridad que declaran ilegal esa ocupación. El conflicto de Gaza entre Israel y Hamas tras el brutal ataque terrorista del 7 de octubre de 2023 ha dado nueva vida a estas críticas.

En todo caso hay que reconocer que al menos en Ucrania hemos aprendido la lección. No reaccionamos cuando Rusia intervino en Abjasia y Osetia en 2008 y respondimos con la boca pequeña cuando se anexionó Crimea en 2014, con algunas sanciones simbólicas que apenas le costaron un punto de PIB. Quizás si hubiéramos sido más firmes, Putin no se habría envalentonado y se lo habría pensado mejor antes de invadir Ucrania, pero eso es fácil decirlo a toro pasado e imposible de saber con certeza. Y por eso ahora europeos y norteamericanos le hemos impuesto varios paquetes de sanciones sin precedentes por su escala y su amplitud que afectan a muchos ámbitos diferentes, como son los fondos soberanos de Rusia (trescientos mil millones de euros congelados); las exportaciones de gas y petróleo; las inversiones extranjeras; el sector bancario; el transporte; la importación de armamento; el comercio en general; el sistema de transferencias financieras (SWIFT); el comercio de diamantes; la concesión de visados; el bloqueo de Visa, MasterCard o PayPal... Y que también se dirigen contra personas y entidades involucradas en la invasión, desde partidos políticos a políticos y empresarios, oligarcas y funcionarios a los que se prohíbe viajar o se les embargan los bienes como cuentas corrientes, residencias en el extranjero u otras propiedades como son el yate *Amore Vero* de Igor Sechin, el presidente del gigante energético Rosneft, o el *Dilbar* de Alisher Usmanov, la tercera fortuna de Rusia.

Las sanciones se extienden a otros muchos rubros que cada vez obligan a hacer más uso de la imaginación, hasta el punto de que los últimos esfuerzos se concentran no tanto en ampliar la lista con nuevas sanciones como en cerrar los agujeros que permiten que no se cumplan —o no lo hagan en parte— las ya establecidas. Y ello sabiendo también muy bien que las sanciones no doblegan la voluntad del que las sufre, como bien muestra el caso de Irán sometido a un durísimo régimen que es utilizado por los ayatolás para excitar el nacionalismo y culpar al mundo de la mala marcha de la economía, cuando la responsabilidad recae en sus malos gestores. Y el mismo resultado ha tenido el embargo norteamericano sobre Cuba. Si en esos casos no ha funcionado, no cabe esperar que lo haga con un país tan grande y con tantos recursos como es Rusia. También se han impuesto sanciones a Irán y a Bielorrusia por el apoyo que prestan a Rusia.

Hay que destacar que adoptar por unanimidad entre los veintisiete hasta diez paquetes de sanciones (hasta la fecha) no es tarea menor, porque nunca lo es poner de acuerdo a tantos países que funcionan con la regla de la unanimidad. También es importante tener en cuenta que hemos adoptado estas sanciones en comunicación constante con Washington, aunque a nadie se le oculte que nos hacen a nosotros más daño que a los americanos, más ricos en energía, menos dependientes del gas ruso y separados de Rusia por todo un océano. Estos paquetes de sanciones, apoyados en mayor o menor medida por unos cuarenta países, supusieron la retirada de Rusia de hasta quince mil millones de dólares de inversión directa y provocaron inicialmente el desplome del rublo hasta mínimos históricos, mientras los analistas occidentales llegaban inicialmente a pronosticar en un 15 por ciento la contracción del PIB ruso y una inflación de hasta el 20 por ciento.

Pero las cosas no sucedieron como algunos esperaban por varias razones: la primera es la buena gestión de la crisis que hizo su Banco Central de mano de su directora Elvira Nabiúllina, pues, aunque la economía no es el fuerte de Putin, tuvo al menos el buen sentido de dejarla en manos de los que saben. O en este caso de la que sabe. Nabiúllina, en una rápida reacción, subió los tipos de interés que llegaron al 20 por ciento, estableció controles de capitales y afianzó el rublo. Por otra parte, contuvo los precios y logró así controlar también la inflación. No era fácil ni popular, pero lo consiguió al tiempo que aumentaba el comercio con China (un 40 por ciento) e India, dando como resultado un superávit comercial del 70 por ciento en 2022. La segunda razón es que los rusos no reaccionaron con pánico ante la situación, pues están acostumbrados a las crisis económicas y muchos todavía recuerdan la brutal que se desencadenó al desaparecer la Unión Soviética hace cuarenta años. El ministro de Defensa Shoigú lo sintetizó muy bien, según *The Washington Post*, al decir que «los rusos pueden sufrir como nadie». La tercera razón es que amplios sectores de la economía rusa tienen poca relación con Occidente, haciendo que el aislamiento impuesto por las sanciones les resulte menos doloroso porque el país no necesita importar demasiadas materias primas del exterior. En 2019 el total de inversión extranjera en Rusia alcanzaba una cifra equivalente al 30 por ciento del PIB cuando la media global es del 49 por ciento. La cuarta es el fuerte tirón de la economía que ha dado la industria de armamento por motivos obvios. Finalmente, la venta de gas y petróleo, aunque sometida a sanciones, ha seguido fluyendo durante 2022 y también 2023, aunque sea a precios más bajos, permitiendo a Rusia comprar lo que necesita y financiar la invasión. Porque, según la ONG Global Witness, en los siete primeros meses de 2023, las importaciones europeas de gas licuado ruso por barco aumentaron nada menos que un 40 por ciento con respecto a antes de la guerra pasando de quince millones de metros cúbicos a veintidós millones, y eso le ha proporcionado a Rusia unos ingresos de cinco mil trescientos millones de euros (España y Bélgica son los dos países europeos que más han incrementado sus importaciones de gas licuado ruso durante el primer semestre de 2023).

Como resultado, el PIB solo se redujo en un 2,5 por ciento y el Centro Levada de Moscú, el único al que se presta cierta credibilidad en Occidente, podía concluir que solo uno de cada cuatro rusos seguía de cerca lo que pasaba en Ucrania… porque no les interesaba ni les afectaba. «Pasaban» de la invasión. Claro que eso fue antes de la revuelta de Prigozhin y su Grupo Wagner en junio de 2023, que trajo la guerra hasta las mismas puertas de Moscú, al mismo tiempo que comenzaban a estallar los primeros drones sobre la capital. Es posible que una encuesta posterior diera un resultado diferente, aunque, curiosamente en una hecha en junio de 2023, durante los mismos días en que Prigozhin avanzaba con sus tropas hacia Moscú, el porcentaje de aprobación de Putin se mantenía en un envidiable 82 por ciento mientras descendía desde el 67 por ciento al 53 por ciento el de los rusos que pensaban que el país iba «en la dirección correcta». Demasiados me parecen con la que estaba cayendo, y no resulta fácil no acabar dudando de los resultados por mucha que sea la «capacidad de resistencia» del pueblo ruso comparada con la de las sociedades más hedonistas de Europa occidental.

Pero que las sanciones no hayan puesto de rodillas a Rusia no significa que no hayan dañado su economía, sino que sus efectos se han hecho esperar un poco más. Los elevados gastos militares (hasta un 30 por ciento del presupuesto), la fuga de capitales, el desplome de los ingresos como consecuencia de las sanciones y la misma reducción de la mano de obra disponible por la movilización bélica, están haciendo mucho daño, y eso es algo que los rusos irán notando progresivamente porque es lo que ya viene ocurriendo desde que en noviembre nos desconectamos del gas ruso y a principios de 2023 cerramos la importación de petróleo e impusimos un tope de sesenta dólares al precio del barril que podía ser transportado (y asegurado) por navieras occidentales, cualquiera que fuera su destino. Ese daño sobre la economía rusa ya ha comenzado a dejarse notar con fuerza en el primer semestre de 2023 cuando los ingresos por venta de gas y petróleo cayeron un 52 por ciento con respecto al mismo periodo de 2022, al mismo tiempo que el rublo alcanzaba su nivel más bajo desde el comienzo de la invasión, un descenso que solo se acentuó tras la asonada de Prigozhin hasta cruzar el 15 de agosto de 2023 la barrera de cien rublos por un dólar (estaba a setenta y cinco antes de la invasión), mientras las tasas de interés subían hasta el 12 por ciento y es previsible que sigan subiendo, igual que se mantendrá la presión sobre la moneda. Claro que al Gobierno siempre le queda la posibilidad de recurrir a reservas, emitir bonos, imprimir más dinero o seguir con subidas de los tipos… con el resultado de disparar la inflación. Que todo esto tenga o no efectos sobre las elecciones presidenciales que se deben celebrar en 2024 solo el tiempo lo dirá.

Junto a las sanciones, Occidente ha hecho algo más importante, y es afianzar estrechamente su unión frente al agresor. Y no solo una unión actual en torno a Ucrania, sino garantizar que esa unión se mantendrá con el paso del tiempo. Lo han mostrado la cumbre de la OTAN en Vilna cuando se cumplían quinientos días de la invasión rusa y también el G7, que ha confirmado durante esa misma reunión el frente unido que ya mostró en su reunión de mayo en Hiroshima.

En el caso de la OTAN, se aprobaron nuevos objetivos de gasto y los treinta y un miembros (ya con Finlandia en su seno) acordaron que el futuro de Ucrania está en la OTAN «cuando los aliados lo acuerden y se cumplan las condiciones», aunque tanto el momento como las condiciones no se especifiquen, o sea, sin acordar un cronograma claro, que es lo que Zelenski pedía y algunos miembros del norte de Europa parecían dispuestos a darle. Pero se ha impuesto el modelo más cauto propugnado por Estados Unidos que si en la cumbre de Bucarest en 2008 fue el más lanzado, ahora, en Lituania, demostró estar entre los más cautos. También se elimina para Kiev el paso burocrático que supone el Plan de Acción de Membresía (MAP) en el camino para acceder a la Alianza, se aprueban nuevos planes de ayuda económica y se pone en marcha un Consejo OTAN-Ucrania que supone un ascenso en el plano diplomático de la relación. El secretario general Stoltenberg resumió todas esas medidas diciendo que Ucrania «está más cerca que nunca de la OTAN», haciendo así también disminuir, al menos teóricamente, el miedo de Kiev a quedarse en una «zona gris» ilimitada en el tiempo y sometida al permanente chantaje ruso. De todas formas, mucho me temo que cuando se abra por fin una negociación entre Ucrania y Rusia para poner fin a la guerra, algo que es de esperar y desear que un día acabe sucediendo, Moscú alegará «razones de seguridad» y reabrirá el expediente de la vinculación de Kiev con la OTAN. Para Moscú no es un tema cerrado, digamos nosotros lo que digamos.

Por eso, para darle más garantías a corto y medio plazo a Kiev, los miembros del G7, reunidos también en Vilna alrededor de la cumbre de la OTAN, acordaron ofrecer a Ucrania algo novedoso e inédito en su historia que llaman «garantías de seguridad» a largo plazo, garantías que *de facto* creen en su torno una especie de coraza que algunos ya llaman el «modelo puercoespín», que comparan a las que Washington da a Israel (tres mil millones de dólares anuales en armamento), y a las que se añaden asimismo otras ayudas para llevar a cabo las reformas democráticas que el país debe hacer para seguir acercándose no solo a la OTAN, sino también a la UE, los llamados «criterios de Copenhague». Otros países como España, Países Bajos y Rumanía también se han adherido a este plan del G7 y han anunciado sus propios planes de ayuda que en conjunto transmiten a Rusia el mensaje inequívoco de que el apoyo occidental a Ucrania es tan firme como el primer día y se mantendrá todo el tiempo que sea necesario. Si Rusia espera que nos cansemos, ya puede ir olvidándolo. Ese es el recado para Moscú de los reunidos en Lituania, un aviso que completó el propio Biden cuando comparó la batalla para echar a Rusia de Ucrania con la pelea por la libertad de Europa que se libró durante la guerra fría. «No flaquearemos», dijo, dure esta guerra lo que dure. Putin, añadió Biden, «cree erróneamente que puede durar más que Ucrania (…) y la suya es una apuesta equivocada». La postura de Biden no ofrece dudas, lo que pasa es que en las elecciones presidenciales de 2024 puede llegar a la Casa Blanca un presidente con ideas diferentes y eso significa un gigantesco punto de interrogación sobre el futuro de ese compromiso.

En todo caso, de Vilna no ha salido ni una buena noticia para Putin. Por eso el Kremlin ha respondido diciendo que el blindaje de compromisos de seguridad con Ucrania es algo «erróneo» y «potencialmente muy peligroso» que «invade» la seguridad de Rusia. En la cumbre de los BRICS en Johannesburgo (agosto de 2023), a la que Putin no pudo asistir porque pesa sobre él una orden internacional de arresto por presuntos crímenes de guerra, el mandatario ruso dijo por videoconferencia que «fue el deseo de mantener su hegemonía en el mundo, el deseo de algunos países de mantener esta hegemonía, lo que condujo a la grave crisis de Ucrania». Más «explosiva», como siempre, fue la reacción de Dimitri Medvedev, vicepresidente del Consejo de Seguridad de Rusia, sobre la creación del Consejo OTAN-Ucrania cuando afirmó: «El Consejo dejará de existir porque una de las partes desaparecerá», y añadió sobre la cumbre de la OTAN en Vilna: «Predictibilidad al máximo nivel, hasta la idiotez. De hecho, es un callejón sin salida. La Tercera Guerra Mundial está cada vez más cerca». Ojalá solo sea un bluf que da salida a un creciente sentimiento de frustración. Pero también puede que no lo sea.

13

LAS CONSECUENCIAS DE LA GUERRA

Consecuencias para Rusia

Obviamente, Rusia se ha salido si no con la suya, sí con parte de ella, pues ha logrado ocupar algo más del 20 por ciento del territorio de Ucrania y ha consolidado la anexión de Crimea, de la que ya se había apoderado en 2014. No es todo lo que probablemente deseaba, pues Ucrania sigue existiendo como país independiente y mantiene costa con el mar Negro en Odesa, pero es mucho. Además, hay que tener en cuenta que, en el caso de Crimea, los acuerdos firmados con Kiev le daban el uso de la base de Sebastopol hasta mediados de siglo. Por eso, la cuestión a dilucidar es saber si realmente le ha valido la pena la invasión, porque las consecuencias que tiene su rostro de agresor son muy grandes en términos de reputación internacional; también ha sufrido su imagen como gran potencia incapaz de imponerse con rapidez a un vecino mucho más débil; o la imagen de unas Fuerzas Armadas que han sufrido enormes pérdidas, han cometido fallos garrafales en la invasión y son objeto de acusaciones por crímenes de guerra; y lo mismo sucede con una industria de armamento que sale muy «tocada» ante el pobre resultado obtenido en los campos de batalla de Europa Central, lo que sin duda afectará a uno de los más fructíferos rubros de exportación de Rusia. Igual que menoscaba su reputación entre los africanos la suspensión o disminución de la exportación de cereales de los que depende la alimentación de millones de seres en situación muy vulnerable. Así, el daño que sufre Rusia en términos de imagen es grande.

Sin contar con que se ha enajenado a Ucrania para siempre y, como ya se ha señalado antes, ha unido a los europeos como nunca antes lo habían estado, a pesar de algunas voces discordantes como la de Orbán en Hungría o la nueva de Fico en Eslovaquia, a las que tampoco conviene dar más importancia de la que tienen, que no es mucha; ha reforzado la relación trasatlántica que Trump había dañado; ha unido al menos temporalmente a la clase política norteamericana tan dividida en otros asuntos y que ya comienza a mostrar fisuras; ha afianzado a la OTAN con la petición de entrada de Suecia y Finlandia y ha añadido hasta mil trescientos kilómetros de frontera directa con la organización; ha puesto fin a la dependencia energética europea; ha terminado con el antimilitarismo alemán y japonés…

Rusia pierde por todos lados: su imagen de gran potencia se ve dañada por su incapacidad militar ante un país menor. Putin ha sobrestimado su capacidad e infraestimado la voluntad de resistencia de Ucrania y el apoyo que le prestaría Occidente. Su cruel decisión de enviar oleadas de misiles para dejar a los ucranianos sin luz, agua o calefacción en pleno invierno ha sido denunciada en la ONU por Zelenski y ha suscitado críticas incluso en China, y le llueven acusaciones de violar las leyes de la guerra y de cometer crímenes contra poblaciones indefensas. Las sanciones le están perjudicando aunque su economía esté capeando el temporal mejor de lo que se pensaba, vende menos energía pero a mayor precio ayudado por la decisión de la OPEP+ (en la que participa Rusia) de reducir algo su producción, pero no le será fácil encontrar clientes para lo que Europa deja de comprar porque es demasiado y porque todavía no tiene la infraestructura necesaria (oleoductos y gasoductos) para llevarlo a Asia, donde se prevé que el consumo crezca un 85 por ciento en los próximos años.

El borrador de presupuesto para 2024, confeccionado con un dólar a 90,1 rublos por dólar en lugar de los 100 actuales, se vuelca en el esfuerzo bélico y disminuye las prestaciones sociales procurando que no tengan efecto en las elecciones presidenciales de marzo. El gasto militar se eleva a 103.000 millones de euros (sube del 3,9 al 6 por ciento del PIB), es récord y supera por vez primera las partidas destinadas a cuestiones sociales, incluidas las pensiones pues, como dijo el ministro de Finanzas «necesitamos ese dinero para resolver nuestra tarea más importante hoy: asegurar la victoria».

Por si esto fuera poco, y acabe la guerra como acabe, Rusia caerá en la órbita china y pasará mucho tiempo aislada y castigada cara a la pared, mientras se aleja cada vez más el sueño de Gorbachov de «la casa común europea». Puede que aún gane la guerra, pero lo que de ninguna manera puede ya ganar es la paz.

Son consecuencias muy graves que apuntan a una Rusia más aislada y cada vez más dependiente de China como el eslabón fuerte de la relación. Y esa dependencia creciente puede acabar siendo la consecuencia más grave y perdurable para Rusia de la invasión de Ucrania. Eso y la enajenación de Europa, pues nuestra relación con Rusia no podrá mejorar mientras Putin siga en el poder. Como con lucidez dijo hace años Zbigniew Brzezinski, Rusia tiene que elegir si desea ser un aliado de Occidente o un vasallo de China, y ahora, con esta guerra, ha perdido la capacidad de poder escoger y algunos rusos más clarividentes ya comienzan a vislumbrar algunas consecuencias indeseables de esta dependencia, porque una Rusia que vuelve la espalda a una Europa que ha contribuido a moldear su cultura durante siglos se traiciona a sí misma, como ha asegurado Michael Kimmage en un artículo publicado en *Foreign Affairs* en junio de 2023. Evitarlo exigiría poner fin a la guerra, retirarse de los territorios ocupados en Ucrania, pagar compensaciones por los daños causados, rendir cuentas por los crímenes de guerra que se han cometido, e incluso entregar a Putin al Tribunal Penal de La Haya, y nada de eso parece hoy posible ni en los sueños más fantasiosos.

Lo que ya sucede es que Rusia está más aislada, como muestra que Putin no pueda viajar al extranjero ante la posibilidad de ser detenido y trasladado a La Haya donde el Tribunal Internacional de Justicia le acusa de crímenes contra la humanidad. Fue ese temor el que le impidió participar en la cumbre que los BRICS celebraron en Johannesburgo a finales de agosto de 2023, que es un foro donde todavía su causa cuenta con comprensión y con simpatías. Y en octubre Karim Khan, fiscal jefe del Tribunal de la Haya, ha anunciado que se propone investigar también los cibercrímenes de guerra, los que se cometen con medios cibernéticos y que aunque no exigen destrucción física han aumentado de forma notable desde el comienzo de la invasión de Ucrania, como son los ataques informáticos dirigidos a la destrucción o bloqueo de infraestructuras civiles como plantas nucleares (se detectaron ataques de este tipo en la central nuclear de Zaporiyia), redes de agua o electricidad, hospitales, etcétera.

La invasión de Ucrania también tiene consecuencias de política interna, pues ha provocado un aumento de las muertes de gente joven con inmediata repercusión en el descenso de la natalidad y ha aumentado la censura de noticias no deseadas sobre la guerra y la represión de quienes disienten de la «operación militar especial». La dictadura se refuerza y se encarcela a aquellos que muestran disconformidad. ¿Y el Gobierno? Desde que Putin gobierna, el poder se ha apoyado en dos pilares que Ernest Fränkel y Richard Sakwa llaman el «Estado dual»: la Administración pública y las élites. La primera es heredada, funciona de acuerdo con las leyes y da apariencia de legalidad a la segunda, una red informal formada por oligarcas, servicios de inteligencia y altos mandos militares que tienen a Putin en su centro y que controlan los resortes del Estado, aunque quizás esto esté empezando a cambiar como consecuencia de la guerra. Ivan Krastev publicó un interesante artículo en el *Financial Times* el 11 de julio de 2023 titulado «Ahora hay un Putin colectivo en el Kremlin», donde defiende la tesis de que el motín de Prigozhin ha tenido efectos devastadores sobre la imagen y prestigio del mandatario ruso, creando en su entorno inseguridad, temor y desconfianza que podrían estar empujando hacia una forma postestalinista de dirección colectiva. Demasiado pronto para saberlo, pero su autor conoce muy bien Rusia y sus opiniones son para tener en consideración. En una línea similar, Hélène Carrère d'Encausse, fallecida en 2023, otra buena conocedora de Rusia, autora en 1978 de *L'Empire éclaté* (*El imperio en pedazos*) (Flammarion), donde ya predecía el fin de la Unión Soviética, creía que el dirigente ruso «es un drama para su país. Estoy convencida de que esto es el fin de Putin». Veremos.

Pero es cierto que la asonada de Prigozhin podría verse como un episodio de *Rebelión en la granja*, de George Orwell, donde el poder del líder empieza a ponerse en cuestión por la traición de personas de su círculo más próximo. La muerte de Prigozhin —de quien Putin con cierto cinismo dijo después de su fallecimiento: «Un hombre con talento… que cometió errores»— en un accidente aéreo a finales de agosto, dos meses después de su marcha sobre Moscú, puede haber sido accidental, pero eso no importa, porque todo el mundo piensa que Putin le ha matado, ha acabado ajustando cuentas con quien le traicionó (como él mismo dijo) y deja el mensaje claro de que quien se le opone acaba pagándolo. La guerra envilece y en este caso acentúa la dictadura.

En el artículo «Putin's Age of Chaos» («La edad del caos de Putin»), publicado en *Foreign Affairs* a principios de agosto de 2023, Tatiana Stanovaya cree que, aunque parece que la vida rusa sigue como si no hubiera guerra en Ucrania y no le afectaran los reveses en el campo de batalla, la movilización parcial, las bajas sufridas, los ataques en territorio ruso o la revuelta de Prigozhin, «no hay que dejarse engañar» por las apariencias porque «cambios internos profundos están probablemente en marcha. En el régimen de Putin, en la percepción que las élites tienen de Putin, y en la actitud del público sobre la guerra». Más que derribar a Putin, «estos acontecimientos están transformando a Rusia en una entidad mucho menos cohesionada, llena de contradicciones y conflictos internos y más volátil y carente de predictibilidad». Y termina con una predicción que recuerda a *El señor de los anillos* de Tolkien: «Cuantos más retos enfrente el régimen, antes evolucionará hacia algo más oscuro». Sin olvidar que los cambios en

Rusia se suelen producir de forma rápida, abrupta e inesperada pues en el verano de 1991 nadie podía sospechar que solo tres meses más tarde la URSS dejaría de existir. Lo afirma Vladimir Kara-Murza que sabe de lo que habla.

Consecuencias para Ucrania

La guerra es para Ucrania un desastre sin paliativos, pues no hace falta mucha perspicacia para concluir que es la gran perjudicada por la invasión rusa: sufre muchos muertos en los campos de batalla y por su menor población tiene más dificultades para reponerlos que las que tiene Rusia, aunque esta presente más bajas; el sufrimiento y los muertos entre los civiles es también muy grande, pues Rusia bombardea ciudades y pueblos, edificios de apartamentos, hospitales, centros comerciales, restaurantes, conducciones de agua potable, redes de electricidad, de calefacción en invierno, torres de comunicaciones, estaciones y vías férreas, puentes y túneles, carreteras y puertos, etcétera con la intención de minar la voluntad de resistencia del pueblo ucraniano sin conseguirlo. Un triste ejemplo, pero por desgracia no aislado, ha sido el bombardeo con un misil ruso de un restaurante en Kramatorsk donde falleció la escritora ucraniana Victoria Amelina y estuvo a punto de morir el colombiano Héctor Abad Faciolince, que la acompañaba esa noche y estaba sentado en la misma mesa… ¡caprichos del destino! El país necesita cinco mil millones de euros mensuales simplemente para mantener los servicios esenciales entre los que se encuentran los salarios de militares, maestros, médicos, policías, bomberos o funcionarios. Puede pagar gracias a las inyecciones masivas de ayuda que recibe del exterior, en concreto de la Unión Europea y de Estados Unidos. Según el Banco Mundial la pobreza «ha aumentado del 5,5 por ciento en 2021 al 24,1 en 2022, empujando a 7,1 millones de personas a la pobreza y deshaciendo quince años de progreso».

La voluntad de resistencia de los ucranianos no se ha quebrado como consecuencia de estos ataques inhumanos contra la población civil, pero han provocado hasta seis millones de refugiados en países vecinos y ocho millones de desplazados internos, catorce millones de personas que huyen de esta guerra absurda sobre una población total de cuarenta y cuatro millones, que se dice pronto. Catorce millones de dramas personales que añadir a las bajas que causa el conflicto. Por eso la vicepresidenta de Estados Unidos Kamala Harris no dudó en denunciar a Rusia por «crímenes contra la humanidad» en la Conferencia de Seguridad de Múnich del año 2023. Y como las desgracias nunca vienen solas, la Comisión Europea añade que «la guerra ha puesto a Ucrania en una senda de declive demográfico irreversible».

El país está físicamente destruido y el PIB ha caído un 30,4 por ciento en 2022 y la situación no habrá mejorado durante 2023 (a título de comparación, Leandro Prados de la Escosura ha calculado que durante la Guerra Civil española perdimos el 26,8 por ciento), y todavía no ha terminado, pues la destrucción continúa a buen ritmo mientras escribo. El Banco Mundial estima que la reconstrucción exigirá la gigantesca suma de 411.000 millones de dólares (algunos cálculos llegan al billón), el doble de los que se calcula que será necesario para reconstruir Siria, que es otro país destrozado por las bombas y del que se ha dejado de hablar. También habrá que reconstruir Gaza y no es seguro que vaya a haber dinero para todo. Las interrupciones por Rusia de la exportación de grano, una de las pocas fuentes de divisas de Ucrania, hacen mucho daño a su economía, aparte de matar de hambre a muchos inocentes.

En sentido positivo, si alguno tuviera, cabe destacar el refuerzo de la identidad ucraniana que se ha producido tras la invasión rusa. Si alguien antes albergaba alguna duda al respecto, queda ahora meridianamente claro que los ucranianos no se sienten rusos en absoluto ni quieren saber nada de los «hermanos» rusos. Ni ahora ni nunca y ahora menos que nunca. También se ha reforzado su voluntad de ingresar en la Unión Europea y en la OTAN mientras acrecentaba también las prisas de otros para entrar. En junio de 2022, Ucrania y Moldavia recibieron el estatuto de «candidatos» a la Unión Europea mientras se daba una «perspectiva europea» a Georgia, y en la cumbre de Tirana (octubre de 2022) se decidió acelerar el proceso de integración de Serbia, Montenegro, Albania y Macedonia del Norte, que son países que llevan veinte años en la lista de espera. Ucrania confía en poder comenzar sus negociaciones de adhesión antes de finalizar 2023 con objeto de, en palabras de Charles Michel, presidente del Consejo Europeo, estar «listos para ampliarnos en 2030», aun reconociendo que ese es «uno de los mayores desafíos del bloque europeo». Una vez más, está Alemania empujando a favor de la ampliación para, como ha dicho Olaf Scholz, ir a una Unión Europea «geopolítica, ampliada, reformada y abierta al futuro» con objeto de apoyar tanto a la seguridad de estos países como a la estabilidad de la propia Europa.

Pero sin correr tanto, porque hoy por hoy Ucrania no está preparada para entrar, igual que tampoco lo estamos nosotros para recibirla. Kiev ha hecho mejoras importantes y muy meritorias en reforma de la justicia y en libertad de información (nueva ley regulatoria de los medios de comunicación), pero aún le queda mucho por hacer en materia de Estado de derecho, separación de poderes, derechos de las minorías nacionales, corrupción, control del poder de los oligarcas, blanqueo de capitales, etcétera. Al margen de que su entrada con su población y su nivel de renta nos crearía un agujero de tal calibre, convertiría en donantes a países que ahora son receptores netos y nos exigiría tanta atención que absorbería durante mucho tiempo todas nuestras energías, impidiéndonos ocuparnos de otros problemas tan importantes como la propia seguridad y las relaciones con Rusia y con China. Y eso sin hablar del enorme impacto que tendría sobre la Política Agraria Comunitaria (PAC) la entrada de Ucrania en la Unión Europea.

La guerra de Ucrania, sin duda, acelera el proceso, de modo que todo está yendo a una velocidad sin precedentes, aunque algunos pensamos que antes de seguir ampliando, que tiempo habrá cuando estos países cumplan los criterios de Copenhague y no nos traigan sus problemas internos o con sus vecinos, habría que reforzar y profundizar la integración entre los que ya somos miembros, que falta nos hace. De forma prioritaria creo que antes de ampliar deberíamos los socios actuales reformar la regla de la unanimidad en cuestiones clave de defensa y exteriores para evitar vetos como los que se han producido por parte de Hungría o Polonia, modificar la norma que otorga un comisario a cada país, redistribuir los derechos de voto en el Consejo y los asientos en el Parlamento Europeo, etcétera. Son todos asuntos muy importantes de los que se ha comenzado a hablar más seriamente en la cumbre de la Comunidad Política Europea que reunió en Granada en octubre de 2023 a los líderes de cuarenta países del continente, desde el Reino Unido a Armenia, en la que Zelenski aprovechó para alertar sobre la necesidad de «salvaguardar la unidad europea… y no hablo solo de la Unión Europea sino de toda Europa porque Rusia va a atacar con desinformación y noticias falsas para tratar de socavarla», porque ya debía comenzar a vislumbrar alguna grieta. Esta Comunidad Política Europea responde a una iniciativa francesa dirigida a imaginar otros mecanismos de coordinación y cooperación para los candidatos a la Unión Europea en esta etapa intermedia hasta que sea posible su admisión como miembros. La idea subyacente es aprovechar el tiempo y evitar la desesperación de los países que ansían entrar en el club europeo fomentando el diálogo sobre cuestiones de interés común y reforzando la seguridad, estabilidad y prosperidad del continente. Su primera reunión fue en octubre de 2022. En todo caso, en el último Consejo Europeo bajo presidencia española, el 14 de diciembre de 2023, se tomó la solemne decisión política de iniciar las conversaciones para la adhesión de Ucrania y Moldavia a la Unión Europea.

En lo que se refiere a la OTAN, y como ya se ha dicho antes, la cumbre de Vilna ha ofrecido a Ucrania la creación de un Consejo OTAN-Ucrania y una perspectiva de integración… cuando se cumplan las condiciones y los miembros así lo acuerden…

De manera que el objetivo final está claro y no hay dudas sobre la voluntad de una futura integración de Ucrania tanto en la Unión

Europea como en la OTAN, si así lo quieren los ucranianos, lo aprobamos los miembros de ambos clubes y Rusia deja de poner palos en las ruedas… que no está nada claro que vaya a desistir de hacerlo.

Finalmente, hay otra consecuencia indeseada de la invasión rusa que afecta a la propia calidad democrática de Ucrania que se ha visto obligada a aplazar, entre otras, las elecciones presidenciales que deberían celebrarse en 2024. Es una decisión que se ajusta a la ley, que prohíbe hacer procesos electorales en tiempos de guerra, y que tiene todo el sentido en un país con el 20 por ciento de su territorio ocupado por una potencia extranjera y con seis millones de refugiados que hubieran tenido dificultades para votar. Pero eso no obsta para que crezcan en el país acusaciones contra Zelenski por una pretendida deriva autoritaria a pesar de que mantiene, a los dos años de la invasión, una envidiable popularidad de en torno al 60 por ciento, que con seguridad envidian muchos otros líderes occidentales.

Consecuencias para Europa

Tampoco a Europa le va bien. Lo peor para nosotros sería la derrota de Ucrania porque eso nos dejaría a Rusia en nuestras mismas fronteras orientales y con la duda de cuál sería el comportamiento norteamericano. Sabemos que esta agresión afecta directamente a nuestros valores e intereses de seguridad y a la viabilidad de un orden basado en normas. No podemos permanecer indiferentes a lo que ocurre en Ucrania en forma de expansionismo territorial ruso y de violación de esas reglas, por eso hemos aprovechado esta crisis para dar pasos de gigante hacia una mayor integración (ya iniciada con las medidas adoptadas contra la pandemia del Covid-19) que es esencial para mantener un papel relevante en el mundo bipolar que se nos viene encima a pasos agigantados y en el que el papel europeo se reduce. No actuar nos dejaría al albur de otros ataques y chantajes económicos que podrían salirnos aún más caros a largo plazo.

Si durante la presidencia de Donald Trump hablábamos de autonomía estratégica respecto de Estados Unidos, con la invasión nos hemos
visto obligados a buscar autonomía energética frente a Rusia y ambas son
necesarias. La invasión de Ucrania ha obligado a los europeos a despertar
de golpe de tres errores cometidos durante los últimos años en los que
hemos subcontratado nuestra seguridad en manos de Estados Unidos
por un precio módico, hemos asumido una fuerte dependencia energética de Rusia, y hemos dejado nuestros mercados en las manos de China,
cuando ninguno de los tres países se ha mostrado digno de la confianza
que les hemos dado. Washington nos lo demostró claramente durante los
años de Donald Trump como presidente, cuando la desconfianza que
suscitaron sus políticas nos obligó a buscarnos la vida («la política Sinatra») y a fomentar nuestra propia defensa autónoma. Eso es algo que ha
quedado para más adelante cuando la actitud agresiva de Rusia nos ha
hecho ver las orejas al lobo y poner nuestros ahorros en la OTAN, esa
misma OTAN en la que Trump no creía, pero que se ha revelado como
la única instancia capaz de garantizar nuestra seguridad cuando vienen
—como ahora— mal dadas, porque tiene el respaldo nuclear estadounidense y por eso dos países de tan honda tradición neutral como Suecia y
Finlandia han pedido ser aceptados ahora como miembros.

La relación entre Europa y Estados Unidos se ha «normalizado»
con Joe Biden, pero la desconfianza en el aliado norteamericano no se
ha desvanecido porque ¿qué pasa si Trump o alguien como él accede a
la Casa Blanca en las próximas elecciones?, algo que no es en absoluto
imposible, a pesar de que la guerra ha transformado la mentalidad europea como nada lo había hecho desde 1989. Por fin hemos caído del
guindo y aceptado que la paz en Europa no está garantizada mal que
nos pese y que, en consecuencia, toca gastar más en defensa. No podemos continuar siendo el herbívoro bonachón y satisfecho incapaz de
dar una cornada para defender su trozo de pasto, cuando tenemos a un
lado una Rusia agresiva y al otro un flanco mediterráneo no ya deses-
tabilizado sino en llamas desde Siria a Gaza o Libia. Porque, como dice
el profesor José M. de Areilza, «Europa estaba mejor preparada cuando

la demanda principal era la prosperidad global a través de instituciones multilaterales», pero la situación ha cambiado y hoy lo que se demanda es seguridad y ahora «la pregunta clave es: ¿cómo puede Europa contribuir a resolver problemas globales en un mundo en el que la seguridad se ha convertido en el interés primordial» (entrevista en *The Objective* el 24 de julio de 2023). La respuesta corta es que no puede, y la prueba más reciente es nuestra inoperancia al estallar el conflicto de Gaza.

La guerra de Ucrania nos ha obligado a replantearnos también el problema de nuestra relación con el mundo. En 2016 el Consejo Europeo definió la «autonomía estratégica» del continente como «la capacidad de actuar autónomamente cómo y cuándo sea necesario, y con socios siempre que sea posible». José Ignacio Torreblanca se refiere, en un artículo publicado el 24 de agosto de 2023 por el European Council on Foreign Relations, a la vaguedad de esta definición, que deriva en parte de que se originó para el ámbito de la defensa para pasar luego a ampliar sus objetivos a los campos del comercio, la salud, las cadenas de suministro, la seguridad alimentaria y energética y los minerales críticos. Por eso, la Comisión Europea aboga ahora por una «autonomía estratégica abierta» que implica cooperar multilateralmente siempre que podamos, y actuar autónomamente cuando no nos quede otro remedio. Coincido con Torreblanca en que la Unión Europea necesita pasar desde la actual «autonomía estratégica», un concepto que califica de «reactivo» frente a los retos actuales, a la que llama «interdependencia estratégica» entendida, como él dice, en sentido «proactivo» para satisfacer nuestras necesidades y «superar las limitaciones de la autonomía estratégica».

Porque necesitamos aliados, y otra consecuencia para Europa de esta guerra es que nos ha llevado a buscarlos impulsando acuerdos comerciales con terceros países para reforzar nuestra seguridad. No es una novedad porque la Unión Europea los viene concluyendo desde hace años y ya los tiene con setenta y un países, pero ahora la tendencia se ha reforzado, ha firmado uno recientemente con Kenia, las negociaciones están prácticamente terminadas con Nueva Zelanda y Chile, y están muy avanzadas con Australia y México. Pero queremos más, y en la lista de espera están Mercosur (Argentina, Brasil, Uruguay y Paraguay), Filipinas, Malasia, India e Indonesia. Esto es consecuencia tanto del bloqueo de la vía multilateral (la Organización Mundial de Comercio) como de la preocupación que ha surgido con relación a las cadenas de suministro y a la necesidad de diversificarlas y aproximarlas para hacerlas más seguras y resistentes, mientras que también preocupa y mucho nuestra dependencia de China en materias primas necesarias para la transición ecológica y digital. Es una política inteligente que debe continuar porque la necesidad de dotarnos de minerales críticos será cada vez más acuciante.

Sobre el fin de las importaciones de gas y petróleo de Rusia está todo dicho, no ha sido fácil, pues ha resultado caro y doloroso para ciudadanos y para empresas, pero se ha logrado en el breve espacio de un año, que es toda una proeza, poniendo fin al mito alemán del «Wandel durch Handel» (Cambiar a través del comercio). La guerra nos ha producido una crisis energética que no se ha traducido en desabastecimiento gracias a un invierno suave, pero las subidas globales de precios han disparado la inflación y perjudicado nuestro nivel de vida con aumento del coste del dinero, del euríbor, de las hipotecas y de la cesta de la compra, algo que no es abstracta macroeconomía, sino lo que el ciudadano experimenta en su vida diaria con el malestar consiguiente. La energía nos costaba el 2 por ciento del PIB comunitario antes de la invasión y luego llegó a alcanzar hasta el 12 por ciento con efectos devastadores sobre nuestra competitividad.

La invasión ha dejado así de ser algo lejano para afectarnos en nuestro día a día. Todo eso se ha traducido en que los diecinueve países de ese núcleo duro de la Unión Europea que somos los que compartimos el euro solo hayamos crecido conjuntamente un 0,2 por ciento en 2022. Según un estudio del Banco de Santander, el coste de la guerra de Ucrania sobre nuestra economía fue de unos ciento noventa mil millones de euros en 2022 o, lo que es lo mismo, entre el 1,1 por ciento y el 1,4 por ciento de nuestro PIB conjunto. Podría haber sido mucho peor. Un decoupling súbito de China nos saldría mucho más caro porque somos más dependientes de los intercambios con China de lo que éramos con Rusia antes de la guerra. Y ya que hablamos de China y de sus prácticas comerciales, también hay cambios, pues Europa parece por fin dispuesta a adoptar una política más firme frente a ese país que es a la vez socio comercial y «rival sistémico» sin llegar a abrazar las políticas más duras que propugna Washington en relación con el régimen comunista *sui generis* de Beijing

Pero Europa no puede disimular que pierde peso en el mundo y que esta tendencia va a continuar: si en 2010 la Unión Europea tenía el 20 por ciento del PIB mundial, en la década de 2030 esa participación podría reducirse a la mitad porque durante los últimos años estamos creciendo a menor ritmo que Estados Unidos y China. Por si fuera poco, la economía alemana, que superó una recesión técnica a principios de 2023, ya no tira como lo hacía antes de la guerra y eso nos afecta a todos, sobre todo si no se recupera hasta finales de 2024 o 2025 como dice el FMI, porque el coste de la energía se ha disparado y no está claro que la industria logre reponerse deprisa del golpe que ha supuesto tener que renunciar al gas ruso, lo que alienta el auge de la extrema derecha al igual que ocurre en Francia y en otros países. Con estos datos y una población decreciente (en 1900 Europa tenía el 25 por ciento de la población mundial y hoy solo el 6 por ciento), será difícil mantener al mismo nivel nuestras envidiables sociedades de bienestar mientras las sanciones a Moscú tensan aún más nuestras costuras.

En sentido positivo, que siempre hay algo que lo sea, la guerra ha reforzado nuestro «sentido europeo de pertenencia» pues hemos acogido a seis millones de refugiados ucranianos (en contraste con el cierre de fronteras con el que se toparon los refugiados sirios de 2015), hemos enviado armas pagadas con fondos comunitarios para ayudar en la lucha por la libertad del bravo pueblo de Ucrania, o hemos hecho compras conjuntas de munición para rellenar nuestros polvorines vaciados, etcétera. En conjunto, en noviembre de 2023 los veintisiete ya habíamos enviado a Ucrania ayuda por valor de 85.000 millones de euros, más que Estados Unidos, de los que 60.000 iban destinados a ayuda humanitaria y se había comenzado a debatir otro paquete de 20.000 millones de euros en ayuda para material militar que se entregarían gradualmente entre 2024 y 2027 en medio de reticencias de Hungría y Eslovaquia, que en el caso húngaro se transformó en un veto que impidió que el Consejo Europeo de diciembre ampliara el presupuesto de la Unión Europea para poder financiar la supervivencia de Ucrania. Esperemos que este veto de Orban sea solo temporal para forzar otras decisiones comunitarias. En todo caso, se trata de pasos importantes e impensables hace solo unos años en el difícil pero necesario camino hacia una mayor integración política y económica. Finalmente, la invasión de Ucrania ha llevado a la Unión Europea a reforzar su voluntad de ser un «actor geopolítico» global, como ha dicho en repetidas ocasiones Ursula von der Leyen, presidente de la Comisión Europea, a la vez que despierta la conciencia de nuestras limitaciones y de la imperiosa necesidad de dotarnos de políticas comunes en los ámbitos de la política exterior, la defensa, la energía, las migraciones, etcétera. Si juntos gastamos hasta cinco veces más que Rusia en defensa y nadie nos toma en serio es que hay algo que estamos haciendo muy mal. Y ahora ya no hay excusas que valgan porque nos lo han dejado muy claro. Sabemos lo que hay que hacer, que no es fácil, pero es necesario, y no hay que dejar que los políticos desistan de hacerlo para salir reelegidos.

Por último, como españoles, debemos ser conscientes de que la guerra de Ucrania ha desplazado el centro político de la Unión Europea hacia el norte del continente, con la consecuencia de que así aumenta el peso político en Bruselas de los países más belicosos como son los bálticos o Polonia, por estar más próximos al conflicto. El sur pierde influencia, y eso es malo para España.

Consecuencias para el mundo

La invasión rusa de Ucrania ha sido como lanzar una piedra a un estanque, sus efectos se han extendido como ondas en el agua y han llegado a los cuatro rincones del mundo. A la crisis energética producida por la desviación de las exportaciones de gas y petróleo ruso que antes iban a Europa, que ahora buscan mercados en Asia en menores cantidades, a precios más bajos y tratando de encontrar métodos imaginativos para burlar las sanciones occidentales, se añade la crisis alimentaria: Rusia y Ucrania, juntas, producen el 30 por ciento de trigo del mundo, el 15 por ciento del maíz, y el 76 por ciento del aceite de girasol. Se dice pronto, pero los cereales que de allí proceden constituyen la principal fuente de calorías para cuatrocientos millones de personas, sobre todo en África. A ello hay que añadir que el precio de los fertilizantes se ha disparado un 25 por ciento. Todo esto, unido a guerras en Sudán, Somalia, Eritrea, Yemen, etcétera, a golpes de Estado en el Sahel (Mali, Burkina Faso, Chad, Guinea Conakry, Níger, Gabón), y al calentamiento global que reduce el agua disponible, hace que, según la FAO, haya en el mundo setecientos treinta y cinco millones de personas que pasan hambre en 2023, ciento veintidós millones más que en 2019, antes de la pandemia. Y todavía son muchas las que literalmente mueren de hambre, pues la pandemia elevó la cifra anual desde treinta y cuatro millones a cuarenta y uno, y la actual guerra empeora aún más este drama. También estima la organización antes citada que 2022 ha sido el peor año para el Cuerno de África de los últimos cuarenta. Para nuestra vergüenza. Por eso se dice que la guerra de Ucrania mata a más gente en África que en Europa.

El problema se complicó cuando, en julio de 2023, Rusia «suspendió» la llamada Iniciativa del Grano del mar Negro, que se concluyó en mayo de 2023 con mediación de Turquía y que ha permitido a Ucrania exportar hasta 32,8 millones de toneladas de trigo en esos dos meses. Para volver a dejar pasar los barcos ucranianos cargados de grano, Rusia exige que se respeten sus intereses: facilitar las transacciones financieras, garantías de que también se podrán exportar sus cosechas y sus fertilizantes y restablecer el flujo de amoniaco por los tubos que cruzan Ucrania hacia Europa. La ONU busca desesperadamente una solución que permita volver a exportar grano y salvar el Programa Mundial de Alimentos del que, como ha escrito Josep Borrell en una carta de agosto de 2023, depende hasta el 80 por ciento del trigo distribuido a países tan vulnerables como Etiopía, Somalia, Sudán, Yibuti, Yemen, Kenia y Afganistán. Todos ellos necesitan las exportaciones de Ucrania y sin ese cereal la catástrofe humanitaria es inevitable. A finales del año se han podido reanudar parcialmente las exportaciones ucranianas, pues los ataques con drones sobre la base de Sebastopol, en Crimea, han alejado a la flota rusa y permitido reabrir canales marítimos para la salida del grano.

La guerra también ha reducido el crecimiento global de la economía: el Banco Mundial proyectó un crecimiento del 1,7 por ciento en 2023 y del 2,7 en 2024, en medio de una inflación como no se conocía en el último decenio, que ha obligado a los bancos centrales a encarecer el precio del dinero desde intereses negativos a tasas superiores al 4 y 5 por ciento, con efectos inmediatos sobre hipotecas y compra de viviendas. El banco también auguraba que en Estados Unidos se produciría en 2023 una desaceleración desde el 2,5 por ciento al 0,5 por ciento y desde el 5,2 por ciento al 4,3 por ciento en China, que es una cifra claramente insuficiente para sus necesidades de desarrollo interno... que es la base de legitimidad del Partido Comunista. Pero ya se sabe que estas proyecciones son indicativas y que luego pasa lo que pasa.

Lo que sí es cierto es que la combinación entre alta deuda, fuerte inflación, altos tipos de interés, un dólar fuerte y dificultades para acceder a los mercados de crédito auguraban una tormenta perfecta para al menos veintitrés países que debían en conjunto doscientos mil millones con vencimiento en 2023 y con alto riesgo de *default* por imposibilidad de hacer frente a sus obligaciones. Los ministros de Finanzas del G20, reunidos en Bali en noviembre de 2022, expresaron preocupación por las consecuencias que esto podría tener sobre su estabilidad y las mismas expectativas de los acreedores y sus exportaciones. Pero no pasaron de ahí, porque ya se sabe que el G20 no es un foro en el que sea fácil tomar decisiones y menos aún cuando China no ayuda, como inicialmente fue el caso. Al final, y con intervención de los grandes organismos financieros (y de la propia China), se pudieron tomar algunas medidas-parche, pero insuficientes. Janet Yellen, secretaria del Tesoro de Estados Unidos, recordó en vísperas de una nueva reunión de ministros de Finanzas del G20, esta vez en la India en julio de 2023, la importancia de hacer frente a este problema, poniendo como ejemplo el laborioso acuerdo logrado con Zambia tras año y pico de negociaciones (China incluida), un modelo que podría extenderse a otros casos particularmente acuciantes como son los de Ghana y Sri Lanka. El asunto está lejos de estar resuelto y no cabe seguir dando patadas a la lata hacia adelante.

La globalización también se ha visto afectada por la guerra en la medida que ha contribuido a dislocar aún más unas cadenas de suministros ya perjudicadas por la pandemia. No se acaba, porque la globalización ha existido siempre, la había en el Imperio romano, como nos cuenta David Abulafia en su monumental *The Great Sea, El gran mar* (Oxford University Press, 2011), y la seguirá habiendo en el día de mañana. Pero será distinta. Ahora abundan las críticas, como la que hace de los últimos treinta años el senador norteamericano Marco Rubio en *Decades of Decadence, Décadas de decadencia* (Broadside Books, 2023) desde una óptica ultraconservadora. Digamos que mientras el capitalismo pasa de *shareholders* a *stakeholders* (de accionistas a titulares de intereses), la globalización tiende a «parcelarse» primando seguridad sobre beneficio y favoreciendo la instalación en países amigos y cercanos, lo que ahora se llama *Friendshoring* o *Nearshoring*.

Olivia White, Kevin Buehler, Sven Smit y Ezra Greenberg han escrito para Mckinsey and Co. un informe: «War in Ukraine: Twelve Disruptions Changing the World» («La guerra de Ucrania: doce fracturas que cambian el mundo»), publicado el 28 de julio de 2023, en el que actualizan un anterior análisis de mayo del mismo año y en el que concluyen que hay cinco efectos de la guerra que ya se puede confirmar que van a tener impacto duradero: la crisis humanitaria, la diversificación de las fuentes de energía (con menor dependencia de

Rusia), el aumento de los gastos en defensa, la utilización de técnicas cibernéticas junto a las convencionales en las guerras (los ataques cibernéticos rusos a Ucrania han aumentado un 250 por ciento entre 2020 y 2022, y los dirigidos a los países OTAN un 300 por ciento), y la retirada de empresas occidentales de Rusia que son sustituidas por asiáticas (antes de la guerra el 80 por ciento de las mayores compañías que operaban en Rusia eran estadounidenses, europeas y japonesas y hoy el 80 por ciento son chinas o de otros países asiáticos con exclusión de Japón). Junto a ello constatan también una ruptura de los estándares tecnológicos, y una permanente inestabilidad del sistema financiero global cuya volatilidad es menor que en 2022 pero que sigue siendo alta y perjudica a los países más débiles. El conflicto de Gaza, que estalló en octubre de 2023 no contribuirá a mejorar las cosas, sino todo lo contrario, especialmente si se extiende y acaba afectando al precio del crudo porque Estados Unidos ha estado últimamente haciendo la vista gorda a las exportaciones iraníes (1,5 millones de barriles/día, casi todos con destino a China) para evitar que los precios se disparen, pero no podrá seguir haciéndolo si Hezbolá (criatura iraní) interviniera en la lucha y eso haría subir el precio del barril con efectos sobre todo el mundo. Si fuera Irán el que se involucrara directamente en el conflicto sería aún peor porque se cerraría el estrecho de Ormuz, que conecta el golfo de Omán con el Pérsico, por donde circula un 30 por ciento del crudo que se mueve por mar en el mundo, y donde los hutis ya hostigan, a finales de 2023, el tráfico marítimo desde Yemen.

Entonces, ¿esta guerra beneficia a alguien?

Es la eterna pregunta del *cui prodest?* que ya se formulaban los romanos. La verdad es que no creo que nadie gane con el desastre humanitario, la inseguridad y los problemas económicos que irradian desde el escenario bélico de Ucrania, aquí todos perdemos, aunque —dejémoslo así— quizás algunos pierdan menos que otros. El asunto puede analizarse desde muchas perspectivas: militar, política, económica, estratégica o humanitaria, pero, se mire como se mire, Ucrania sale siempre muy mal parada, la invasión perjudica también a Rusia y a Europa y quizás pueda considerarse que en cierto modo involuntario a los que no les va tan mal es a China y a Estados Unidos, porque acelera la transición hacia un mundo bipolar que ellos dominarán.

Beijing está muy incómoda con la invasión de Ucrania porque viola principios que le son muy caros como el respeto de la soberanía y la integridad territorial, el respeto de las fronteras o la no injerencia en los asuntos internos de otros países. Y con razón cuando uno tiene problemas como Tíbet, Xinjiang o Hong Kong. Pero a cambio, gracias a la guerra, consigue atraer a Rusia a su órbita como socio menor con el que tiene «una amistad sin límites», dando un giro de ciento ochenta grados a una relación históricamente dominada por Moscú, mientras le compra gas y petróleo con fuertes descuentos, trata de desbancarla en Asia central y la aleja de sus aliados tradicionales más al sur, que son Vietnam y la India con los que China tiene fuertes diferencias. En una visita a Moscú a finales de febrero de 2023, el ministro chino de Asuntos Exteriores confirmó una vez más que las relaciones sino-rusas son «sólidas como una roca» mientras Putin le respondía que alcanzan «nuevas fronteras». Y China tiene a Estados Unidos y a Europa «entretenidos» en el escenario europeo donde unos y otros están vaciando sus propios arsenales militares, mientras ella cuida de sus graves problemas económicos que no son pocos (burbuja inmobiliaria, caída del consumo interno, aumento del desempleo, población envejecida…), trata de mantener su desarrollo económico y tecnológico que es su gran prioridad, busca aliados en el tercer mundo con el dinero de la Ruta de la Seda, y gana tiempo —que lo necesita— mientras desarrolla sus capacidades militares (y nucleares) hasta estar en condiciones de poder hablarle a Washington de tú a tú. No está cómoda con la invasión de Ucrania, pero no puede dejar caer a Rusia, que sería su gran aliado en una posible futura confrontación con Estados Unidos. Y tampoco le interesa una Rusia muy debilitada por el alto coste de la guerra y por las sanciones occidentales, aunque no pueda socorrerla como quizás desearía, incluso con material militar, para no enajenar a los americanos (que le impondrían sanciones secundarias) y, sobre todo, a unos europeos con los que mantiene unas relaciones comerciales que le resultan vitales y que son muy superiores a las que tiene con Rusia. Con todo, China no está cómoda, repito, y hubiera preferido que Putin no invadiera Ucrania.

Mark Leonard y Alija Bachulska se preguntan qué piensa realmente China sobre la guerra de Ucrania en un artículo publicado en *La Vanguardia* el 23 de julio de 2023, y resumo su respuesta en seis puntos:

—No tiene mucha importancia. No es una guerra que reconfigure el orden mundial.

—Es una guerra que Estados Unidos utiliza para aislar a China y por eso presionaron a Japón y a Corea del Sur para que impusieran sanciones a Rusia. Y por eso también invitaron a ambos países a la cumbre de la OTAN en Madrid.

—Estados Unidos ha conseguido apoyos importantes en el sur global, aunque siguen pensando que ciento cincuenta y siete países desearían mantenerse al margen de este conflicto.

—Capitalizar la debilidad de Estados Unidos y ganarse a estos países se convierte así en objetivo prioritario de la política exterior de Beijing.

—China tiene más que ganar que perder si se mantiene junto a Rusia… que queda como socio menor de la relación. Ambos países comparten visión sobre un orden mundial postoccidental.

—La guerra de Ucrania no tiene influencia sobre la crisis de Taiwán, ni positiva ni negativa, y como personalmente no estoy del todo de acuerdo, volveré sobre ello más adelante. Pero Beijing sigue con interés la reacción occidental: la unidad con la que ha enfrentado la invasión rusa, la política de sanciones (que recomienda que China reduzca riesgos haciéndose menos dependiente de Occidente), y la cautela que ha impuesto a su respuesta el hecho de que Rusia sea una potencia nuclear.

Por su parte, Estados Unidos ve revitalizada la relación trasatlántica y la OTAN, fabrican y prueban nuevas armas en Ucrania mientras nos venden todo el gas (licuado, procedente de *fracking* y bastante más caro) que los europeos hemos dejado de comprar a Rusia. Su objetivo en Ucrania, según el secretario de Defensa Lloyd Austin, es ayudar a este bravo país que es objeto de un ataque absolutamente injustificado, y también «debilitar» a Rusia. Fue una confesión reveladora en un arranque de sinceridad que nunca hubiera hecho un diplomático, pero no hay que culparle porque Austin no lo es. Lo importante de esta declaración es que, si se trata de «debilitar» a Rusia, eso va a llevar tiempo e implica que nos vamos a enfrentar a una guerra larga que, sin duda, cuanto más dure más menoscabará su influencia. Y una Rusia débil es mala también para China, que es otra ventaja para Washington. Pero, como digo, eso llevará su tiempo. En el fondo, lo mismo viene a decir el secretario general de la OTAN, Jens Stoltenberg, al afirmar que Rusia no puede ganar esta guerra porque eso sería la derrota «de todos nosotros», abocándonos de nuevo a un horizonte complicado.

Washington también ve con satisfacción que, a causa de esta guerra en el mismo corazón del Viejo Continente, los europeos hayamos por fin abandonado la política pacifista de los últimos años, ese «hedonismo» del que nos acusan cuando nos comparan con Venus mientras ellos dicen ser Marte. Estados Unidos deseaba desde hace años una mayor implicación de Europa en tareas defensivas, algo que han repetido todos sus presidentes, y por fin lo ha conseguido ahora cuando todos los países de la Unión Europea hemos decidido aumentar nuestros presupuestos de defensa y nuestra contribución a la OTAN por culpa de la guerra en Ucrania que nos ha hecho ver las orejas del lobo muy cerca. Y además hemos abandonado, al menos por un tiempo, toda veleidad seria de lograr una autonomía estratégica frente a Estados Unidos en el terreno militar. Y es que cuando las cosas se complican de verdad nadie da mayores garantías que la pertenencia a una OTAN fuerte que cuenta con el respaldo nuclear norteamericano y ahí es donde hay que colocar el dinero. En el debe hay que considerar que, en opinión de algunos en Washington, la guerra en el corazón de Europa «distrae» a Estados Unidos de su verdadero problema que se llama China, una opinión sobre todo extendida en medios del Partido Republicano, que ahora tienen otra «distracción» con el conflicto de Gaza. Pero si no hay dudas sobre la necesidad de ayudar a Israel, crecen en relación con Ucrania. De entrada, el nuevo *speaker* de la Cámara de Representantes, Mike Johnson, se ha negado a llevar en un mismo texto legislativo las ayudas a Ucrania e Israel, como pretendía el presidente Biden.

Queda ver cómo afectará la continuidad de la guerra en Ucrania a las elecciones presidenciales del próximo año y las consecuencias que eso podrá tener. Aquí no hay que dar nada como seguro, pues ya se sabe que en buena medida la política exterior de Estados Unidos está en función de la interna (Cuba es un ejemplo paradigmático), y esa tampoco está escrita en una elección que, al menos en principio, se presenta bastante abierta.

Otro ganador de esta guerra puede ser la Turquía de Erdoğan que gracias a ella está consiguiendo la hazaña de pelear por encima de su peso. Turquía es un miembro algo díscolo de la OTAN que mantiene buenas relaciones con Rusia en el ámbito del comercio, las inversiones, el turismo, la ayuda financiera y la misma cooperación nuclear, hasta el punto de haberle comprado el moderno sistema S-400 de defensa antimisiles, con gran irritación por parte de Washington por entender que puede comprometer códigos de seguridad de la Alianza. Erdoğan ha facilitado conversaciones entre rusos y ucranianos que han permitido desbloquear, por lo menos temporalmente, la exportación de grano ucraniano desde sus puertos en el mar Negro, aliviando la situación de emergencia alimentaria en varios países africanos, y también ha intervenido con éxito para lograr algunos intercambios de prisioneros.

Turquía ha mantenido con firmeza el veto para que Suecia entrara en la OTAN en las cumbres de Madrid (2022) y de Vilna (2023), mientras negociaba una serie de concesiones de Estocolmo, el desbloqueo de la venta de aviones F-16 por parte de Estados Unidos, así como ambiguos compromisos de reapertura de negociaciones para el ingreso en la Unión Europea. Esto último no lleva trazas de progresar más allá de profundizar en la Unión Aduanera ya existente, de obtener más ayuda financiera y quizás de ulteriores concesiones en materia de visados, porque otra cosa no es posible al menos por dos razones: la primera es su pésima relación con Grecia por disputas sobre islas en el Egeo y, sobre todo, por su ocupación militar del norte de Chipre donde ha creado una república que solo Ankara reconoce; la segunda se menciona menos en público y es que la entrada de un país tan grande afecta a todos los equilibrios de votos y de representación de la UE, y eso es algo sensible que exige negociarlo con cuidado y con tiempo. Y todo ello sin contar con su deriva autoritaria con Erdoğan y con algo de lo que no se habla si no es en susurros, que es un islamismo cada vez más acentuado e intransigente. La realidad es que el régimen de Ankara puede tener, y tiene, muchos problemas internos, pero no cabe duda de que Erdoğan le ha dado una influencia internacional que crece con cada día que pasa y que se extiende por Asia Central a caballo de la Organización de Estados Túrquicos y llega también a lugares como las guerras de Siria y de Libia, en las que, por cierto, Rusia y Turquía apoyan a facciones enfrentadas mientras la Unión Europea se tiene que limitar a ser una espectadora pasiva. Con todo ese bagaje y a pesar de todos los pesares, no es de extrañar que la reelección de Erdoğan en mayo de 2023, tras una disputada segunda vuelta, haya sido acogida con satisfacción en Moscú, que si algo no desea es que mejoren las tensas relaciones de Ankara con Washington.

También salen reforzados de esta guerra los países del sur global, que la están aprovechando para exigir su propio espacio al sol en la geopolítica mundial. Su equidistancia respecto de los contendientes aunque muchos condenaran la invasión, su negativa a apoyar las sanciones unilaterales (las no avaladas por el Consejo de Seguridad de la ONU), sus preocupaciones por las repercusiones mundiales del con-

flicto (crisis alimentaria, inflación, crisis energética, ralentización económica, proteccionismo…), sus esfuerzos en favor de la paz con iniciativas impulsadas desde Brasil, Indonesia, China, Arabia Saudita…
han contribuido a dar a este grupo de países una relevancia global de
la que hasta ahora en su mayoría carecían, que desde luego no tenían
como grupo, y que se verá magnificada en años futuros por su creciente peso económico e influencia política… si logran hablar con
una sola voz, lo que no parece probable. Son países que buscan su
propio espacio, disponer del mayor número de opciones posibles en
cada caso, y que no quieren verse obligados a tomar partido definitivo
en la pugna que asoma en el horizonte entre Estados Unidos y China
y que la actual guerra de Ucrania acelera y a la vez crea la ilusión de
dejar en un segundo plano. Volveré sobre ellos más tarde.

14

EL RIESGO NUCLEAR

Con las armas nucleares es mejor no jugar. Las cosas tenían mejor pinta cuando tras anunciar un *reset* (puesta del contador a cero) en las relaciones con Rusia, Barack Obama recibió el Premio Nobel de la Paz por abogar por un mundo «libre de armas nucleares», a pesar de que luego emprendió un proceso para modernizarlas que trató de hacer más digerible anunciando que reducía su número total y organizando hasta cuatro cumbres de seguridad nuclear. Asistí a la primera en Washington DC acompañando al presidente Rodríguez Zapatero, con participación de cuarenta y siete países a nivel de jefe de Estado o de Gobierno. Luego hubo otras en Seúl, La Haya y de nuevo Washington. Era un momento en el que todavía Estados Unidos y Rusia cooperaban para reducir los riesgos de proliferación que años atrás, en 1968, había dado a luz el TNP (Tratado de No Proliferación de Armas Nucleares).

Luego el ambiente se deterioró rápidamente, y Donald Trump decidió retirar a Estados Unidos del Tratado de Armas Nucleares Intermedias (INF en sus siglas inglesas o Intermediate-Range Nuclear Forces Treaty) que habían firmado Reagan y Gorbachov en 1987 y que condujo a la destrucción por ambas partes de dos mil setecientos misiles con un alcance de entre quinientos y cinco mil quinientos kilómetros, así como de sus plataformas de lanzamiento. Este acuerdo eliminó de nuestro continente miles de cabezas nucleares y fue un enorme éxito que contribuyó de forma decisiva a la seguridad europea en los momentos convulsos de la caída del Muro de Berlín, aunque las recriminaciones recíprocas por incumplimiento de lo entonces acordado comenzaran poco después de la desaparición de la Unión Soviética.

Trump justificó su decisión con el argumento de que los rusos no cumplían el tratado, en lo que, al parecer, tenía razón, pues ya denunció Obama en 2014 que el misil ruso Novator 9M729 lo violaba claramente. Y lo mismo dijo el secretario general de la OTAN Jens Stoltenberg años más tarde. No parece haber dudas al respecto. A eso los rusos respondieron que lo habían hecho en respuesta al despliegue norteamericano de escudos antimisiles en países europeos como Rumanía, Polonia y España (base de Rota) y que esos escudos incluían sistemas Aegis, misiles interceptores SM-3 y también misiles de crucero. De hecho, Putin afirmó con insistencia que el acuerdo no servía a los intereses de Rusia a la vista del despliegue en los países bálticos y en Polonia de cuatro mil quinientos soldados norteamericanos y de otros países de la OTAN (entre ellos la misma España), lo que le valió de conveniente excusa para desplegar a su vez misiles Iskander en el enclave de Kaliningrado entre Polonia y Lituania, que podían llevar cargas nucleares, aunque no está confirmado que actualmente estén así armados. Además, los rusos acusaron a Washington de desplegar drones cerca de sus fronteras y argumentaron que los drones no existían cuando se firmó el Tratado INF en 1987, siendo así que pueden producir los resultados similares a los de los misiles de mediano alcance sin violar la letra del acuerdo. Y así, entre acusaciones mutuas de incumplimiento por parte de unos y otros el Tratado INF zozobró, y seguramente los dos tenían razón. El ambiente se complicó aún más en 2012 cuando Moscú dio otra vuelta de tuerca y puso fin al Programa Nunn–Lugar de creación de confianza que permitía inspecciones directas en las instalaciones nucleares rusas.

Los dos países tienen su lógica: Rusia piensa que una reducción de sus arsenales nucleares no le conviene a la vista de su inferioridad en términos de fuerzas convencionales, y, por otro lado, a Estados

Unidos no le interesa atarse a una reducción pactada con Rusia mientras China no esté sometida a ninguna limitación. Porque el Tratado INF vinculaba a los rusos y a los norteamericanos, pero no a los chinos, que no lo firmaron porque no están en Europa, aunque estén fabricando misiles de alcance corto y medio para instalarlos en atolones, arrecifes e islas artificiales en el mar de China, con el consiguiente riesgo para la libertad de navegación en esas aguas que son internacionales según el derecho del mar (Convención de Montego Bay), pero que Beijing reclama como propias. Son aguas que no solo tienen valor estratégico como vías de comunicación, sino que parece que albergan fondos marinos muy ricos. Con el Tratado INF en vigor, los americanos se encontraban en inferioridad de condiciones con respecto a los chinos porque estos, aunque hayan firmado el TNP (Pacto de No Proliferación Nuclear), pueden desplegar esos misiles de alcance intermedio que a ellos se les prohíben. Y en esto no les falta razón.

La postura de Washington es la de que el Tratado INF tal y como se firmó en 1987 ha perdido su razón de ser y que debería ser sustituido por otro que comprometa a todos los países que ahora disponen de este tipo de misiles: Estados Unidos, Rusia y China, por supuesto, pero también India, Pakistán, Corea del Norte, Francia y el Reino Unido. E Israel. A nadie se le oculta que una negociación de estas dimensiones y con tan distintos interlocutores es cualquier cosa menos sencilla y más aún en el mal ambiente que existe en el mundo desde que Putin lanzó su invasión de Ucrania.

La situación empeoró cuando en febrero de 2021 caducó la vigencia del otro gran tratado de reducción de armas nucleares de largo alcance entre Rusia y Estados Unidos, el Tratado START III que firmaron Obama y Medvedev en Praga en 2010 y que reemplazaba a otros anteriores como el Tratado de Moscú y el START, pues el START II nunca llegó a entrar en vigor. El Tratado START III redujo a la mitad el número de armas y limitó a mil quinientos cincuenta el número de cabezas nucleares que podía tener cada uno (Rusia y Estados Unidos) desplegadas, que siguen pareciendo demasiadas a pesar de ser las cifras más bajas de los últimos sesenta años. Para mantener el tratado vivo, Estados Unidos insiste en que China debe también adherirse, pero Beijing no muestra el menor interés en reducir su arsenal que ya cuenta con unas trescientas cabezas nucleares. Y tampoco está muy claro cómo podría producirse esa eventual negociación a tres bandas porque ni Moscú ni Washington aceptan rebajar sus arsenales de mil quinientas cincuenta a trescientas, para igualar a los chinos, ni tiene ningún sentido animar a estos a alcanzar las mil quinientas cincuenta cabezas nucleares de los otros, porque si de lo que se trata es de eliminar ese tipo de armas, el camino no puede ser aumentarlas. Al llegar Joe Biden a la Casa Blanca, una de sus primeras decisiones fue acordar con Putin la prórroga de este tratado durante cinco años más con objeto de dar tiempo a conversaciones que encuentren soluciones a estos asuntos tan espinosos y que lo puedan actualizar.

No es eso todo, pues Donald Trump también decidió retirarse de otro tratado de control de armas, el Tratado Cielos Abiertos (Open Skies Treaty), negociado por el presidente George H. W. Bush y su secretario de Estado James Baker cuando la Unión Soviética daba sus últimas bocanadas, y que luego fue firmado hasta por treinta y cuatro países. Su objetivo es crear un clima de confianza al permitir vuelos sobre el territorio de la otra parte por aviones que llevan a bordo sensores y equipos que detectan que no se prepara ningún ataque o acción militar sospechosa. Es lo que en la jerga diplomática se llama un instrumento de creación de confianza donde no la hay (*confidence building measures*), basado en la política de Ronald Reagan de «confiar, pero comprobando» (*trust but verify*). Donald Trump declaró que los rusos lo violan porque no dejan a los norteamericanos sobrevolar y vigilar Kaliningrado, que es una ciudad donde sospechan que se han podido instalar armas nucleares, ni tampoco permiten sobrevuelos sobre lugares donde las fuerzas rusas llevan a cabo maniobras militares, algo que la diplomacia norteamericana viene denunciando desde 2005. De forma que, tras años de protestas norteamericanas, Donald Trump anunció que Estados Unidos se retiraba también de este acuerdo.

El cuadro se completó con la revisión por Trump de la doctrina nuclear norteamericana (Nuclear Posture Review) que ahora aboga por «una estrategia de disuasión nuclear flexible y medida» que no excluye —y esto es muy importante— el primer uso de armas nucleares incluso contra ataques convencionales cuando se den «circunstancias extremas» o estén en juego «intereses vitales». Hasta ese momento los norteamericanos habían dicho que ellos nunca las utilizarían en primer lugar y ahora solo China continúa afirmándolo.

Hasta aquí el paisaje previo, que ya no era bueno, pero que acabó de saltar por los aires con la guerra de Ucrania y que se ha completado con la decisión de Putin el 21 de febrero de 2023, cuando se cumplía casi un año de la invasión, día por día, de «suspender la participación» (no retirada) rusa en el Tratado START III sobre misiles balísticos intercontinentales, que se había prorrogado por Biden y Putin por un periodo de cinco años, hasta 2026, al llegar a su término en 2021. Cabe aquí recordar que el que avisa no es traidor, pues a poco de iniciarse la invasión de Ucrania, Dimitri Medvedev, vicepresidente del Consejo de Seguridad de Rusia y un conocido halcón, irritado por la imposición de sanciones a Rusia, advirtió que su país podría abandonar algunos tratados importantes —y mencionó el START III—, amenazando también con la posibilidad de romper relaciones diplomáticas al decir sin rodeos que «es hora de colgar gruesos candados en las embajadas». Es un bocazas peligroso.

Por eso Jake Sullivan, consejero de Seguridad nacional de Biden dijo en junio de 2023 que nos encontramos ante «un punto de inflexión en nuestra estabilidad y seguridad nuclear», ante «nuevas amenazas que desafían el orden posterior a la guerra fría» y anunció la adopción de «contramedidas» de Washington a la decisión de Moscú como es la suspensión de las notificaciones diarias que el Tratado START preveía. El ambiente es peor cada día.

De hecho, Putin también había avisado ya en octubre de 2022 cuando reconoció que tras la anexión a Rusia de las cuatro provincias ucranianas de Dontesk, Lugansk, Zaporiyia y Jersón estaba dispuesto a utilizar todos los medios para defender lo que ahora consideraba parte de su territorio nacional. Es un golpe maestro. No hay que olvidar que la doctrina nuclear rusa solo permite el uso del arma nuclear en dos casos: cuando el territorio ruso es atacado (y para Rusia esas cuatro regiones son territorios rusos tras la anexión) o cuando el objeto del ataque son los propios arsenales nucleares rusos. De modo que Rusia agrede, ocupa territorio, lo convierte en propio por sí y ante sí, y luego dice que tiene que defenderlo con la bomba atómica si es necesario. ¡Bingo!

La situación actual, en plena guerra en Ucrania, es que no hay límites al número de cabezas nucleares que Rusia puede desplegar. En un discurso solemne ante ambas cámaras del Parlamento, Putin dijo: «Hemos hecho absolutamente todo lo posible para resolver este problema (el de Dombás) pacíficamente… Nos quieren asestar una derrota estratégica y se meten en nuestras instalaciones nucleares. Por ello me veo obligado a anunciar hoy que Rusia suspende su participación en el Tratado sobre Armamento Estratégico Ofensivo… nosotros también vamos a ensayar nuevas municiones nucleares». Como reconoció entonces Stoltenberg, secretario general de la OTAN, con esta decisión quedaba «desmantelada toda la arquitectura de control de armas», algo que Antony Blinken, secretario de Estado norteamericano, calificó como «profundamente desafortunado e irresponsable».

A partir de ese momento comenzaron a llegar desde Rusia declaraciones que subían progresivamente el tono de la amenaza. Así, en marzo de 2023, Dimitri Medvedev, después de afirmar que «nuestras relaciones con Occidente son peores que nunca», respondió a la pregunta de un periodista que la amenaza de un conflicto nuclear «no ha disminuido, ha crecido. Cada día, cuando proporcionan a Ucrania armas extranjeras, se acerca el apocalipsis nuclear», porque «las potencias nucleares no pierden grandes conflictos de los que depende su destino… pero eso debería ser obvio para cualquiera. Incluso para un político occidental que haya conservado al menos un rastro de inteligencia». Y en las mismas fechas, Putin admitió, en plena batalla de

Bajmut, que la guerra de Ucrania podría prolongarse y advirtió que la amenaza de guerra nuclear es cada vez más alta, aunque Rusia nunca sería la primera en emplear armas de ese tipo: «Nuestra estrategia sería utilizarlas como defensa… cuando nos atacan, devolvemos el golpe», y luego anunció su intención de desplegar armas nucleares tácticas en Bielorrusia (el embajador ruso en Minsk matizó entonces, poco tranquilizador, que el despliegue se haría en la parte occidental, cerca de la frontera con los países bálticos y Polonia). Las armas nucleares tácticas tienen un alcance normalmente no superior a los quinientos kilómetros, cabezas nucleares más pequeñas de entre uno y cincuenta kilotones, y su utilidad es mayor contra concentraciones de tropas o bases militares en la retaguardia, por más que contaminen el terreno y lo dejen imposible a la vez para unos y para otros, «para vos y para mí», como diría don Mendo. Es la primera vez que armas de este tipo regresan a Bielorrusia, que en 1993 transfirió a Rusia las seiscientas cabezas nucleares que el despliegue soviético había ubicado en su territorio. Según Putin, el despliegue actual no viola los compromisos de Rusia con el TNP y añadió que las armas estarían en todo momento bajo control de Moscú. Washington se limitó entonces a considerar esta decisión como algo «irresponsable» y una «provocación», aunque el portavoz de la Casa Blanca añadió que «no vemos ninguna razón que nos lleve a reajustar nuestra postura nuclear».

En mayo del mismo año 2023, Medvedev dio otra vuelta de tuerca al advertir durante un viaje a Vietnam que si Ucrania recibe más armamento occidental y armas nucleares —cosa que nadie ha planteado nunca darle a Kiev—, «habrá que asestar un ataque preventivo… significará que sobre ellos caerán misiles con cargas nucleares». Fue por esas fechas cuando comenzó el traslado a Bielorrusia de esas armas tácticas. Para mayor intranquilidad, Zelenski repite que las fuerzas rusas planean ataques terroristas en Zaporiyia, la mayor central nuclear en suelo europeo que fue ocupada por los rusos a comienzos de la guerra. Y su amenaza es creíble si se considera el penoso estado en el que los rusos dejaron Chernóbil tras varios meses de ocupación

—y saqueo— en 2022. Por otra parte, a mediados de agosto de 2023 y en plena contraofensiva ucraniana, los nervios rusos aumentaban y el mismo Dimitri Medvedev no tenía empacho en afirmar públicamente que si la ofensiva tuviera éxito Rusia usaría armas nucleares, mientras que el ministro de Exteriores, Serguéi Lavrov insistía en la misma idea al decir en la XI Conferencia sobre Seguridad Internacional de Moscú, celebrada en las mismas fechas, que «Occidente está aumentando significativamente la amenaza de un choque militar directo entre potencias nucleares». ¿Farol? ¿Realidad? En todo caso, muy poco tranquilizador que se amenace tanto con su uso por aquello de que va tanto el cántaro a la fuente…

El caso es que en octubre de 2023 la Duma anunció que se proponía estudiar la retirada de Rusia del Tratado de Prohibición Completa de Ensayos Nucleares (CTBT), lo que causó consternación generalizada. El Kremlin se apresuró entonces a dejar claro que no es que tuviera intención de llevar a cabo pruebas nucleares, sino que daba el paso para poner en evidencia a los norteamericanos que firmaron en su día el Tratado pero que nunca lo han ratificado. Es una prueba más del mal ambiente que hay entre Moscú y Washington, que se traslada también al dominio ultrasensible del armamento nuclear aunque el mismo Putin, en un intento de calmar el mal ambiente, descartó que Rusia tuviera —al menos por el momento— intención de usar armas nucleares en Ucrania. En un discurso pronunciado en Sochi a principios del mismo mes de octubre dijo: «No existe ninguna situación hoy en la que algo amenace la existencia del Estado ruso» en referencia a la doctrina militar que permitiría su uso si eso sucediera.

Tanto chinos como norteamericanos parecen considerar que al menos por el momento las amenazas rusas no son creíbles, mientras utilizan canales de diplomacia discreta para advertir a Moscú de las gravísimas consecuencias que tendría su utilización. Pero que no parezca probable su uso no quiere decir que sea imposible… sobre todo si las cosas en el campo de batalla se torcieran mucho para Rusia. Uno no puede por menos que preguntarse dónde ha quedado la acertada declaración conjunta que firmaron Ronald Reagan y Mijaíl Gorbachov en 1985 según la cual «una guerra nuclear no se puede ganar y nunca se debe pelear». Amén.

El caso es que los riesgos de seguridad nuclear crecen por vez primera en una década, según confirma el índice anual hecho público en 2023 por la Nuclear Threat Initiative, un observador independiente con base en Washington. Según su presidente Ernest J. Moniz, antiguo secretario de Energía con Obama, el mundo «está desmantelando avances en seguridad nuclear conseguidos con mucho esfuerzo desde el final de la guerra fría», y en ello tiene mucho que ver la guerra de Ucrania y el mismo debate popular sobre el Armagedón nuclear que no por casualidad coincide con el estreno de la película *Oppenheimer* sobre el padre de la bomba atómica quien, en un artículo escrito para *Foreign Affairs* en 1943, auguraba un tiempo en el que habrá «una gran acumulación de materiales para (hacer) bombas atómicas. Y un preocupante margen de incertidumbre en relación con su responsabilidad, realmente preocupante si todavía vivimos con los vestigios de la sospecha, la hostilidad y el secretismo del mundo de hoy». Acertó, porque mucho me temo que las cosas no han ido desgraciadamente a mejor desde que escribió esas proféticas líneas y han empeorado significativamente desde que Putin tomó la mala decisión de invadir a su vecino. Es una lástima, como ya decía el mismo Oppenheimer en otro ensayo escrito pocos años después, en 1948, que no fuéramos entonces capaces de convertir la energía nuclear en una herramienta para la paz y la estabilidad en el mundo. Ni entonces ni ahora, porque pone los pelos de punta constatar la creciente ligereza con la que los medios de comunicación tratan el tema.

15

PERSPECTIVAS DE FINALIZACIÓN DE LA GUERRA

La historia no está escrita, «no tiene libreto» que diría Isaiah Berlin, pero en las jornadas celebradas en septiembre de 2023 por el Grupo Estrategia Europea de Yalta (YES) políticos ucranianos elaboraron un informe que fue presentado por el diputado Oleg Zhmerenetski que contempla cuatro posibilidades de futuro para Ucrania: la primera es que el actual conflicto se extienda y desemboque en la Tercera Guerra Mundial; la segunda es que tras verse Ucrania forzada a un acuerdo que implique la pérdida de territorios, haya un golpe de Estado que conduzca a una dictadura ultranacionalista; la tercera visualiza la desintegración de Ucrania, que deja de existir, y la cuarta, la única que es positiva, contempla una victoria de Ucrania en la guerra y la recuperación de los territorios que hoy ocupa Rusia.

Yo me animo a ir algo más lejos y me atrevo a anticipar hasta ocho posibles maneras en las que este conflicto termine y a lo mejor me quedo corto.

Victoria de Rusia

Es la que, en un principio, se suponía que sería inevitable y que además sería rápida a la vista de la enorme disparidad de fuerzas en presencia entre un país de ciento treinta millones de habitantes, potencia nuclear, miembro permanente del Consejo de Seguridad de la ONU, etcétera y un vecino de cuarenta y cuatro millones y muchos problemas internos. Pero no fue así, los ucranianos resistieron, su presidente no abandonó Kiev ante el avance de las columnas blindadas rusas y luego Occidente se volcó en su ayuda. Pero Rusia es mucha Rusia y tiene mucho fondo de armario. No llama guerra a su invasión sino «operación militar especial», como para quitarle importancia, algo que puede resolver sin despeinarse y desde luego sin ordenar una movilización masiva que lleve el conflicto a todos los hogares rusos. Moscú tiene aún muchos recursos no utilizados o poco utilizados como la Fuerza Aérea o los misiles hipersónicos, que son difíciles de neutralizar debido a la altísima velocidad que alcanzan. Y sigue desarrollando nuevas armas como el misil de crucero 9M730 Burevestnik que anunció orgullosamente Putin en octubre de 2023. También es enorme la disparidad de tropas que ambos países pueden poner en pie de guerra y mayor aún su capacidad para reponer las bajas que se producen en los campos de batalla (trescientas mil de Rusia frente a doscientas mil de Ucrania tras dieciocho meses de conflicto), donde el estoicismo del pueblo ruso para aceptar el sufrimiento es proverbial como ya demostró contra Napoleón en la defensa de Moscú y en la de Stalingrado frente a Hitler. Y en este caso no solo hace paralelismos entre esta guerra y la Patriótica contra los nazis, sino que considera que con ella enfrenta la amenaza existencial que supone para Moscú un régimen en Kiev aliado con potencias occidentales empeñadas en derrotar e incluso desintegrar a Rusia. Es lo que dijo Putin en un discurso pronunciado en febrero de 2023 cuando afirmó que «la élite occidental no oculta su objetivo que es… la derrota estratégica de Rusia… acabar con nosotros de una vez por todas». Si uno lo piensa así, si piensa que su supervivencia está en peligro, y algunas declaraciones occidentales lo hacen creíble (Biden, Stoltenberg), entonces no hay más remedio que luchar e intentar vencer. Por eso Putin pudo presumir el 29 de junio de 2023 afirmando que: «Nuestra industria de defensa gana fuerza día a día. En el último año hemos multiplicado por 2,7 la producción militar. Nuestra producción de armas más críticas se ha multiplicado por diez y sigue aumentando. Las fábricas trabajan en dos o tres turnos y algunas están ocupadas veinticuatro horas al día».Y Rusia también ha anunciado un importante aumento del presupuesto de Defensa para 2024. Parece que, con estos datos, las cosas deberían irle algo mejor en el campo de batalla.

Hay que considerar, además, que, si bien Putin ha cometido errores graves en su invasión, ha tenido la inteligencia de convertir una guerra claramente ofensiva en otra de defensa del territorio nacional, una vez que la Duma decidió la incorporación de las cuatro provincias ucranianas al territorio de la Federación Rusa. Ahora puede decir, al menos de puertas adentro porque fuera no le dan credibilidad, que Rusia no ataca, sino que se defiende, por más que no creo que eso contribuya a elevar la moral y el espíritu de lucha de unos soldados a los que Prigozhin explicó que les habían mentido sobre las razones que les dieron para invadir Ucrania. Ha pagado cara su osadía. Rusia cuenta con la baza, o lo que cree una baza, de que Occidente se cansará de enterrar armas y dinero en Ucrania, que cuando eso ocurra todo será más fácil para Moscú y que por eso una guerra larga puede convenirle. Pero la reunión del G7 en Japón y la cumbre de la OTAN en Vilna le han enviado el mensaje opuesto, que Occidente permanece firme y no dudará en seguir apoyando al bravo pueblo de Ucrania porque su derrota, la de nuestros valores, provocaría una crisis en la OTAN y en la misma Unión Europea y afectaría a las elecciones norteamericanas de 2024, al margen de su efecto también sobre las pretensiones de China en Taiwán.Y tampoco conviene olvidar que Rusia celebra elecciones presidenciales en el mismo año 2024. Putin necesita éxitos.

Pero, pase lo que pase, hay algo obvio que no debemos ignorar: Rusia nunca podrá conseguir sus objetivos máximos de derrocar al régimen de Zelenski, lograr la desmilitarización de Ucrania, y cortar sus lazos de seguridad y económicos con Occidente. Tampoco tiene la capacidad de ocupar y subyugar de forma permanente a un país de cuarenta y cuatro millones de personas que no están por la labor. Porque es imposible, y por eso, si al final ganara, su victoria sería pírrica. Biden ni siquiera le concede esa posibilidad. En Finlandia (13 de julio de 2023) repitió que «Putin ya ha perdido la guerra de Ucrania», y cuestionó su capacidad «para luchar durante años», expresando la esperanza de que acabe por entender que «seguir con la guerra no está en el interés de Rusia económicamente, políticamente, ni de ninguna otra manera». Solo falta que Putin se lo crea y actúe en consecuencia.

Victoria de Ucrania

No sería la primera vez que Rusia pierde una guerra, pues ya perdió la de Crimea en 1853, la ruso-japonesa de 1905, la Primera Guerra Mundial en 1917 y la de Afganistán en 1989. Pero la verdad es que por muy motivadas que estén las fuerzas armadas y el pueblo en general de un país injustamente agredido que defiende su territorio frente a tropas extranjeras que lo han ocupado y que, al menos en principio, están mucho menos motivadas, una victoria de Ucrania parece mucho más difícil por las razones apuntadas en el punto anterior sobre la disparidad de fuerzas en presencia y porque, debemos reconocerlo, hemos dado armas a Ucrania para que no perdiera la guerra pero nunca le hemos dado las que de verdad necesitaría para ganar. Para Rusia esta guerra no es existencial, aunque podría serlo para Putin si la perdiera, pero lo es en todo caso para Ucrania. De todas formas, todo depende de lo que Kiev quiera llamar victoria: si incluye la recuperación de Crimea, la veo aún más complicada, pero si se limita a recobrar parte del territorio perdido en el Dombás o la costa del mar de Azov, la cosa mejora aunque tampoco lo tenga nada fácil. En todo caso, una victoria, siquiera parcial de Ucrania, exige que no desfallezca el apoyo que recibe de Occidente, de Estados Unidos y de Europa, en forma de efectivo para que los servicios mínimos del país sigan funcionando, que disponga de armas y munición con la que combatir, y de informes de inteligencia en tiempo real sobre los objetivos a abatir, pues esas son, junto con el valor demostrado por sus soldados, las razones que explican la resistencia de Ucrania frente a Rusia. Pero confieso que me cuesta ver esa victoria que supondría —si los ucranianos lograran salirse con la suya al cien por cien— la recuperación de Crimea y el Dombás, además de libertad para ingresar en la Unión Europea y en la OTAN, el castigo de los culpables de crímenes de guerra y garantías internacionales que aseguren su futuro ante un vecino necesariamente descontento. Si esto llevara algún día camino de suceder, Rusia no lo podría aceptar y nos acercaría a un posible holocausto nuclear. Y si se viera forzada a aceptar, se provocaría un terremoto político interno que acabaría con Putin y quizás también con la misma Federación Rusa que podría saltar hecha pedazos. Por eso pienso que una derrota que dejara una Rusia humillada y revanchista sería muy peligrosa para la futura estabilidad europea.

De todas formas, no todos opinan como Biden y cuestionan la capacidad de Rusia para un enfrentamiento largo, como hemos visto antes. Edward Luttwak, por ejemplo, autor de obras sobre temas militares, piensa que «la Federación Rusa es una gran potencia y puede absorber veinte derrotas como la de Ucrania», y lo cierto es que Rusia no ha sido vencida, y que la contraofensiva ucraniana, que empezó con muchas expectativas en la primavera de 2023, se está encontrando con muchas más dificultades de las que esperaba. Esto parece ir para largo y el historiador ucraniano Serhii Plokhy, autor de *La guerra ruso ucraniana* (Península, 2023) piensa que «el *timing* no va a favor de los ucranianos ni de la coalición. La primavera y el verano del año que viene serán decisivos. No veo que el apoyo desaparezca completamente, pero el riesgo de una disminución significativa en un momento en el que Rusia aumenta sus capacidades es real». Y hace un comentario interesante al añadir que, además, la guerra de Gaza beneficia a Rusia porque «para gran parte del Sur Global, el antiimperialismo se asocia a Occidente y la guerra de Ucrania no encaja en ese paradigma. Ahora, con la guerra en Israel y Occidente apoyándole, se está erosionando cualquier apoyo que pudiera haber» (entrevista publicada en *La Vanguardia*, el 1 de noviembre de 2023). Está bien visto.

Un final negociado

Es una posibilidad que tiene muchos partidarios, como Barry Posen, del MIT, que opina que «la única cosa responsable que se debe hacer es buscar ahora un final diplomático a la guerra». Posen piensa que casi todas las guerras acaban en una negociación y, si es así, cuanto antes se produzca, mejor, porque evitaremos mucho sufrimiento. No es el único, pues también es favorable a empezar a buscar una solución diplomática Richard Haas, presidente del Council on Foreign Relations, el filósofo Jürgen Habermas y muchos prominentes republicanos norteamericanos, como el mismo Donald Trump. Y en la reunión de YES a la que antes me he referido el expresidente George W. Bush, cuando se le preguntó si Ucrania debería ceder territorios a cambio de la paz respondió que esa es una decisión «que deben tomar los ucranianos y que Estados Unidos y el resto de aliados les apoyarán si así lo deciden o si siguen combatiendo». Pocos días después, en la reunión anual de la Asamblea General de la ONU en Nueva York, Zelenski se hizo eco de estos comentarios y afirmó «estar al corriente de los intentos de alcanzar turbios pactos de paz entre bambalinas», que rechazó tajantemente.

Porque lo que no conviene olvidar es que cuando hay intereses vitales en juego, los países pelean hasta las últimas consecuencias, como dice James Sherr, en un informe publicado por Chatham House (junio de 2023), que ocurrió en las guerras napoleónicas, en la guerra de Secesión de Estados Unidos o en la Segunda Guerra Mundial. A nosotros nos pasó cuando la invasión napoleónica que con tanto dramatismo pintó Goya. Y en esta guerra hay mucho en juego, para empezar la supervivencia de Ucrania como Estado independiente. Casi nada. Cicerón decía «preferir la paz más inicua a la más justa de las guerras» (*Vel iniquissiman pacem iustissimo bello anteferrem*) y Goethe no se distanciaba mucho al afirmar que prefería la injusticia al desorden, pero esta no parece ser la opinión hoy de los ucranianos que mantienen con Rusia diferencias insalvables sobre cuestiones territoriales y de la relación de Kiev con Occidente, hasta el punto de verse mutuamente como una amenaza existencial, y en estas condiciones no es fácil sentarse para hablar. Al margen de que tampoco es moralmente aceptable presionar a Ucrania para que acceda a una paz que no sea en los términos y en el momento que ella decida, pues es la agredida, y no se puede premiar al agresor, que se vería de esta forma animado a futuras transgresiones.

En una entrevista al diario *El País* de Madrid, el 19 de agosto de 2023, Josep Borrell, alto representante para Asuntos Exteriores y de Seguridad de la UE, era muy claro sobre la posición europea: «Hacemos lo que podemos para impulsar negociaciones de paz, pero de una paz que reconozca que hay un agresor y un agredido y que el agredido tiene que recuperar su integridad territorial y que el agresor tiene que pagar las consecuencias de su agresión». Por eso, muchas voces advierten en contra de presionar a Ucrania para negociar, porque, a falta de una victoria clara en el campo de batalla y con Rusia ocupando parte de su territorio, lo haría en una posición de debilidad ya que le daría a Moscú una clara ventaja de salida. Geoffrey Blainey, en *The Causes of War* —Las causas de la guerra— (Free Press, 1975) va todavía más lejos y dice que las guerras que terminan en una negociación aumentan la posibilidad de futuros conflictos. Cree que «un tratado de paz duro tiene más probabilidades de prolongar la paz. Hay una razón poderosa para que así sea. Un tratado duro suele ser el resultado de una guerra finalizada con una victoria decisiva… y una victoria decisiva tiende a promover una paz más duradera». No estoy de acuerdo, pues así es como se llegó al Tratado de Versalles en 1919, y ya sabemos todos las consecuencias que tuvo.

En mi opinión, las cosas aún tendrán que empeorar bastante para que se pueda dar una opción a la negociación, pues en este momento ambos aún creen que pueden ganar y eso no les lleva a hacer las concesiones que toda negociación exige: cedo en esto a cambio de esto otro. Si ninguno cede, puede acabar habiendo imposición por parte del más fuerte, pero no negociación. Ucrania exige no menos de cuatro condiciones para sentarse a hablar con Rusia: la retirada de la totalidad de los territorios ocupados, el pago de cuantiosas reparaciones de guerra, el castigo de los culpables de crímenes de guerra, y las garantías internacionales que aseguren que Rusia cumpliría lo pactado, pues después de lo acontecido con el Tratado de Budapest de 1994 que preveía la entrega a Rusia del arsenal nuclear soviético a cambio de respetar la soberanía y las fronteras de Ucrania, Kiev hace bien en no fiarse ni un pelo de Moscú. Como dice el refrán, si me engañan una vez puede ser mala suerte, pero si me engañan dos, la culpa es mía.

Lo que ocurre es que con esas exigencias iniciales por parte ucraniana es imposible que Putin siquiera contemple la posibilidad de sentarse a entablar cualquier diálogo, y por eso los miembros de la llamada «escuela realista», con John Mearsheimer en cabeza, consideran que estas condiciones son poco razonables. Por otro lado, un acuerdo que diera definitivamente a Rusia las cuatro provincias anexionadas de Lugansk, Donetsk, Zaporiyia y Jersón, aparte de Crimea, como exigiría Moscú como mínimo (al margen de otras cuestiones sobre la OTAN y la UE), no tiene forma alguna de poder ser siquiera tenido en cuenta en Kiev —al menos por ahora— y además no contribuiría a hacer una Europa más segura.

Así que sí, probablemente la guerra acabe en una mesa de negociación y ojalá sea más pronto que tarde, pero mucho me temo que aún puede faltar bastante para eso, aunque podría cambiar si Donald Trump —o alguien como él— es elegido en 2024 para ocupar la Casa Blanca en Washington —algo no imposible—, pues no oculta su opinión de que esta guerra está saliendo muy cara y hay que obligar a Ucrania a hacer concesiones a Rusia para lograr la paz, una opinión bastante extendida entre los republicanos, a los que bastaría con cortar el grifo del armamento para poner de rodillas a Ucrania. Esa es la realidad. Por eso, porque esta idea de las negociaciones con concesiones territoriales está en la mente de muchos y gana terreno, los ucranianos saltaron como panteras cuando en agosto de 2023 el jefe de gabinete del secretario general de la OTAN metió la pata hasta arriba cuando se le ocurrió decir precisamente eso durante un debate en Arendal (Noruega): «Una solución podría ser que Ucrania cediese territorio y a cambio logre la admisión en la OTAN». Y mientras desde Moscú Medvedev calificaba estos comentarios como «interesantes» y su autor se desdecía públicamente tras —imagino— haber recibido un buen tirón de orejas, la reacción de Ucrania fue tan airada que la organización tuvo que emitir un comunicado puntualizando que «la posición de la OTAN es clara y permanece sin cambios… apoyamos completamente la soberanía e integridad territorial de Ucrania». Algo que refrendó el ministro ucraniano de Exteriores, Dmitró Kuleba, cuando dijo poco después de este incidente que «nuestro objetivo es la victoria en forma de liberación de nuestros territorios hasta las fronteras de 1991» (fecha de disolución de la Unión Soviética). Y lo mismo manifestó Zelenski en la III cumbre de la Plataforma Crimea celebrada en Kiev en agosto de 2023. Esta plataforma se creó en 2020 para apoyar la liberación de la península ocupada y cuenta con la participación de unos sesenta países que no reconocen la anexión rusa. En su discurso inaugural el presidente ucraniano recordó a todos los presentes que «Ucrania no negocia con su territorio porque no negocia con su gente». Claro y conciso. Para remacharlo, la Rada ucraniana adoptó el 23 de agosto de 2023 una resolución que pedía formalmente prohibir por ley renunciar a cualquier región del país ocupada por Rusia a cambio de terminar con la guerra. Revela un estado de ánimo, pero no creo que sea bueno atarse demasiado las manos cuando el futuro es tan incierto. Y así están las cosas desde entonces.

Diga cada uno lo que quiera, me parece innegable que, si un día se acaban abriendo negociaciones de paz entre Rusia y Ucrania, la situación sobre el terreno, el quién controla qué territorios, será un dato crucial del que no se podrá prescindir en las discusiones que se entablen. Por eso es tan importante para Ucrania recuperar en el campo de batalla todo el territorio perdido que pueda. Para negociar en posición de fuerza cuando llegue el momento o, como ha dicho Jake Sullivan, el consejero de Seguridad Nacional de Biden, hay que armar a Ucrania a tope para que cuando llegue el momento «se siente en la mejor posición en la mesa de negociaciones».

Un armisticio al estilo de Corea

Cuando no es posible lograr una paz definitiva, cabe la posibilidad de conseguir un apaño que todos venden como temporal, porque nadie renuncia a sus objetivos finales, pero que de hecho se convierte en algo definitivo. O sea, un conflicto congelado, pero que puede recalentarse en cualquier momento, y ese es su gran inconveniente, porque los contendientes se limitan a aplazar sus objetivos máximos hasta que lleguen tiempos mejores que les permitan volver a exigirlos con más posibilidades.

Es lo que sucedió en la guerra de Corea con la línea de armisticio a lo largo del paralelo 38. Ambas partes, Corea del Sur y Corea del Norte, siguen ambicionando la reunificación de la península bajo su bandera, no cejan en su objetivo, pero mientras tanto, mientras esperan, no se pegan tiros. Sin olvidar que, a falta de una victoria de los norcoreanos, potencia nuclear bajo una dinastía que parece de la Edad de Piedra que convierte a sus ciudadanos en robots sin voluntad, si algo le preocupa a China en este terreno es la reunificación de la península de Corea bajo el régimen de Seúl, tras el que ve la larga mano de Washington, o el desmoronamiento de la dictadura comunista de Pionyang, porque eso significaría que le caerían encima millones de refugiados hambrientos.

En ese contexto, un alto el fuego —temporal en teoría, pero definitivo en la práctica— no es una mala opción a falta de otras mejores, aunque hay que reconocer también que no es lo ideal, pues ha contribuido a eternizar en el norte de la península un régimen autoritario y hostil que ha cruzado el umbral nuclear y que amenaza al mundo con sus constantes lanzamientos de misiles (doce solo en los primeros siete meses de 2023), algunos con capacidad para cruzar el océano Pacífico, sin que exista todavía la seguridad de que pueden incorporar cabezas nucleares, pero esa es solo una cuestión de tiempo. Y eso a pesar del régimen de sanciones impuesto por la comunidad internacional. Por esa misma razón, Estados Unidos, Corea del Sur y Japón crearon en abril de 2023 un «grupo consultivo nuclear» para gestionar juntos la amenaza que representa el régimen de Pionyang también en este ámbito. Los tres países mantienen asimismo consultas militares al respecto.

Carter Malkasian, autor de *The Korean War 1950-1953* —La guerra de Corea 1950-1953— (Osprey Publishing, 2001), aboga por este modelo para salir del actual *impasse* en un artículo publicado en *Foreign Affairs* en julio de 2023. En su opinión, hay similitudes entre la guerra de Corea y la de Ucrania: en ambas un Estado es brutalmente agredido por su vecino; el campo de batalla es estático; las grandes potencias están involucradas; el problema nuclear asoma la oreja; ninguno de los contendientes puede obtener una victoria total; y ninguno parece interesado en un acuerdo global de paz porque les separan diferencias políticas que parecen insalvables. Sobre esta base, Malkasian apoya unas negociaciones limitadas que extraigan tres lecciones de lo ocurrido en Corea: disposición a hablar mientras siguen los combates, pues sus éxitos se pueden utilizar en apoyo de la propia postura negociadora; incluir a las Naciones Unidas en la mesa de diálogo porque dispone de árbitros neutrales; y condicionar el futuro apoyo a Kiev a que haga algunas concesiones. Pero es que esta última «lección de Corea» es la que hoy por hoy resulta inaceptable para Ucrania, al menos por el momento, y nadie se la puede exigir y menos imponer. Quizás consciente de ello, Malkasian afirma que «las negociaciones serán posibles a medida que los combates continúen y ambos bandos se agoten acumulando grandes pérdidas» y cita al historiador Stephen Kotkin cuando dice que «si un armisticio similar permitiera a Ucrania —o incluso al 80 por ciento del país— prosperar de manera similar (a como lo hizo Corea del Sur), sería una victoria en la guerra».

Porque esa es la tesis que defiende Stephen Kotkin en un artículo publicado el 25 de agosto de 2023 en la revista *War on the Rocks*, de reconocido prestigio en medios militares, donde afirma que no hay que hacerse ilusiones con una derrota rusa que no se producirá y que Ucrania en realidad «no necesita todo el territorio». Para él lo importante, la victoria para Ucrania, sería incorporarse a la Unión Europea y disponer de garantías de seguridad sea dentro de la OTAN o con un acuerdo específico. Y en una conferencia que dio en julio en The Hoover Institute comparó abiertamente su situación con la de Corea: «Corea del Sur no tiene todo el territorio pero tiene seguridad tras un armisticio… Es una salida imperfecta, (que) dejó a muchas familias divididas, pero Corea del Sur es una de las sociedades más prósperas del mundo. Ucrania puede seguir ese camino». Los defensores de esta tesis argumentan que la división territorial no impediría a Kiev acercarse a la Unión Europea pues el propio ministro ucraniano de Asuntos Exteriores, Dimitro Kuleba —que no es que apoye la fórmula coreana— ha evocado en alguna ocasión que Chipre es miembro de la Unión Europea y tiene una parte de su territorio ocupada por Turquía. Todo es cuestión de voluntad política.

En todo caso, no hay que imaginar lo que no es, porque, en mi opinión, la situación actual en Ucrania es muy diferente de la que había en Corea. En primer lugar, porque la pelea de Ucrania no es con un Estado vasallo de Rusia como era Corea del Norte, sino con la misma Rusia; en segundo lugar, porque el armisticio se pudo concluir en 1953 porque falleció Stalin y su sucesor Malenkov no quería más problemas; y, en tercer lugar, porque Estados Unidos puso muchos soldados sobre el terreno, amenazó con un ataque nuclear y los chinos se achantaron. Y si luego la paz se ha mantenido hasta hoy es porque Estados Unidos ha destacado allí treinta mil soldados desde hace setenta años. Las cosas en Ucrania son muy diferentes y me parece muy arriesgado comparar churras con merinas.

Y eso es lo que cree también Oleksi Danilov, del Consejo de Seguridad Nacional de Ucrania cuando dijo: «Se nos está ofreciendo la opción coreana. Aquí hay unos ucranianos, aquí otros ucranianos y aquí no hay ucranianos. Estoy convencido de que una de las opciones que nos ofrecen es este paralelo 38».Y Oleksi Arestovich, que es un comentarista conocido en Ucrania y que fue asesor de Zelenski concluye: «Lo peor de todo es que Occidente piensa de esta manera y somos totalmente dependientes de ellos».

Una guerra prolongada

No es lo ideal, pero es la que en estos momentos parece la opción más probable, pues a medida que la tan cacareada contraofensiva ucraniana progresaba con enormes dificultades en el verano de 2023, crecía la impresión de que nos acercamos a un conflicto congelado en el que ninguna de las dos partes parece capaz de llevar a cabo una ofensiva militar definitiva que podría ponerle fin.Y es la opción por la que quizás apuestan los rusos en defecto de la victoria fulgurante que pretendían esperar al principio y que nunca se produjo. El Kremlin controla los medios de información en Rusia y aumenta la represión cuando lo considera necesario, y eso le permite aguantar el tiempo que haga falta, porque aguantar puede significar acabar venciendo por agotamiento, no de la otra parte, sino de los que mantienen viva a la otra parte, en este caso de los norteamericanos y de los europeos, cansados de sufrir las consecuencias que la guerra nos acarrea en términos de inflación, altos precios de la energía y otros inconvenientes económicos. Es decir que, a falta de una victoria, la opción de continuar luchando y perdiendo hombres y material acabe siendo más llevadera para Rusia, que tiene muchos más soldados, que para Ucrania. O quizás también a la espera de que la relación de fuerzas cambie en Washington y ganen terreno los republicanos que ya critican la que consideran excesiva involucración norteamericana en la que algunos tachan de lejana «disputa fronteriza» en Europa, como han reclamado algunos congresistas del ala más radical y ultraconservadora del Grand Old Party. Como dijo Marjorie Taylor Greene, republicana por Georgia, mientras Biden estaba en la cumbre de Vilna prometiendo ayuda a Kiev: «El Congreso no debería autorizar ni un penique más para Ucrania y (debería) presionar a la administración Biden a buscar la paz», añadiendo que, al fin y al cabo, «Ucrania no es el Estado cincuenta y uno de los Estados Unidos de América».

Contando con estos apoyos, los rusos podrían tratar de aguantar hasta ver si cambia la relación de fuerzas aprovechando su mayor capacidad de resistencia frente a la adversidad, repetidamente probada a lo largo de los siglos, que sus vecinos de la hedonista Europa. De hecho, ya desde finales de 2022, el ministro de Defensa Shoigú viene anunciando medidas que apuntan a esa prolongación de la guerra, como son el aumento del presupuesto de defensa (del 3,6 por ciento del PIB en 2021 al 5 por ciento en 2022, según el Instituto Alemán de Relaciones Internacionales), la creación de nuevas divisiones, la extensión del servicio militar obligatorio o la ampliación hasta treinta años de la edad del servicio militar obligatorio. Y en julio de 2023 el Parlamento dio otra vuelta de tuerca en el mismo sentido y aprobó otras medidas que también apuntan a una guerra prolongada, como elevar en cinco años la edad (cuarenta, cincuenta o cincuenta y cinco años, según la categoría) en la que los hombres que hayan completado su servicio militar pueden ser movilizados para servir en el ejército. Y por si quedaban dudas, el propio Shoigú manifestó que se propone incrementar el personal militar en servicio activo desde 1,15 millones hasta millón y medio.

Se ve que Biden lo veía venir porque ya en febrero, al cumplirse un año de la invasión dijo que «quedan días, semanas y años muy difíciles». Y si él lo dice… Por su parte y desde Kiev, que también tiene mucho que decir en esta guerra, Dmitró Kuleba, ministro de Asuntos Exteriores de Ucrania, lo dejó muy claro en una entrevista concedida a la Agencia France-Presse en agosto de 2023: «Mientras el pueblo ucraniano crea que es capaz de vencer y alcanzar sus objetivos por medios militares, la lucha continuará». Pero en noviembre el comandante en jefe de las Fuerzas Armadas de Ucrania, Valeri Zaluzhni, reconoció a *The Economist* que el frente está congelado, que ninguno de los dos bandos consigue romper las defensas del otro y que la guerra de trincheras cada vez se asemeja más a la Primera Guerra Mundial. Sus declaraciones no le gustaron nada a Zelenski que se apresuró a desautorizarlas. Que cada uno saque sus conclusiones.

Un golpe de Estado en el Kremlin

Aquí no se puede descartar nada, pues hasta lo más improbable puede acabar sucediendo como muestra la asombrosa peripecia de Yevgueni Prigozhin, el que fuera jefe de los milicianos de Wagner. Vladimir Putin tiene un pasado en el KGB, y se supone que sabe dar golpes y, en consecuencia, debe también saber cómo evitar que se los den a él. ¿O no lo sabe? Volodímir Zelenski llevaba tiempo prediciendo que Putin sería defenestrado en lo que parecía más un deseo que otra cosa cuando en junio de 2023 ocurrió la extraña peripecia de Prigozhin, que podría haber sido un intento de golpe de Estado (?) que fracasó cuando avanzaba sin encontrar resistencia hacia Moscú, probablemente por falta de apoyos entre el estamento militar (?), por más que afirmara entonces —y después— su lealtad al jefe del Estado y que la acción iba dirigida contra el ministro de Defensa Shoigú y el jefe de Estado Mayor Gerásimov, a los que acusa de corrupción y de ineficacia en la dirección de las operaciones militares en la guerra de Ucrania. Putin habló entonces de «traición», pero unos días más tarde recibió en el mismo Kremlin al insurrecto, que acabó muriendo en un extraño accidente de aviación dos meses después de su «aventura». Todo muy raro, pues, por lo visto, hay otros altos militares detenidos como el general Surovikin, que estaba al mando de las operaciones militares en Ucrania y acusado de estar al corriente de lo que Prigozhin preparaba, o el general Popov, al parecer destituido por airear sus desacuerdos con la forma de llevar la guerra, revelando un mar de fondo de insatisfacción militar que no se debe minusvalorar.

Esas detenciones y destituciones —y otras— hacen pensar a algunos en la posibilidad de una añagaza al estilo estalinista por parte del mismo Putin para constatar la lealtad de los jefes militares y hacer una purga de los menos leales, aunque me parece un precio demasiado alto. Como tampoco se debe pasar por alto la inoperancia de los servicios de inteligencia (SVR, GRU) que no vieron venir esta asonada que permitió a los hombres de Wagner llegar a doscientos kilómetros de Moscú sin que nadie los detuviera (durante la marcha la columna derribó algunos aviones y helicópteros que la atacaron). En todo caso, lo ocurrido con Prigozhin, confuso como es, muestra que Putin es vulnerable, es un aviso que parece dejar tocado a un presidente que ha demostrado no ser capaz de asegurar la estabilidad y la seguridad que exigen los oligarcas que a la vez le mantienen y de él dependen en una fructífera relación para ambos, como reconoce Moisés Naím. Quizás la oportuna muerte de Prigozhin esté destinada a calmar estas dudas y restaurar la confianza en la mano de hierro del presidente de la Federación Rusa…

Mark N. Katz, profesor en George Mason University, ha publicado el 4 de julio de 2023 un interesante artículo titulado «Post Putin Russia: Five Potential Pathways» («Rusia después de Putin: cinco posibles caminos»), donde analiza las formas en las que, a su juicio, podría terminar un día (no dice en modo alguno que vaya a ser pronto) el régimen de Vladimir Putin. Son las siguientes:

— Putinismo sin Putin, pues le sucedería —de forma violenta o no— alguien de su círculo y probablemente de los servicios secretos.
— Democratización del régimen.
— Paso a un régimen de «autoritarismo prudente».
— La caída de Rusia en una mayor dependencia de China.
— La ruptura de Rusia, probablemente violenta y confusa, que pondría sobre la mesa el destino del arsenal nuclear.

Katz solo cree que un régimen democrático —que considera muy improbable— o quizás el que llama «autoritarismo prudente» podrían poner fin a la guerra de Ucrania, y aun así cree altamente dudoso que Rusia decidiera un día devolver Crimea a Ucrania.

En todo caso, la sustitución de Putin es un asunto del que Biden personalmente se ha distanciado dejando claro que Estados Unidos no busca un cambio de régimen en Moscú, con objeto de no calentar aún más la extrema susceptibilidad del Kremlin y su mentalidad de acoso. No es esa, sin embargo, la postura de algunos en Kiev, como Dmitró Natalukha, presidente del Comité de Asuntos Económicos de la Rada ucraniana, que, en un artículo en *Foreign Affairs* de julio de 2023 y desde una posición extrema, afirma que «una postura unificada en Occidente sobre Putin, o mejor aún sobre la necesidad de su derrocamiento, es esencial para concitar el apoyo material que Ucrania necesita para obtener una victoria decisiva en el campo de batalla». Y por si no era suficiente añade: «Cuanto antes se pongan de acuerdo los gobiernos occidentales en alcanzar un consenso sobre Putin —como hicieron con Slobodan Milošević en Yugoslavia, con Sadam Husein en Irak (?) y con Bachar al-Ásad en Siria— antes será Ucrania capaz de destruir las fuerzas rusas invasoras y poner fin a la guerra». Lo que pasa es que en política exterior conviene no dejarse llevar por las ilusiones y no confundir deseos con realidades.

El margen de ambigüedad que también existe por nuestra parte alimenta recelos en Moscú, porque hemos pasado de querer que Ucrania no pierda a querer que Ucrania gane y, sobre todo, a querer que Rusia nunca gane (Biden). Y no solo eso, se trata igualmente para algunos de «debilitar» a Rusia, aunque sin llegar nunca a las acusaciones que hace el Kremlin de que los occidentales queremos cambiar el régimen político. La verdad es que eso sería una temeridad que espero que no sea cierta; primero, porque no podemos, pues es algo que solo los rusos podrían hacer; segundo, porque pondría a Putin contra las cuerdas y cualquiera sabe cómo reaccionaría, y tercero, porque nada garantiza que quien le sucediera fuera a ser mejor.

Hélène Carrère d'Encausse pensaba, poco antes de fallecer en julio de 2023, que después de Putin habría un «ajuste de cuentas» no solo dentro de los círculos de poder del Kremlin, sino que también provocaría movimientos centrífugos en los muchos y diversos territorios que integran la Federación Rusa. Sería un terremoto.

La extensión del conflicto

Es algo que no se puede descartar y que aumenta con la duración de la guerra, la entrega por Occidente a Ucrania de armas cada vez más poderosas y de más amplio radio de acción, los ataques rusos con misiles hipersónicos desde el mar Negro hasta los confines occidentales de Ucrania, y los mismos ataques ucranianos dentro de Rusia que van creciendo con el paso del tiempo, porque un error es siempre posible. Hace algún tiempo un misil indio cayó en Pakistán porque se desvió de su curso y podía haber provocado una crisis muy seria dadas las tradicionales malas relaciones que hay entre ambos países. Afortunadamente, impactó en un descampado, no hubo víctimas y los indios ofrecieron todo tipo de disculpas, pero pudo ser muy grave y nada impide imaginar que algo parecido pudiera ocurrir con un misil ruso lanzado hacia el oeste de Ucrania desde un buque en el mar Negro.

Nosotros pensamos que mientras no pongamos «botas sobre el terreno» no hay peligro de cruzar la línea roja de la no-beligerancia, pero ¿es Rusia de la misma opinión? Moscú puede creer que la entrega de material letal tan sofisticado como tanques, aviones y misiles de largo alcance es una quiebra del estatuto de no-beligerancia, como ya ha advertido el locuaz Dimitri Medvedev, vicepresidente del Consejo de Seguridad Nacional, mientras que el ministro de Asuntos Exteriores Serguéi Lavrov ha dicho que de hecho ya existe una guerra entre Rusia y la OTAN por un país intermedio que es Ucrania. Aquí nos movemos a lo largo de una línea muy fina y muy frágil.

Otro riesgo es que China decida enviar armas a Rusia, algo que hasta la fecha no parece haber hecho pero que William Burns, director de la CIA, afirma seguir muy de cerca porque no excluye que pueda ocurrir. Y que si ocurriera tendría un fuerte impacto en la relación del gigante asiático con Estados Unidos y también con Europa.

El holocausto nuclear

A este asunto he dedicado el capítulo anterior y no es preciso insistir sobre ello. Según Biden, nunca hemos estado tan cerca de un conflicto nuclear como ahora y como estuvimos durante la crisis de los misiles rusos en Cuba en 1962. Sí, pero… son situaciones muy distintas, porque aquello fue una crisis localizada que se solucionó negociando Cuba por Turquía, y esta es una crisis estructural que responde al hartazgo ruso con una arquitectura de seguridad europea que considera obsoleta y que no le favorece. La solución es ahora más complicada.

Nadie quiere un conflicto nuclear, pero no cabe excluirlo si las cosas se ponen muy mal para Putin. Sería el «de perdidos, al río» o «después de mí, el diluvio», porque es frecuente que los dictadores acaben confundiendo la seguridad y los intereses del país con los propios. Es lo que cree Leon Aron cuando en el libro *Riding the Tiger* (Montando el tigre), publicado en 2023 por AEI Press, resume que el comportamiento de Putin está dominado por la necesidad de asegurar la supervivencia del régimen, vengar la caída de la Unión Soviética, combatir a un Occidente que está dominado por Estados Unidos, y hacer de Rusia una superpotencia de nuevo. Concluye su libro con un detallado escenario bélico en el que Putin llevaría a Rusia y a Estados Unidos al borde de la guerra nuclear para asustar a Occidente y conducirle a un acuerdo sobre Ucrania.

China y Estados Unidos han advertido a Rusia por activa y por pasiva en contra de la insania de utilizar el arma nuclear, y, según el *Financial Times*, Xi Jinping se lo dijo alto y claro a Putin cuando le visitó en Moscú en marzo de 2023, marcándole así una línea roja que los rusos niegan diciendo que es «una ficción» y aprovechando que de estas cosas no se habla a gritos. Quizás Xi se lo dijera, si es que lo hizo, como respuesta al siempre locuaz Dimitri Medvedev que unos días antes, el 25 de febrero, dijo sin cortarse un pelo que «si Estados Unidos quiere derrotar a Rusia, entonces estamos al borde de un conflicto mundial. Tenemos derecho a defendernos con cualquier arma, incluida la nuclear». El caso es que, poco después de la visita de Xi, Putin trató de calmar el ambiente diciendo que no tenía ninguna intención de usar armas nucleares, pero no porque son malas, sino porque «no hacen ninguna falta. Estamos incinerando los tanques Leopard y cuando lleguen los cazas F-16 también los destruiremos». A mí me parece una declaración que solo tranquiliza a medias, porque dice que no las usa porque «no hacen falta». ¿Qué haría Putin si le «hicieran falta»?

Solo cabe esperar que, a pesar de las muchas equivocaciones cometidas en esta guerra, los rusos hagan caso a sus amigos chinos (y a sus enemigos norteamericanos) y no cometan lo que sería un error irreparable. Mucho peor que un error, un crimen, diría invirtiendo la frase de Talleyrand. En este mismo contexto, los rusos critican el envío a Kiev por parte del Reino Unido de munición con uranio empobrecido, que tiene mayor capacidad para perforar el blindaje de los tanques pero que contamina, como se demostró en Irak. Son cosas, como el suministro por Washington de bombas de racimo, prohibidas por muchos países, que, en mi opinión, no debería de hacerse, y no se deberían utilizar porque sus efectos son terribles, contribuyen directamente a la escalada y dan armas propagandísticas al enemigo.

Hay que cruzar los dedos, pero confieso que me pone los pelos de punta la forma ligera con la que los medios de comunicación tratan el asunto; el solo hecho de que se hable de la amenaza nuclear, de que se considere la posibilidad de su uso, por remota que parezca, es ya de por sí terrorífico porque, como ha escrito John Mearsheimer en *Sin Permiso*, el 5 de julio de 2023: «El mejor resultado posible (de la guerra de Ucrania) es un conflicto congelado que podría convertirse fácilmente en una guerra caliente. El peor resultado posible es una guerra nuclear, algo poco probable pero que no puede descartarse».

La variable republicana en Estados Unidos

Hasta aquí, el análisis de posibles maneras en las que esta guerra podría terminar. Pero hay otros factores a considerar igualmente, porque lo que los ucranianos no pueden olvidar en ningún momento —y los europeos cometeríamos un grave error si lo hacemos— es que las elecciones de 2024 en Estados Unidos las puede ganar un republicano, y eso podría alterar las perspectivas de finalización del conflicto si pusiera en duda la continuidad del apoyo norteamericano a Kiev. En el verano de 2023 el 59 por ciento de los votantes republicanos y el 55 por ciento de los americanos en general pensaban que Estados Unidos, que ya llevaba gastados sesenta mil millones de dólares, ya había hecho bastante para ayudar a Ucrania, y un 71 por ciento iba aún más lejos y creía que el Congreso no debería autorizar más fondos para esa guerra. Son cifras que hablan por sí solas.

Majda Ruge, del European Center for Foreign Relations, dice que en el GOP (Grand Old Party), el Partido Republicano, hay, con relación a la guerra de Ucrania, tres grupos que ella denomina *restrainers, prioritizers* y *primacists*:

—Los *restrainers* son partidarios de la contención y van desde el expresidente Donald Trump al libertario de extrema derecha Vivek Ramaswamy, candidato a la nominación republicana para la presidencia: Trump, que tiene posibilidades reales de ganar la elección a pesar de todos sus embrollos judiciales que parecen no afectar a unos partidarios enfebrecidos, piensa que ya se ha ayudado mucho y que Estados Unidos debe recortar su ayuda militar a Ucrania y, en último caso, condicionarla a que Biden permita que se investiguen los negocios de su familia en aquel país. Sigue presumiendo de su buena relación con Putin y ha llegado a aconsejar a Kiev que pida la paz. Ramaswamy va más lejos. Para él, la invasión de Ucrania «es una pelea entre dos matones» en Europa, y, para finalizarla,

Ucrania debería hacer concesiones y la OTAN debería cerrarle definitivamente la puerta. Lo mismo piensa la radical Marjorie Taylor Greene y toda el ala derecha del partido. Ramaswamy ha llegado incluso a proponer hacerle a Xi «un Nixon», es decir, coger un avión, plantarse en Moscú para llegar a un acuerdo con Putin sobre Ucrania y buscar una alianza con Rusia que la separe de China, igual que Nixon y Kissinger le hicieron a Brézhnev con Mao.

—Los «priorizadores», cercanos a los partidarios de la contención, con Ron DeSantis a la cabeza, hablan de la guerra como una «disputa territorial» en Europa en la que los europeos deben invertir más porque «es su continente», y que, en todo caso, hay que terminarla cuanto antes para concentrarse en la verdadera amenaza para Estados Unidos, que no es otra que China. En su opinión, la guerra de Ucrania «distrae» de lo que es realmente prioritario para la seguridad de Estados Unidos y, además, es asunto europeo y no americano. Es una postura ampliamente compartida por influyentes comentaristas que piensan que dar tanto dinero a Ucrania impide a Washington preparar a Taiwán para la invasión que le espera. Para ellos, Taiwán —y no Ucrania— debería encabezar la lista de ayuda militar norteamericana. Y supongo que ahora añadirán a Israel.

—Finalmente están los «primacistas» como Chris Christie, Nikki Haley, Mike Pence y Tim Scott (son más numerosos entre los candidatos a la nominación republicana que en la base del partido) que, aunque coinciden en que el problema real de Estados Unidos está en China, también creen que la defensa de Ucrania es esencial para la de Taiwán porque envía un claro mensaje a Beijing. Como argumenta Christie, exgobernador de Nueva Jersey, «la derrota de Rusia es un asunto vital para la seguridad de Estados Unidos», porque «si cortamos y salimos corriendo» es casi seguro que los chinos moverán ficha en Taiwán. Lo mismo piensa el senador McConnell, líder de la minoría Republicana, cuando afirma: «El apoyo americano a Ucrania no es caridad. Es algo en nuestro propio interés directo, y no menos porque degradar a Rusia ayuda a desanimar a China». Los «primacistas» son partidarios de mantener el apoyo a Kiev e incluso aumentarlo… pero no tanto por Ucrania como por el efecto que tiene sobre China y, en consecuencia, puede cambiar si cambia también la relación con este país.

Ruge termina su análisis diciendo que «la mala noticia para Europa es que cualquier candidato en condiciones de ganar las primarias republicanas, si resulta elegido presidente, es probable que cambie radicalmente la política exterior americana alejándola de los intereses europeos a corto plazo», tanto en lo que respecta a Ucrania como a la defensa de Europa. Sí, pero. Yo no estoy tan de acuerdo porque en el primer debate de la primarias del Partido Republicano, celebrado entre ocho candidatos el 23 de agosto de 2023 en Milwaukee (sin presencia de Donald Trump, que les dio plantón), tan solo Ron DeSantis y Vivek Ramaswamy se opusieron frontalmente a seguir ayudando a Ucrania. Otra cosa es lo que lograran luego hacer si gobiernan, teniendo en cuenta que el Partido Republicano tiene un ala radical que se ha echado al monte y que se opone firmemente a gastar más dinero en Ucrania. En Estados Unidos la política exterior está en función de la interior y los políticos se mueven más por intereses a corto plazo y por lo que les dicen las encuestas que por sólidos principios, lo que significa que su postura sobre este asunto puede seguir cambiando según vean venir las cosas.

Y cuando se ha planteado en el otoño de 2023 el problema del techo de la deuda, algo recurrente por aquellas tierras, la minoría extremista del Partido Republicano impuso duras condiciones para evitar el cierre del gobierno federal (lo que implicaría enviar al paro a 800.000 empleados) y votar unos fondos hasta mediados de noviembre con dos condiciones en lo que a este libro concierne: que se eliminara un fondo de 6.000 millones de dólares en ayuda a Ucrania, y que las ayudas que se aprobaran para Israel (acababa de estallar el conflicto de Gaza) no fueran en el mismo instrumento legal que las de Ucrania. El mensaje es claro, si hay que elegir, prefiero que mi dinero vaya a Israel. Zelenski hace bien en estar preocupado.

En todo caso, la conclusión es obvia, y tanto en Kiev como en Bruselas deberíamos preparar la eventualidad de tener que lidiar con un presidente republicano en la Casa Blanca. Por lo que pudiera pasar, porque hay mucho en juego.

16

¿ES POSIBLE LA PAZ?

Son numerosas las voces que, ante el sufrimiento, la inestabilidad y las consecuencias de la guerra, abogan por buscar la paz.

El filósofo Jürgen Habermas publicó un amplio artículo el 15 de febrero de 2023 en *Süddeusche Zeitung* titulado «Un alegato a favor de la paz en Ucrania», que tuvo gran difusión y en el que hace una clara defensa de una solución negociada al cumplirse un año de la invasión. En él se muestra a favor de «negociaciones hechas a su debido tiempo que eviten que una guerra prolongada cobre aún más vidas humanas, provoque mayor destrucción y nos deje finalmente ante la disyuntiva de hierro: o intervenir activamente en la guerra, o dejar a Ucrania librada a su suerte para no desencadenar la primera guerra mundial entre potencias con armas nucleares». Tiene razón en plantear las opciones en estos términos porque si Rusia no fuera una potencia nuclear probablemente el apoyo a Ucrania hubiera sido mayor y decisivo y a estas alturas ya no habría guerra. Habermas rechaza que se silencie el debate sobre «en qué momento apoyar a una parte se convertiría en ser parte, con el argumento de que ya con un debate como este se le hace el juego a Rusia». Es la duda sobre hasta dónde llega la no-beligerancia cuando se suministran armas e inteligencia y se entrena a los soldados de una de las partes, un asunto conflictivo porque puede verse de distinta forma según el ángulo desde donde se contemple el problema, como muestran los irritados comentarios que Medvedev o

Lavrov han hecho al respecto. Y luego se pregunta: «¿El objetivo de nuestro suministro de armas es que Ucrania "no pierda" la guerra, o apunta más bien a una "victoria" sobre Rusia?». Porque tiene razón en que no es lo mismo, y nosotros hemos dicho una cosa y luego la otra, aunque sin llegar a abogar, como dicen los rusos, por un cambio de régimen en Moscú.

Habermas termina defendiendo una solución «de compromiso que salve las apariencias para estas dos partes con demandas, por ahora, diametralmente opuestas». En mi opinión, habrá que echarle mucha imaginación para encontrar esa fórmula bien intencionada. He reproducido el texto con cierta amplitud porque me merece respeto su preocupación y porque creo que refleja el sentir de mucha gente: si todas las guerras acaban en una negociación, ¿por qué no presionar para que tenga lugar lo antes posible y evitar así mucho sufrimiento para todos? El problema es que las cosas no son tan sencillas.

También Edgar Morin ha hecho, a sus ciento dos años de edad, un alegato a favor de una solución negociada en su libro *De guerre en guerre. De 1940 à l'Ukraine* —*De guerra en guerra. De 1940 a Ucrania*— (Éditions de l'Aube, 2023) desde una perspectiva de izquierdas y donde, sin negar la culpa inicial de Putin al invadir Ucrania, afirma que el país es el escenario de la lucha entre el imperialismo paneslavo ruso y el imperialismo norteamericano que está presente en la ayuda política, militar y económica que da al Gobierno de Kiev.

Sobre Crimea, Morin cree que Ucrania hubiera debido aceptar la realidad de 2014 cuando allí convivían un millón cuatrocientos mil rusos, quinientos mil ucranianos y cuatrocientos mil tártaros, y buscar un compromiso con Moscú teniendo en cuenta la misma historia de la península, rusa durante muchas generaciones. O en Dombás, una región que fue industrializada primero por los zares y luego por los soviéticos y en la que muchos ingenieros y obreros son de origen ruso. Morin piensa que una solución podría haber sido la explotación conjunta de las riquezas mineras de esta región. O sea, que Ucrania hubiera cedido de entrada a algunas de las pretensiones rusas. Todo antes que una guerra que, con su edad, le trae a la memoria escenas terribles de la devastación que la Segunda Guerra Mundial dejó en nuestro continente.

Entre nosotros, Mario Vargas Llosa, premio Nobel de Literatura, también se ha mostrado favorable a un final negociado en «Náufragos del imperio», un artículo que publicó en el diario *El País* el 1 de octubre de 2023 en el que afirma: «La invasión de Rusia a lo largo y a lo ancho de Ucrania no debe dejarnos impávidos. Hay que actuar y empujar a los adversarios a la negociación… Occidente… debería poder sacar partido a su superioridad moral y luchar incansablemente por esa multitud que defiende su derecho a la existencia, sin humillaciones ni castigos, tratando de lograr unas negociaciones de paz. Cuanto antes ocurra será mejor para ucranios y rusos, pues la invasión continúa plagando de sufrimiento a ambos bandos».

Son todas ella opiniones muy dignas de ser tenidas en cuenta porque a todos nos encoge el alma ver los telediarios con las imágenes diarias de sufrimiento que produce esta guerra y por eso la necesidad de su finalización está en el ambiente. Habermas, Morin y Vargas Llosa no son las únicas personas —aunque sin duda están entre las más ilustres— que desean el fin de la contienda porque el asunto despierta vivas pasiones. Samuel Charap, un joven investigador de la Rand Corporation, publicó en julio de 2023 en *Foreign Affairs* un artículo bajo el inequívoco título de «An Unwinneable War» («Una guerra que no se puede ganar») donde argumenta que, tras quince meses de hostilidades, es evidente que ni Rusia puede conquistar Ucrania ni Ucrania puede recuperar todo el territorio que le ha arrebatado Rusia, y por eso defiende que Estados Unidos se involucre activamente en busca de una solución negociada. Esta tesis ha sido rebatida con vehemencia desde diferentes puntos de vista: por una parte Dmitró Natalukha, presidente del Comité de Asuntos Económicos de la Rada ucraniana, niega comprensiblemente la mayor y le responde brevemente diciendo que «no puede haber negociaciones con Putin», mientras que Alina Polyakova y Dan Fried dicen que «Ucrania debe buscar la victoria y no el compromiso», porque cualquier concesión que ahora se haga a Rusia animará futuras agresiones, un armisticio con Putin no inspira ninguna confianza, y si un día se llegara a un bloqueo, Ucrania solo debe negociar desde una posición de fuerza, lo que exige más ayuda militar y económica por parte de Estados Unidos.

Con posturas tan enfrentadas, ¿es posible la paz? En mi opinión, la respuesta corta es que sí pero no todavía, y la razón es que, por una parte, ambos contendientes piensan que aún pueden ganar esta guerra y porque, por otra parte, sus posturas enfrentadas son mutuamente excluyentes. A mayor abundamiento los dos ven al otro como un peligro existencial que es preciso destruir porque lo que está en juego es el propio ser nacional de Rusia y, sobre todo, de Ucrania, que si pierde la guerra desaparece del mapa. Rusia no puede retirarse, ni quiere hacerlo, sino que todo apunta a que si pudiera es probable que aún quisiera conquistar más territorio y, además, en todo caso, es para ella imperativo frenar el deslizamiento de Ucrania hacia la Unión Europea y la OTAN, pues considera esta deriva como una amenaza intolerable a sus intereses de seguridad. Y Ucrania no puede aceptar estas condiciones y menos cuando se siente confortada por el respaldo occidental que le han reiterado una y otra vez a lo largo de 2023 la Conferencia de Seguridad de Múnich, la Unión Europea, la cumbre de la OTAN en Lituania, el G7 y Estados Unidos, que son los que de verdad importan. Se siente fuerte, se siente apoyada y piensa que puede aguantar. Otra cosa sería una victoria republicana en las elecciones de 2024 con las incertidumbres que podría acarrear. Pero aún no estamos ahí y Kiev mira el futuro con optimismo, a pesar de todas las dificultades que afronta.

John Mearsheimer, siempre algo sesgado en favor de Rusia aunque él lo niegue, apunta, con mucha razón, a otro elemento que dificulta la búsqueda de una paz negociada y es el «hipernacionalismo» que se ha adueñado de ambos países desde el comienzo de la invasión, y la absoluta falta de confianza en la otra parte —que él atribuye sobre todo a la parte rusa, pero que no es menor del lado ucraniano— y que Zelenski sintetizó en su frase: «No perdonaremos. No olvidaremos».

Y uno lo comprende, aunque luego se cometan excesos difíciles de justificar en el proceso de «desrusificación» de todo lo que huele o suena a ruso en Ucrania: derribo de estatuas de próceres como Catalina II, tan vinculada a la propia historia de Ucrania donde fundó numerosas ciudades; la separación de la Iglesia ortodoxa ucraniana de la Iglesia ortodoxa rusa (lo último en este ámbito ha sido pasar la celebración de la Navidad al 25 de diciembre en vez de hacerlo el 7 de enero, que el Parlamento justificó afirmando que «el pueblo ucraniano ha estado sujeto durante mucho tiempo a la ideología rusa en casi todas las esferas de la vida, incluso con el calendario juliano y la celebración de la Navidad el 7 de enero»); el cambio de nombres de pueblos y calles; las dificultades para el uso de la lengua rusa; el rechazo de la cultura, la música, la gran literatura rusas, incluyendo la proscripción de sus grandes autores desde Tolstói a Dostoievski y Pasternak que un semanario de Kiev calificó de «asesinos, saqueadores, ignorantes» (!)…, y es que el nacionalismo hace perder el oremus a mucha gente y cuando se desmanda, aún más.

Y si se mira desde el lado ruso, el nacionalismo también hace allí de las suyas, aunque no es lo mismo ser agresor que agredido, invasor que invadido, porque las cosas no se ven con la misma inquina. Pero lo cierto es que también los rusos hacen lo posible por hablar con desprecio de los ucranianos en los medios de comunicación controlados por el Estado, por borrar todo lo que suene a cultura o lengua ucranianas en los territorios ocupados del Dombás (ellos dicen «liberados») o de la Crimea anexionada, por dotar a sus ciudadanos de pasaportes rusos, y por imponer el uso del rublo por encima de la grivna ucraniana, aunque con ese nombre no me extraña. O de extender sus redes sociales, telefónicas y de televisión… para cerrar el paso a las ucranianas. Es un ambiente enrarecido que niega el pan y la sal al adversario y muy poco propicio a la negociación.

Tampoco la marcha de las operaciones militares anima a los ucranianos a buscar la paz a toda costa porque la guerra no les va mal, al menos desde mediados del 2022. Después de los retrocesos que les llevaron a perder terreno en los primeros meses de la invasión, las ofensivas ucranianas sobre Járkov en septiembre de 2022 y Jersón en agosto y noviembre del mismo año, fueron un éxito, y lo mismo, aunque con mucha más lentitud parece suceder en la «gran ofensiva» iniciada en la primavera de 2023, a pesar de que al fin del verano los frentes parezcan haberse estabilizado debido a las fuertes defensas construidas por los rusos, que atacan a su vez con grandes dificultades por el este-noreste. Claro que esto puede cambiar en cualquier momento en un sentido u otro y de hecho lo hace.

Pese a que el ambiente es cualquier cosa menos propicio, algunos países se han lanzado a proponer ideas para la paz o, por lo menos y de forma más realista, para la creación de medidas de confianza que faciliten la negociación de un alto el fuego que pueda más adelante convertirse en un tratado de paz: los han hecho asiáticos como Indonesia y China, latinoamericanos como Brasil, europeos como el Vaticano, e incluso países africanos dirigidos por la República Sudafricana. Como digo, todos estos «planes» tienen en común que no lo son, a lo sumo se trata de algunas ideas para ir creando «ambiente», más que otra cosa. En opinión de Josep Borrell, esta proliferación de iniciativas de paz responde más que nada a «una voluntad de posicionarse globalmente» por parte de los países que las inspiran, aunque, bien mirado, lo cierto es que algunos, los africanos, pueden necesitar eso de «posicionarse» más que otros, como la Santa Sede.

A lo largo de los primeros meses de guerra se han presentado varias propuestas que, con mejor o peor fortuna y con bastante generosidad por nuestra parte, podríamos catalogar como «planes de paz». Son los siguientes:

El plan de paz de Ucrania

El primero en hablar de paz, como no podía ser de otra manera, fue el presidente de Ucrania ante la Asamblea General de la ONU, en septiembre de 2022, y luego en la reunión del G20 de noviembre en Bali. En esos foros presentó diez puntos que no eran tanto un plan de paz como una combinación de exigencias casi de interés general con algunas medidas concretas para poder llegar a ella y que han pasado a conocerse como la «Fórmula Zelenski»:

1. Seguridad nuclear: nadie debe chantajear al mundo con la amenaza nuclear. Seguridad para la central nuclear de Zaporiyia.
2. Seguridad alimentaria: asegurar la exportación de grano, algo importante para Ucrania (ingresos) como para el mundo.
3. Seguridad energética: no utilizar la energía como arma de guerra.
4. Liberación de los prisioneros de guerra y de los deportados a la fuerza a Rusia, en especial niños.
5. Aplicación de la Carta de la ONU y restauración de la integridad territorial de Ucrania.
6. Retirada de las tropas rusas y alto el fuego.
7. Justicia por los crímenes de guerra.
8. Evitar el «ecocidio». Proteger el medio ambiente.
9. Evitar una escalada. Ucrania necesita garantías de paz.
10. Firma de un documento formal que garantice el final de la guerra.

Los rusos escucharon esta propuesta con escaso interés, pues siempre han dicho que están dispuestos a hablar de paz sobre la base de que se tengan en cuenta sus «legítimos intereses de seguridad», estos puntos no los contemplan y la verdad es que tampoco Zelenski cree posible un alto el fuego con un 20 por ciento del país en manos rusas y trata de recuperarlo como condición previa.

A finales de junio de 2023 se celebró en Copenhague una primera reunión para dar a conocer mejor estos principios y ganar apoyos para la causa, y en esa reunión participaron quince países, pero no

Rusia. La cita pasó sin pena ni gloria, y en agosto Arabia Saudita convocó otra reunión en Yeda para seguir hablando de la iniciativa ucraniana que probablemente se inscribe en el deseo de Mohamed bin Salman, príncipe heredero y hombre fuerte del país, de buscar protagonismo internacional y acabar con el ostracismo que siguió al asesinato del periodista Jamal Khashoggi en Estambul que le convirtió durante un tiempo en un «paria internacional», como dijo Joe Biden. El objetivo de esta nueva reunión era tratar de ganar apoyos para los diez puntos de la «Fórmula Zelenski» que exigen la retirada rusa de los territorios ocupados, y convocar una cumbre antes de finalizar 2023 para presionar en favor de esa retirada y de la paz.

A esas «conversaciones de paz», como se les llamó, asistieron cuarenta y tres países, muchos de los cuales ya habían estado en Copenhague, incluidos Estados Unidos, la UE, Brasil, Turquía e India, a los que ahora se unía también China en lo que Kiev —dispuesto a ver la botella medio llena— consideró «un gran avance» y un paso adelante en la obtención de apoyos a su causa porque, como dijo Andriy Yermak, jefe de la Oficina de Presidencia ucraniana: «Hubo opiniones diferentes, pero todos los participantes demostraron el compromiso de sus países con los principios de la Carta de la ONU, el derecho internacional y el respeto a la soberanía e inviolabilidad de la integridad territorial de los Estados», que es lo que de verdad le importa a Ucrania, recuperar los territorios perdidos, incluida la península de Crimea, asunto sobre el que el propio Kissinger ha expresado dudas. Y lo mismo sucedió en la tercera cumbre, que se celebró en Malta a finales de octubre de 2023, con presencia de sesenta y cuatro países (esta vez sin China) que se dividieron en grupos de trabajo sobre seguridad nuclear, seguridad energética, seguridad alimentaria, liberación de prisioneros de guerra y deportados, y restablecimiento de la integridad territorial de Ucrania. Zelenski se mostró satisfecho con los resultados y afirmó —por videoconferencia— que su fórmula de paz y la recuperación de los territorios ocupados por Rusia «cuenta con creciente apoyo» y «se está volviendo global».

El problema es que esa retirada sigue siendo una línea roja para Moscú, pues como dijo al *The New York Times* Dimitri Peskov, portavoz del Kremlin, el 6 de agosto de 2023, Moscú no quiere conquistar más territorios que los ya anexionados por sus soldados en Ucrania: «Solo queremos controlar todos los territorios que actualmente están escritos en la Constitución como nuestros», lo cual, de ser cierto, contradice lo que Putin había afirmado el 31 de febrero de 2023, al cumplirse un año de la invasión, cuando insistió en que «Ucrania es territorio histórico de Rusia» y que «el objetivo de Occidente es quitar a Rusia los territorios históricos que hoy se llaman Ucrania». Como se ve, sigue la ambigüedad en lo que se refiere a las demandas rusas, porque, en realidad, no se sabe si Moscú «se conforma» con lo que ya tiene o quiere apoderarse de más.

Además, Rusia no fue invitada a Copenhague, a Yeda o a Malta, con lo cual parece que estas reuniones adolecen desde el principio de una importante carencia. Pese a ello, Moscú las trata con prudencia por boca de Dimitri Peskov que, antes de que se celebrara la de Yeda, dijo que «queda por ver qué objetivos se marcan» pero que, en todo caso, «hemos dicho repetidamente que cualquier intento de contribuir de alguna manera a un acuerdo pacífico merece una evaluación positiva». Pura palabrería. Finalizado el encuentro, el viceministro ruso de Exteriores comentó displicentemente que la reunión había sido el resultado de los intentos occidentales por movilizar a la comunidad internacional y a los países del Sur Global en torno a la «Fórmula Zelenski», que en su opinión es un proyecto «insostenible y condenado al fracaso», aunque Rusia, en una manifestación de buena voluntad, seguía dispuesta a comentar los resultados de esta cita en la reunión que los BRICS iban a celebrar a finales de agosto en Johannesburgo, a la que Putin no pudo asistir por miedo a ser detenido a petición del Tribunal Penal Internacional de La Haya por acusaciones de crímenes de guerra en Ucrania. Pero participó por vía telemática para hacer un discurso puramente propagandístico en el que expresó su deseo de «poner fin a la guerra desatada por Occidente y sus satélites contra la gente que vive en el Dombás»… «Fue el deseo de mantener su hegemonía (de Occidente) en el mundo… que condujo a la grave crisis de Ucrania». Los BRICS en esa reunión reiteraron su opinión de que la única forma de resolver esta crisis es mediante «el diálogo y la negociación». En opinión de Putin, los BRICS son un contrapeso a ese alegado deseo de dominio hegemónico de Washington. De la «Fórmula Zelenski» ni una palabra.

El plan de paz de Rusia

No lo han formulado, no lo hay. Moscú se ha limitado a repetir que no es el agresor en esta guerra, sino que ha sido agredido por las ambiciones hegemónicas de Estados Unidos y sus satélites, y que bastaría que cesaran los ataques que sufre y que se tuvieran en cuenta sus «necesidades legítimas de seguridad» para que pudiera restablecerse la paz. O sea, que Ucrania se resigne a la mutilación definitiva de los territorios que ha perdido en la guerra (de Crimea ni siquiera se habla), que acepte su desmilitarización y no entrar en la OTAN, y además que la OTAN deje de acosar a Rusia y se retire de los países que se han unido a ella a partir de 1990. Es como si me roban la cartera y el ladrón me exige que acepte que lo ocurrido es culpa mía, se la regale para que no siga golpeándome, me comprometa a no volver a poner los pies en esa calle y que renuncie a visitar a mis amigos en el barrio… todo sin garantías de que otro día no volverá a robarme.

El plan de paz de la Santa Sede

El Vaticano, fiel a su tradición de secretismo, mantiene una enorme discreción acerca de un paquete de ideas sobre las que trabaja desde hace meses y que no han trascendido, aunque al parecer se dirigen a buscar no tanto una paz como un acuerdo humanitario que frene la violencia. Zelenski había invitado al papa a ir a Ucrania, pero Francisco ha declinado la invitación hasta que no pueda ir también a Rusia y eso, que en Kiev se ha percibido como intolerable equidistancia entre agresor y agredido, ha irritado al presidente ucraniano que ha rechazado sin rodeos su intento de mediación. Y así de claro se lo dijo a Francisco cuando le fue a ver a la Santa Sede el 13 de mayo de 2023. Tras la audiencia con el Santo Padre, el líder ucraniano, directo como es, no se fue por las ramas: «No necesitamos mediadores entre Ucrania y el agresor —dijo—. Putin mata a solas, no se puede mediar con él». Y añadió para que quedase aún más claro: «Le pedí (al papa) que condenase los crímenes rusos en Ucrania. No puede haber igualdad entre víctima y agresor. También hablé de nuestra fórmula de paz como el único algoritmo efectivo. Le propuse unirse».

Durante su estancia en Roma, Zelenski se entrevistó también con la primera ministra Giorgia Meloni que le dijo que «la paz será justa solo si Rusia termina con sus hostilidades. No somos tan hipócritas de llamar paz a algo que pueda parecerse a una invasión. Continuaremos con el apoyo militar para que puedan llegar a una negociación con una posición sólida. Lo contrario sería peligroso para la paz en Europa». Ese mensaje con seguridad le agradó bastante más a Zelenski que el que le había transmitido el Vaticano. En todo caso, monseñor Gallagher, secretario vaticano para las Relaciones con los Estados, o sea, ministro de Asuntos Exteriores, concluyó por aquellas mismas fechas que probablemente las ideas vaticanas eran prematuras porque todavía no había llegado el momento en que las partes estuvieran en condiciones de escucharlas. No puedo estar más de acuerdo.

El plan de paz indonesio

También ha habido «un plan» indonesio. Prabowo Subianto, ministro de Defensa de Indonesia, país que condenó en la ONU la invasión rusa pero que luego —como tantos otros— se ha negado a imponer sanciones a Moscú, se levantó una mañana de junio de 2023 y probablemente en un momento de inspiración propuso un plan de paz consistente en que Rusia y Ucrania retiren ambas sus tropas en un radio de quince kilómetros para crear una zona-tapón desmilitarizada de treinta kilómetros de anchura a lo largo de la línea de combate, declarar un alto el fuego y que la ONU haga luego un referéndum sobre el futuro de «las zonas en disputa». El ministro indonesio ofrecía también enviar observadores militares de su país para supervisar el proceso. La iniciativa fue recibida en lo que por ser amable llamaría escepticismo generalizado. Josep Borrell la descartó diciendo que «tenemos que llevar la paz a Ucrania… una paz justa, no una paz de rendición».Y Kiev, aún más displicente, la arrojó directamente a la papelera calificándola de «extraña» y diciendo que «parece un plan ruso».

El plan de paz brasileño

Lula da Silva, presidente de Brasil, otro país que condena la invasión, que «condena a Rusia por invadir el espacio territorial de Ucrania y punto», como dijo el propio Lula, pero que se niega a aplicar las sanciones dispuestas por Occidente contra Moscú, también ha puesto sobre la mesa algunas ideas deslavazadas y confusas sobre cómo aproximarse a la paz en Ucrania, asunto que Lula afirma haber convertido en uno de los objetivos prioritarios de su política exterior. No se trata de un plan de paz, ni siquiera de una propuesta detallada, sino de ideas que en esencia piden un alto el fuego inmediato y que las partes se pongan luego a trabajar para hacerlo duradero con objeto de evitar que el conflicto se extienda y pueda eventualmente derivar en una conflagración mayor. En mi opinión, cojea al no exigir la previa retirada rusa y empezó con mal pie al decir que «Zelenski también es culpable», «tan responsable de la guerra como Putin», y que «no hay guerra si Biden dice que Ucrania no entra en la OTAN». Quizás por eso rechazó entrevistarse con el líder ucraniano cuando ambos coincidieron como invitados en la reunión que el G7 celebró en Hiroshima en mayo de 2023, a pesar del deseo de Zelenski de verle. En una visita a Beijing, el brasileño también había dicho que «Estados Unidos está alentando conflictos en todo el mundo». Al final, Lula trasladó a China y al Reino Unido su idea de crear un «club de la paz», un grupo de países mediadores «que trabajen para construir la paz», porque «si todo el mundo está implicado en la guerra, la pregunta que me hago es la siguiente: ¿quién va a hablar de paz?». Lula piensa que «es el momento de la diplomacia, no el de la guerra». En su opinión, no hay duda de que Rusia inició la guerra, pero que también Estados Unidos y Europa son responsables por «patrocinar una guerra por encargo (*proxy war*)». Mark Rutte, primer ministro de Países Bajos, le cortó en seco al recordarle durante su visita a Ámsterdam que no podemos «aceptar concesiones que puedan afectar a la soberanía de Ucrania».

En la misma línea, Volodímir Zelenski aprovechó la Asamblea General de la ONU de septiembre de 2023 no solo para lanzar su «Fórmula» sino para reforzarla con una vaga propuesta de Cumbre por la Paz, sin fecha, pero que explícitamente dijo que no debería confundirse con una invitación al diálogo bilateral con Rusia que algunos países —como Brasil o la República Sudafricana— defienden. Para que quedara claro.

Las ideas de Lula han causado un cierto malestar en Occidente, aunque creo que haríamos mal en no prestar atención a esta voz potente que expresa un sentimiento de fatiga, de frustración y de preocupación del sur global por el sufrimiento que causan las acciones armadas, los daños materiales que producen y sus repercusiones económicas para todos, aparte de los riesgos de un potencial desbordamiento de esta guerra que afecta al corazón de Europa. Todo ello volvió a quedar patente en la cumbre UE-CELAC que se celebró en Bruselas en julio de 2023 y en la que no fue posible alcanzar una postura unánime sobre la invasión rusa de Ucrania. Por eso, en el comunicado final aparece tan solo una mención aguada que no menciona a Rusia y menos aún le critica como agresor, que fue acordada con gran esfuerzo entre cincuenta y nueve participantes, pero que no contó con unanimidad al ser rechazada por la Nicaragua de Daniel Ortega. La cumbre mostró a las claras esa toma de conciencia y esa fuerza del sur global que no desea ser visto únicamente como fuente de materias primas y que tampoco quiere tomar partido ante la bipolaridad que se anuncia y que no conviene a sus intereses. Por consiguiente, y a pesar de los esfuerzos europeos que hubieran deseado una condena tajante de Rusia, el comunicado final se limitó así a mostrar «profunda preocupación» (no condena) por «la guerra en curso contra Ucrania» («gran éxito» europeo lograr poner «contra» en lugar de «en»), pero sin mencionar a Rusia porque los latinoamericanos no quieren enemistarse con ella y porque ven en nuestra posición otra muestra del doble rasero tantas veces denunciado que trata de manera diferente las guerras de Irak y de Ucrania mientras es insensible ante la tragedia de Haití o el abandono del pueblo palestino. Es algo que debería hacernos reflexionar.

Es la misma línea que adoptó la Cumbre del G-20 reunida en Nueva Delhi. Allí a duras penas se logró consensuar una declaración final que afirma que «todos los Estados deben actuar de forma coherente con los principios y objetivos de la Carta de la ONU en su totalidad… deben abstenerse de la amenaza o del uso de la fuerza para buscar conquistas territoriales contra la integridad territorial y la soberanía o la independencia política de cualquier Estado». Pero evitando una condena explícita de Rusia y de su invasión de Ucrania. Lo que se dice encaje de bolillos.

Hay que ir haciéndose a la idea de que la agenda ya no la marca Europa como antes. También pareció preocuparles más el hecho de que la guerra esté «exacerbando las fragilidades existentes en la economía mundial, restringiendo el crecimiento, aumentando la inflación, interrumpiendo las cadenas de suministro, aumentando la inseguridad energética y alimentaria y elevando los riesgos para la estabilidad financiera», y por eso los reunidos expresaron su apoyo a «una paz justa y sostenible» en Ucrania. En el mismo sentido, Lula, que aprovechó la reunión para volver a proclamar su «neutralidad», remachó la idea diciendo que «la guerra en el corazón de Europa arroja un manto de incertidumbre sobre el mundo y canaliza recursos que eran esenciales para la economía y los programas sociales con fines bélicos… la carrera de las armas hace que abordar el cambio climático sea aún más difícil».

El plan de paz africano

También los africanos han tratado de acercarse a las partes con otro «plan de paz» que una delegación de líderes del continente (República Sudafricana, Zambia, Comoras, Senegal, Uganda, República Democrática del Congo y Egipto) presentó a Putin y a Zelenski en el curso de una gira en mayo de 2023, en lo que su líder Cyril Ramaphosa, presidente de Sudáfrica, definió como una iniciativa «histórica» por ser «la primera vez que los líderes africanos se embarcan en una misión de paz más allá» de un continente «que también está sufriendo mucho» como consecuencia de la guerra en Europa. Su objetivo es «encontrar una resolución pacífica al devastador conflicto de Ucrania, su coste en vidas humanas y su impacto en el continente africano», desde una perspectiva de equidistancia y «no alineamiento» que consideran propia del sur global. Y aquí se observa una primera debilidad al intentar hablar en nombre de un continente dividido ante una guerra que fue condenada en la Asamblea General de la ONU por treinta de los cincuenta y cuatro países que hay en África, aunque Rusia no deja de ganar influencia en el continente como muestran los golpes de Estado en el Sahel (Mali, Burkina Faso, Chad, Sudán, y el último de Níger en julio del 2023), que no están inspirados por Moscú aunque se beneficie de ellos, mientras aumenta también su presencia en otros países como la República Centroafricana y Libia, en detrimento de Occidente y, en particular, de Francia.

En todo caso, la delegación que viajó a Moscú y a Kiev propuso diez puntos poco concretos (aunque Ramaphosa dijera que era «una propuesta muy sólida») en los que se pedía una desescalada militar, garantías de seguridad, respeto de la soberanía, eliminar trabas a la exportación de cereales, apoyo humanitario, liberación de prisioneros de guerra, fin de las sanciones y apoyo a la reconstrucción del país.

La iniciativa fue bien acogida por António Guterres, secretario general de la ONU, que le dio la «bienvenida», aunque no tuvo tanta suerte en Rusia y en Ucrania, que es donde realmente importaba tenerla. Putin recibió a la delegación con buenas palabras que ocultaban una ducha de agua fría al decir que «Rusia está abierta a un diálogo constructivo con cualquiera que quiera hacer la paz sobre los principios de equidad y de reconocimiento de los intereses legítimos de las partes» (ahí está la trampa), añadiendo que no podía aceptar tampoco la referencia a las fronteras internacionalmente reconocidas. Y luego se lanzó a explicarles sin que le temblara la voz que «Ucrania y Occidente habían iniciado el conflicto mucho antes de que Rusia enviara tropas a Ucrania en febrero de 2022» (!) y que, en todo caso, cualquier planteamiento que se hiciera «debe tener en cuenta las nuevas realidades», es decir, la ocupación y anexión de tierra ucraniana por Rusia. Por eso, aunque el ministro de Exteriores Serguéi Lavrov, diplomático como corresponde a su cargo, trató de hacer más digerible la respuesta afirmando «compartir los principales planteamientos» de la iniciativa de paz africana, el portavoz del Kremlin, Dimitri Peskov, rebajó las expectativas al manifestar que le parecía «difícil de poner en práctica». Y aquí paz, aunque no la deseada, y después gloria.

Putin siempre ha dicho estar a favor de la paz. Durante la cumbre Rusia-África celebrada a fin de julio de 2023 en San Petersburgo, Putin afirmó no estar en contra de conversaciones de paz sobre Ucrania: «No las rechazamos, (aunque) para que ese proceso comience es necesario que haya acuerdo por ambas partes». Añadió que tanto la iniciativa de paz africana como la china podrían servir de base a esas negociaciones, pero que «el ejército ucraniano está a la ofensiva, está atacando, está llevando a cabo una operación ofensiva en gran escala. No podemos aplicar un alto el fuego cuando nos están atacando». O sea que invade al vecino y cuando este se defiende y trata de recuperar lo que le han arrebatado, lo considera un ataque que imposibilita sentarse a hablar. No he visto cinismo mayor, salvo quizás en su expresión de sentimiento tras el accidente aéreo que costó la vida de Yevgueni Prigozhin, jefe del Grupo Wagner. En la declaración final de la cumbre no hay críticas a Rusia, como no podía ser menos, y los países africanos rechazaron las sanciones unilaterales y lo que llamaron el «chantaje» a terceros países, aunque varios líderes aprovecharon para expresar su preocupación por las consecuencias que para ellos tiene esta guerra, especialmente en el ámbito alimentario, algo que hace que Moscú se deje algunos pelos en la gatera a pesar de algunas promesas de enviarles cereal gratis. Los africanos no quieren limosnas.

La recepción del grupo africano en Kiev fue más fría y directa, se ve que allí tienen menos tiempo para florituras diplomáticas. Zelenski les dijo a la cara que sufrían un «engaño» ruso y no ocultó su indignación por el hecho de que a los africanos no se les caía de la boca la palabra «crisis» ante lo que para Ucrania era una guerra con todas sus consecuencias. «Autorizar cualquier tipo de negociación con Rusia —les dijo— cuando el ocupante está en nuestra tierra equivaldría a congelar la guerra, congelar el dolor y el sufrimiento». Y por si no les había quedado suficientemente claro añadió: «Sin retirada rusa, su misión está abocada al fracaso». Buenos días.

El plan de paz chino

Por su parte, China sigue la guerra con atención, como no podía ser menos. Marc Leonard en un artículo —«China and Ukraine: The Chinese debate about Russia's War and its Meaning for the World» («El debate chino sobre la guerra de Rusia y su significado para el mundo»—, publicado por el European Council on Foreign Relations en julio de 2023, afirma que la guerra de Ucrania es para Beijing otra muestra de su pugna con Estados Unidos porque allí están convencidos de que Washington la utiliza para debilitar a Rusia y rodear a China con una red de alianzas como AUKUS y QUAD. Beijing es crítica con la conducta de Moscú de invadir Ucrania, hubiera preferido que no lo hiciera, pero no puede permitir que pierda esta confrontación que no afecta, sin embargo, a sus propios planes sobre Taiwán, salvo para comparar e imaginar cuál podría ser la reacción occidental en caso de invadir la isla. Lo que sí ha hecho esta guerra es acelerar los planes chinos para ser menos dependientes de Occidente en todos los terrenos. La seguridad, lo primero.

Sea como fuere, el dato objetivo es que hasta la fecha China ha sido la que ha puesto lo más parecido a un plan de paz sobre la mesa, sin llegar tampoco a serlo, pues se trata más bien de un conjunto de ideas y no de un plan estructurado que lleve de un punto al siguiente en la búsqueda de la paz para la guerra de Ucrania. Y ellos mismos lo reconocen así, pues no hablan de plan de paz, sino de un «documento de posición de China» con doce puntos «para la resolución política de la crisis», que Beijing dio a conocer en febrero de 2023 porque, según el portavoz del Ministerio de Exteriores, Wang Wenbin, «la comunidad internacional está pidiendo un alto el fuego y que se rebajen las tensiones», mientras que «desde el estallido de la crisis de Ucrania, China siempre ha mantenido una postura objetiva e imparcial y ha promovido las negociaciones de paz». Así se presentan ellos.

Esos doce puntos son los siguientes:

Los cuatro primeros constituyen el núcleo duro del plan:

1. El respeto a la soberanía, independencia e integridad territorial de todos los países. Es decir, aplicación del derecho internacional y de la Carta de las Naciones Unidas de igual forma para todos. De hecho, China no ha apoyado la anexión rusa de Crimea o de las regiones del este de Ucrania (Dombás,

etcétera). Pero en este punto se echa de menos que Beijing no condene la invasión rusa y no pida la retirada de sus tropas de suelo ucraniano.

2. Abandonar la mentalidad de guerra fría, en el sentido de que la seguridad de un país no debe conseguirse a expensas de la de otros, y que se deben tener en cuenta los legítimos intereses y las preocupaciones de seguridad de todos. Hay que evitar la confrontación entre bloques y trabajar todos juntos por la paz. Este párrafo se interpreta como una crítica a la expansión de la OTAN hacia el este sin tener en cuenta la sensibilidad rusa al respecto y los intereses de Moscú en materia de seguridad.

3. Cese de hostilidades en todos los frentes, la guerra no beneficia a nadie. Hay que «abstenerse de avivar las llamas» para «desescalar» gradualmente el nivel de enfrentamiento y evitar que la crisis se descontrole y se extienda, con objeto de poder llegar a un alto el fuego. Pero un cese del fuego sin retirada rusa favorece a Moscú. La referencia a «avivar las llamas» se interpreta como una condena del apoyo occidental a Kiev con armas letales cada vez más sofisticadas.

4. El diálogo y la negociación son la única vía para iniciar conversaciones que conduzcan a la paz y deben ser alentados por todos. La comunidad internacional debe mantener su compromiso para promover conversaciones de paz. Esta idea es constante en las declaraciones chinas y ha sido repetida por los presidentes Xi y Ramaphosa durante la cumbre de los BRICS en Johannesburgo en agosto de 2023 cuando en una declaración conjunta afirmaron que «el diálogo y la negociación son la única salida realista para resolver la crisis ucraniana e insistirán en promover la paz y las conversaciones con el fin de desempeñar un papel constructivo en la solución política de la cuestión». Farragoso, pero claro.

Los dos siguientes párrafos se refieren a temas humanitarios:

5. Resolver la crisis humanitaria. No convertir los problemas humanitarios en arma de guerra, establecer corredores hacia las zonas de conflicto a cargo de la ONU para llevar alimentos o evacuar a civiles y heridos. Este párrafo puede entenderse como una crítica a Moscú cuando utiliza las exportaciones de grano ucraniano al servicio de sus objetivos en Ucrania

6. Proteger a los civiles, en especial a mujeres y niños, no atacarles, respetar los derechos de los prisioneros de guerra. Aquí se echa de menos una condena a la utilización por Rusia del frío o los cortes de agua y electricidad como arma de guerra para tratar de romper la moral del pueblo de Ucrania. O del traslado forzoso a Rusia de niños ucranianos por lo que la Corte Penal Internacional ha emitido una orden de arresto contra Putin. Tampoco hay condena de los crímenes de guerra atribuidos a Rusia en varias localidades ucranianas como Bucha o como son los bombardeos de ciudades que tantas víctimas civiles causan. China apoya los intercambios de prisioneros de guerra como los que se han hecho con mediación de Turquía.

Los puntos 7 y 8 siguientes se refieren al riesgo nuclear:

7. Mantener la seguridad de las centrales nucleares, no atacarlas, cumplir con la Convención sobre Seguridad Nuclear, apoyar a la Agencia de la Energía Nuclear de la ONU. Aquí podría verse una crítica a Rusia por sus ataques en torno a la central de Zaporiyia o los destrozos dejados en Chernóbil después de una ocupación de varios meses.

8. Oposición clara y tajante de China al uso del arma nuclear. También de las armas químicas y biológicas. No emplearlas,

por supuesto, pero tampoco amenazar con ellas. Otra referencia crítica a ciertos comentarios de Putin y de quienes le rodean, como Dimitri Medvedev, que es particularmente locuaz al respecto. Pero quizás también al suministro británico de material bélico que incorpora uranio empobrecido.

El último bloque se refiere a temas económicos:

9. Facilitar las exportaciones de trigo y otros cereales en el marco de la Iniciativa de Grano del mar Negro, que concluyeron en mayo de 2023 Rusia y Ucrania junto con Turquía y la ONU. De ese grano dependen muchos países vulnerables en África y Oriente Medio. Rusia ha suspendido su aplicación al caducar el acuerdo el 17 de julio de 2023 a la espera de que se cumplan ciertas exigencias.

10. Fin de las sanciones unilaterales sobre Rusia. Este punto no afecta a las establecidas por el Consejo de Seguridad de las Naciones Unidas, que es la única instancia legitimada para imponerlas, y es una crítica directa a la política sancionadora de Europa y de Estados Unidos que China entiende que no contribuye a la búsqueda de la paz.

11. Mantener las cadenas globales de suministros, no tomar a la economía mundial como rehén de la propia política. No perturbar el flujo del comercio, la energía, los alimentos o las finanzas. Aquí algunos ven una crítica de la política norteamericana de imponer sanciones a China por sus malas prácticas políticas, tecnológicas, económicas y comerciales, limitando, por ejemplo, las exportaciones a China de semiconductores y otro material de alto valor tecnológico.

12. Reconstrucción de Ucrania, que exigirá el concurso de la comunidad internacional en su conjunto y en la que también China ofrece ya su participación. Será, cuando llegue el momento, una empresa gigantesca que demandará mucho dine-

ro y permitirá muchos negocios para los que con seguridad algunos ya estarán tomando posiciones.

Xi Jinping envió a un emisario, el veterano diplomático Li Hui que había sido embajador en Moscú durante nada menos que diez años, entre 2009 y 2019, a hacer una gira que le llevó a Moscú, Kiev, Varsovia, Berlín y París para explicar esta «posición de China sobre la solución política de la crisis de Ucrania», con la que intenta mostrarse como un mediador neutral (hay que recordar que China se abstuvo con otros treinta y dos países en el voto de la ONU que condenó la invasión por 141 votos contra 7), y que también desea aparecer ante el mundo como una potencia hegemónica que asume las responsabilidades que le incumben para asegurar la paz. Li explicó en su visita a las capitales que uno de los principales objetivos de Beijing a muy corto plazo es «bajar la temperatura en el campo de batalla», añadiendo que «si queremos poner fin la guerra es importante que dejemos de enviar armas», en lo que constituye una crítica directa a la ayuda occidental a Kiev. Suena bonito, pero, si dejamos de enviar armas, Ucrania sería aplastada por Rusia en muy poco tiempo. Y, con toda probabilidad, desaparecería.

Estados Unidos y la Unión Europea se apresuraron a recibir estas ideas con escepticismo por considerarlas ambiguas y sesgadas a favor de Rusia al no exigir su retirada como paso previo para empezar a hablar y al no distinguir entre agresor y agredido, aduciendo que China no es neutral porque no ha condenado una invasión que es una masiva violación del derecho internacional, y que estas ideas no son de fiar porque entre Putin y Xi hay «una amistad sin límites» y una «cooperación sin áreas prohibidas», como ambos declararon el 14 de febrero de 2022. Jake Sullivan, consejero de Seguridad Nacional de Biden, resumió esta actitud diciendo que hubiera bastado con el primer punto y que los chinos se podían haber ahorrado todos los demás. Me parece una respuesta innecesariamente despectiva y prepotente.

Por parte de los dos realmente importantes en esta negociación la reacción ha sido más matizada: Putin ha aplaudido las ideas presentadas por China y considera que constituyen una base para negociar, aunque afirma que, como es natural, no comparte todos sus puntos. Y Zelenski las ha rechazado porque no incluyen lo que para él es esencial: la retirada de las tropas rusas de todo el territorio que ocupan en Ucrania como precondición para empezar a hablar. Tras la visita del diplomático chino, Kiev reiteró con la mayor rotundidad posible que no aceptaría ningún plan de paz que suponga una pérdida de territorio o una congelación del conflicto mientras Rusia ocupa tierra ucraniana. Mientras eso ocurra, no hay nada de que hablar, fue la respuesta de Kiev. Pero queda la tenue esperanza de que no se ha negado totalmente a discutir sobre las propuestas de China en condiciones no explicitadas.

La realidad es que hay que reconocer que existen algunos elementos positivos en estos doce puntos, como son el respeto a la soberanía e integridad territorial de los estados, o la renuncia al uso o a la amenaza de uso del arma nuclear y, en todo caso, hay que admitir que, mejores o peores, son las únicas ideas un poco serias y con cierta estructuración que se han puesto sobre la mesa hasta la fecha. Quizás en lugar de rechazarlas en bloque se podría comenzar a discutir sobre ellas para mejorar y corregir lo que no nos gusta. El peligro de hacerlo es que se consolidaría la ocupación mientras se habla, y eso Kiev no lo puede aceptar, y por eso exige la retirada rusa antes de sentarse a entablar cualquier forma de diálogo. Y hay que comprenderle porque tiene razón. Debemos tratar de ayudar a Kiev, aunque, eso sí, sin forzarle nunca a negociar si no es en el momento que elija, sobre los términos que establezca y con las condiciones que determine. Porque, al margen de que también Ucrania haya podido cometer errores en el largo camino que ha conducido a esta guerra, nos encontramos ante una cuestión moral y de principio, pues por algo es el inocente agredido y no cabe la equidistancia con el agresor, que no puede recibir un premio por lo que ha hecho en Ucrania y las consecuencias que eso ha tenido para todos.

Probablemente tiene razón monseñor Gallagher, «ministro de Asuntos Exteriores» del Vaticano, una diplomacia siempre aguda, cuando dice que las partes aún no están preparadas para negociar no ya la paz, sino un alto el fuego. Y a la misma conclusión parecen haber llegado los chinos, pues Li Hui reconoció en abril, tras sus encuentros con unos y otros, que «tal y como están las cosas ahora, puede ser bastante difícil para todas las partes sentarse a negociar de forma fructífera»… porque aún quedan «muchas dificultades» que resolver, aunque ve algunos signos esperanzadores en que «la parte rusa dijo que nunca se había opuesto a unas conversaciones de paz» (se supone que en sus términos), y la parte ucraniana también ha dejado saber «su deseo de paz»… de manera que nadie «ha cerrado la puerta». Es nuevamente el optimismo de la voluntad sobre el pesimismo de la razón, que decía Gramsci, o el vaso medio lleno sobre el medio vacío.

En agosto de 2023 la situación de la guerra era particularmente complicada porque la tan cacareada ofensiva ucraniana para recuperar el territorio perdido solo logró avances mínimos ante unas defensas rusas bien pertrechadas; Moscú había «suspendido» la iniciativa del mar Negro para exportar grano ucraniano para indignación de los países africanos y preocupación de la comunidad internacional al poner en peligro el Programa Mundial de Alimentos de la ONU; se extendieron los ataques con drones sobre la Crimea ocupada y, de forma todavía simbólica algunos empezaron a llegar a Rusia e incluso a Moscú, mientras Rusia reforzaba sus bombardeos sobre Odesa (terminales de exportación de grano) y otros centros urbanos en Ucrania. Las bajas por ambos bandos fueron muy altas, y en estas condiciones es natural que muchos piensen que esto no tiene sentido y que hay que abrir cauces a una negociación, y por eso es de esperar nuevos y bien intencionados intentos de poner fin a esta guerra.

En las líneas precedentes hemos analizado las propuestas que hasta la fecha se han puesto sobre la mesa sin que por el momento ninguna haya logrado un acuerdo mínimo que permita a las partes sentarse frente a frente para hablar, si no todavía de paz, al menos de medidas de creación de confianza que puedan conducir a un alto el fuego como primer paso. El principal problema que existe es la ocupación por parte de Rusia de territorio ucraniano... un territorio que ahora Rusia considera como propio. Eso y pensar ambos que aún se pueden imponer por la fuerza militar impide la apertura de un proceso negociador, igual que lo hace la misma convicción de que les conviene ocupar (o recuperar) cuanto más territorio sea posible para sentarse en posición de ventaja en el momento en que pueda empezarse a hablar de paz. Porque cuando llegue ese momento la situación que ambos ocupen sobre el terreno será determinante. Mi impresión es que las cosas aún tendrán que empeorar para que puedan comenzar a mejorar, porque mientras las demandas de ambos sigan siendo maximalistas, como son, no es fácil sentarse a negociar nada.

A menos, claro está, que flaquee la ayuda occidental a Ucrania como consecuencia de la fatiga bélica o del estallido de otros conflictos como el de Gaza que desvían la atención mundial, algo de lo que Zelenski es muy consciente pues el 30 de octubre dio una entrevista a la revista *Time* donde no se engañaba al decir: «El cansancio con la guerra progresa como una ola. Lo ves en Estados Unidos y lo ves en Europa», y admitía que aunque recibía presiones para sentarse a hablar seguía rechazando la negociación de un alto el fuego porque en su opinión supondría «dejar una herida abierta para las futuras generaciones».Y mientras llegaban señales muy preocupantes de un Congreso norteamericano donde se hacían oír voces contrarias a mantener la ayuda a Ucrania, Ursula von der Leyen viajó a Kiev a principios de noviembre con objeto de asegurarle la continuidad del apoyo de Bruselas (a pesar de las posturas reticentes de Orban y de Fico), recordarle que Kiev recibirá otros 50.000 millones de euros de los fondos europeos, y darle esperanzas de que —a la vista de los progresos hechos por Ucrania— en diciembre se pudiera dar luz verde al inicio de negociaciones para su adhesión a la Unión Europea, cosa que efectivamente ocurrió. Fue el mensaje correcto en el momento oportuno.

Pero la realidad es tozuda y en noviembre de 2023 el ministro ucraniano de Defensa, Valeri Zaluzhni, dio una entrevista a la revista *The Economist* en la que se sinceraba diciendo que la guerra se había estancado y que «muy probablemente» no habrá progresos significativos en al menos un año porque «la guerra ha entrado en una nueva fase, lo que en el mundo militar llamamos guerra posicional, de fuego estático y de desgaste como en la Primera Guerra Mundial», y además «hemos alcanzado el nivel tecnológico que nos sitúa en tablas». En su opinión «esta guerra no puede ganarse con armas de generaciones pasadas y con métodos caducos». Y por si esto fuera poco añadía: «Rusia tendrá superioridad en armas, equipos, misiles y munición por un tiempo considerable. Su industria de Defensa está incrementando la producción a pesar de (sufrir) sanciones sin precedentes». Zaluzhni goza en Ucrania de enorme prestigio y de una popularidad que le permiten decir estas cosas que, sin embargo, el propio Zelenski se ha visto obligado a rebatir con el doble objetivo de subir la moral de sus conciudadanos y mantener la confianza de los países que apoyan su causa. Según el presidente ucraniano: «No hay estancamiento. Hay dificultades y diferentes opiniones pero no tenemos derecho a abandonar porque ¿cuál es la alternativa? ¿Ceder una tercera parte de nuestro Estado? Nada cambiará, sabemos lo que es un conflicto congelado». Y ese es, precisamente, el mayor peligro que puede acechar a esta guerra absurda en el mismo corazón de Europa, que se eternice porque si eso sucede la beneficiada será Rusia debido a la «fatiga bélica» que se apoderaría de Occidente. Y eso, precisamente, es lo que puede estar comenzando a ocurrir.

A finales de 2023 una posibilidad que gana fuerza es que la combinación del conflicto de Gaza, que detrae atención y armas de Ucrania, el estancamiento de las operaciones en el campo de batalla con una guerra de trincheras, y la postura de los republicanos en Estados Unidos, reticentes a mantener el apoyo a Kiev, fuerce a los ucranianos a buscar una negociación que ponga fin a la guerra. Y si eso sucede, Europa se encontraría ante una Rusia crecida con la que también tendría que buscar algún tipo de acomodo. Pero tampoco tiene que ser así porque la historia no está escrita y los politólogos se han mostrado históricamente bastante incapaces de predecir el futuro, como muestran casos tan llamativos como la caída de la URSS o la misma Primavera Árabe.

17

LA GUERRA ACELERA LA HISTORIA

En las páginas que preceden ha quedado clara mi convicción de que la guerra en Ucrania va mucho más allá de una disputa fronteriza por asegurar unos territorios estratégicos y responde a fuerzas muy profundas de cambio en la geopolítica que ha regido el mundo desde el final de la Segunda Guerra Mundial. En su polémico libro *La Défaite de l'Occident* (Gallimard, 2024), Emmanuel Todd afirma provocadoramente que la guerra de Ucrania nos ha deparado diez sorpresas y en mi opinión no es preciso estar de acuerdo con todas ellas: el mismo estallido de una guerra en el corazón de una Europa que se creía el continente de la paz perpetua; el hecho de que los adversarios sean Rusia y Estados Unidos por un país interpuesto que es Ucrania; la resistencia militar de Ucrania; la resistencia económica de Rusia; la sustitución en Europa del eje franco-alemán que plantó cara a la invasión de Irak por un eje Londres-Varsovia-Kiev pilotado por Washington; el belicismo antirruso del Reino Unido con inmediato respaldo en los países escandinavos; la incapacidad de la industria de armamentos americana para suministrar a Ucrania la munición que necesita; la soledad ideológica de Occidente, incapaz de arrastrar al mundo detrás de sus tesis sobre la agresión rusa; y finalmente, la que considera inevitable derrota final de Occidente, no porque sea atacado por Rusia sino porque Estados Unidos están en una crisis profunda.

Ante estas afirmaciones yo me quedo un poco como Zelenski ante «el documento de posición» de China para la paz en Ucrania: hay cosas que me gustan y con las que estoy de acuerdo, otras con las que solo lo estoy a medias y, finalmente, otras con las que discrepo abiertamente, por ejemplo la afirmación final sobre la derrota de Occidente que también da título a su libro. Una cosa es que Estados Unidos viva una crisis política muy seria, que es innegable, y otra, muy diferente, que esté acabado. Por eso, si las recojo es más para estimular las neuronas y el debate. Lo que me parece más importante es que la actual guerra en Europa puede actuar y de hecho está actuando como un potente acelerador de procesos en curso. Cuando Xi Jinping visitó Moscú en marzo de 2023 le dijo a Putin mientras se despedía: «Ahora mismo se están produciendo cambios como no hemos visto en cien años, y somos nosotros los que estamos dirigiendo esos cambios».Y un Putin sonriente le respondió: «Estoy de acuerdo». Probablemente recordaba la frase atribuida a Lenin de que «hay décadas en las que no ocurre nada y semanas en las que ocurren décadas». O algo muy parecido.

En un interesante trabajo —*Empires of Eurasia. How Imperial Legacies Shape International Security*,Yale University Press, 2022 (*Los imperios de Eurasia. Cómo el legado imperial conforma la seguridad internacional*)—, Jeffrey Mankoff afirma que una nueva «edad imperial» está naciendo en el corazón de Eurasia donde cuatro viejos imperios —Rusia, China, Irán y Turquía— persiguen hoy «geopolíticas imperiales» que les llevan a intervenir en los asuntos de sus vecinos bien por la fuerza de las armas, como Rusia en Ucrania, e Irán y Turquía en Siria, o por la del comercio y los lazos étnicos y lingüísticos como hace China en Asia Central y el sureste asiático. Mankoff cree que ese pasado imperial no solo influye en la actual retórica, sino que va mucho más allá en el sentido de que por culpa de ese pasado estos cuatro países ni se consideran ni quieren ser Estados-nación confinados a unos territorios claramente definidos. Se consideran «Estados-civilización» un poco por encima del bien y el mal con influencia muy lejos de sus fronteras establecidas. Sea o no cierto y a mí me parece que lo es, no cabe duda de que el pasado imperial de Rusia está muy presente en la coreografía y en el simbolismo que rodea las apariciones públicas del presidente de la Federación Rusa.

En la cabeza de Putin —como en la de muchos otros— existe el convencimiento de que estamos ante el fin de una época geopolítica y el comienzo de otra, y ya se sabe que ese es un momento particularmente incómodo e inestable. Como dice Claudio Magris, cuando una época muere y otra no acaba de nacer nos encontramos en «la época de los monstruos». Y eso es exactamente lo que nos ocurre, porque Occidente pierde fuerza, el sur global gana peso, el centro económico del planeta se ha desplazado desde el Atlántico Norte al Indo-Pacífico, y una serie de países emergentes como China, India, Brasil, Indonesia, Suráfrica, México, Nigeria y otros quieren dos cosas que son justas pero difíciles de conseguir sin romper la baraja: otro reparto del poder en el mundo y otras normas para regir la geopolítica mundial. No me parece que ya sea un nuevo orden pero ciertamente es un nuevo desorden.

Tienen razón esos países, porque los vencedores de la Segunda Guerra Mundial se repartieron el poder y la influencia en el mundo en aquellas lejanas conferencias de Yalta, El Cairo, Potsdam, Teherán, San Francisco, Bretton Woods, etcétera, y crearon la ONU y su Consejo de Seguridad, el Banco Mundial o el Fondo Monetario Internacional... y hoy, ochenta años más tarde, el mundo ha cambiado mucho y ellos siguen igual. Lo ha reconocido António Guterres, secretario general de las Naciones Unidas, cuando dijo en la cumbre de los BRICS en Johannesburgo algo tan obvio como que «la gobernanza global debe representar el poder y las relaciones económicas actuales, no las de 1945». Tiene mucha razón porque los vencedores de la Segunda Guerra Mundial dividieron la tarta entre ellos sin permitir que nada cambie en los tres cuartos de siglo transcurridos desde entonces, como se demuestra por el hecho de que Francia esté en el Consejo de Seguridad de la ONU con asiento permanente y derecho de veto y no lo esté la India, que también es potencia nuclear y además tiene mil cuatrocientos millones de habitantes. O que Estados Unidos no quiera renunciar al control del FMI, que mantiene desde 1945, o que China tenga más o menos los mismos votos que Italia en el Banco Mundial. Es obvio que tenemos un grave problema de representatividad.

Son cosas que tienen que cambiar, idealmente desde dentro, aunque no es fácil hacerlo porque, por ejemplo, en el Consejo de Seguridad de la ONU, todos los miembros permanentes tienen derecho de veto y están dispuestos a ejercerlo para impedir cualquier mudanza que vaya en contra de sus intereses. Si los cambios no se promueven desde dentro, se forzarán desde fuera —que no creo que vaya a ser mejor—, porque la realidad es tozuda y acabará imponiéndose de una u otra forma, por las buenas o por las malas, reformándolos, ampliándolos para dar cabida a otros o, simplemente, creando otras instituciones más acordes con el paso de los tiempos que dejen a las viejas sin trabajo y vacías de contenido, algo que está comenzando a suceder como muestra la creación del Banco Asiático de Inversión en Infraestructuras que ya ha comenzado su andadura. Porque lo que no se adapta acaba rompiéndose y el actual reparto del poder no es ya solo que no sea justo y no responda a los nuevos tiempos, sino que, además, es disfuncional cuando se trata de abordar problemas globales como el cambio climático, la proliferación nuclear, la seguridad alimentaria o sanitaria, y la pobreza y las crecientes desigualdades, sin olvidar la necesaria regulación del mundo digital.

E igual ocurre con las reglas: las que nos rigen son demasiado blancas, demasiado cristianas, demasiado masculinas y demasiado occidentales. Son producto de la civilización cristiana, de la filosofía griega y del derecho romano; están pasadas por un Renacimiento que puso al individuo en el centro mismo de la Creación; por Francisco de Vitoria y Hugo Grocio y sus principios de derecho internacional; por Descartes que diferenció entre los planos que ocupan el ser humano, la naturaleza y la divinidad; y por la Ilustración que ha puesto la duda en el centro mismo del debate racional, pues sin duda no hay progreso. Y eso era perfectamente aceptable para unas Naciones Unidas que tenían cincuenta y un miembros en 1945 —bastante homogéneos— cuando ahora resulta que los miembros de la ONU son ciento noventa y tres y la mayoría de la población del mundo no pertenece a la raza blanca y vive en países que tienen otras culturas y que han seguido otros itinerarios civilizacionales. Ni mejores ni peores sino diferentes.

En China, heredera de la filosofía de Confucio, el respeto a la autoridad o la meritocracia priman sobre la democracia, igual que consideran que el grupo debe prevalecer sobre el individuo. Y recuerdo una viva discusión hace algún tiempo con el rector de la Universidad de al-Azhar en El Cairo, en la que él me decía que la igualdad de género no es que le pareciera mal, es que era mucho peor porque el mismo concepto le ofendía porque era lo contrario de lo que Alá reveló al Profeta por boca del ángel Gabriel y él recogió en el sagrado Corán. O que no compartía la idea de relegar la religión al mundo privado cuando en su opinión debía permear todos los actos de la vida diaria del creyente… ¡y ya puestos, también del que no lo es para no molestar a los que creen! De ahí la incomprensión e irritación de los musulmanes ante las ofensas a Mahoma o al Corán, que consideran blasfemas, y nuestras profundas diferencias sobre la libertad de expresión. En el verano de 2023 turbas vociferantes asaltaron las embajadas de Suecia y Dinamarca en Bagdad y en Teherán en protesta por la quema de un Corán por parte de un provocador en Estocolmo. El Consejo de Derechos Humanos de las Naciones Unidas aprobó poco después, con el voto de veintiocho de sus cuarenta y siete miembros, una resolución que condena el odio religioso y «exhorta a los Estados a que examinen sus leyes… con miras a identificar lagunas que puedan impedir la prevención y el enjuiciamiento de actos y la apología del odio religioso… y que adopten medidas inmediatas para llenar esos vacíos». Solo votaron en contra los países europeos, Estados Unidos y Costa Rica, mostrando cómo los valores occidentales están hoy en regresión ante el acelerado cambio en las relaciones de poder en el mundo. Tras esta resolución, el Gobierno socialdemócrata de Dinamarca (donde se han quemado hasta ciento cincuenta Coranes en los últimos tres años) ha decidido cambiar la ley para proteger en espacios públicos «el trato inadecuado de objetos que tengan un significado religioso para una comunidad». Lo entiendo, pero no lo comparto. Creo que no se debe quemar lo que es un símbolo religioso para mil millones de musulmanes, yo nunca lo haría porque hay cosas que son legales pero que no se deben hacer porque no son éticas, pero también creo que limitar la libertad de expresión es un camino equivocado porque no tiene fin.

Los occidentales nos vemos limpios e impolutos, pero no es así como otros nos ven: José Ignacio Torreblanca escribía, en un artículo publicado en The European Council on Foreign Relations el 28 de agosto de 2023, que: «Las encuestas del ECFR muestran que muchos países del sur global ya no ven a la Unión Europea como un actor que defiende un sistema abierto y basado en normas, sino uno que los empuja a unirse a los esfuerzos europeos y americanos para derrotar a Rusia y contener a China. Ven un mundo de sanciones, control de exportaciones, revisión de inversiones y medidas proteccionistas que perjudican su crecimiento e intereses», y todo ello con la excusa de defender nuestros valores.

Por eso, combinar nuestros valores occidentales con los de estos países no es fácil, pero hay que tratar de hacerlo, porque, como ya he indicado antes, hoy en día no se podría aprobar por consenso la Declaración Universal de los Derechos Humanos como se hizo en 1948 en unas Naciones Unidas que, repito, eran mucho más homogéneas que ahora… y mucho más reducidas. El precio de no hacerlo es ir a un mundo dividido, a una desconexión, un *decoupling,* que nos puede llevar a tener que vivir entre sistemas de normas, de internet o de transferencia de fondos financieros (SWIFT) diferentes e incompatibles entre sí.

El asunto es acuciante y el exponencial desarrollo que vive la inteligencia artificial en los últimos tiempos lo hace aún más urgente, pues, como hace décadas decía el historiador británico Arnold Toynbee, el polvo que levanta el galope de los caballos de la historia no nos permite ver con claridad lo que acontece a nuestro alrededor. Y tiene mucha razón. Si Émile Zola se preocupaba por el daño que podía provocar en el cerebro la tremenda velocidad del ferrocarril en 1840 (treinta kilómetros por hora), hoy la aceleración del tempo histórico se ha desbocado porque confluyen en nuestras cortas vidas cuatro revoluciones: la del átomo o tecnológica (robotización), la del bit o digital, la del gen o biológica y la demográfica que ha multiplicado por tres la población mundial desde 1945. Juntas provocan otras rivalidades por hacerse con los minerales y conocimientos necesarios para alimentarlas, mientras caminan a tal velocidad que dificultan los intentos gubernamentales para legislar sobre ellas.

La inteligencia artificial ofrece tantas ventajas, desde reconocimiento facial a generación de textos, que a veces nos hacen olvidar sus enormes riesgos, como difundir desinformación a escala industrial, elaborar patógenos o facilitar el acceso a algoritmos que tan pronto sirvan para producir medicinas como armas químicas. El historiador británico Niall Ferguson hace un enfoque original y atractivo del problema cuando dice que lo peor al tratar con la IA es nuestra pereza como especie. Y añade: «Si perdemos la capacidad de construir un argumento en respuesta a una pregunta porque la delegamos en una máquina, no tenemos mucho futuro como especie. Ese es mi mayor temor. Los grandes modelos lingüísticos son un invitación a la pereza mental masiva» (*El País*, 27 de diciembre de 2023). Y aquí entra la última novedad: el ChatGPT, elaborado por OpenAI, que es con seguridad la tecnología más disruptiva desde la aparición de Internet y que destruirá empleo cualificado (recuerden la huelga de los guionistas de Hollywood) y al mismo tiempo permitirá aumentar la productividad y los salarios. Las empresas y los gobiernos deben adaptarse imperativamente a estos cambios vertiginosos pues, como bien decía el CEO de CISCO: Si usted va a invertir en una empresa, pregunte a su CEO: ¿cuál es su estrategia en IA Generativa? ¿Cómo ha variado últimamente? Y ¿cómo cree que evolucionará? Y si no sabe responderlas, no invierta en esa empresa.

A este respecto cabe recordar la llamada que hizo Angela Merkel —antes de dejar la política— para convocar una Conferencia Tecnológica Mundial con objeto de establecer juntos las reglas que deben supervisar un progreso desbocado que al lado de avances impensables hace pocos años, también crea riesgos y dilemas éticos. Y como ya pasó el tiempo en que europeos y americanos dictábamos las normas, eso es algo que debemos hoy hacer todos juntos. Son muchos los científicos que están actualmente preocupados por este asunto y por eso las grandes potencias, sin dejar de lado una inevitable rivalidad, deberían ser capaces de cooperar en algo que a todos interesa en la línea propugnada por los directores de los principales laboratorios donde se desarrolla inteligencia artificial, que en mayo de 2023 emitieron un comunicado que decía que «mitigar el riesgo de extinción por IA debería ser una prioridad global, igual que otros riesgos a escala societaria como las pandemias o la guerra nuclear». Lo que sucede es que, aunque es imperativo regularla, no es fácil porque progresa muy deprisa, ya que, como advierten Markus Anderljung y Paul Scharre en su artículo «How to Prevent an AI Catastrophe» («Cómo evitar una catástrofe provocada por la IA»), publicado en *Foreign Affairs* el 14 de agosto de 2023, «los peligros de la IA en la sociedad actual nos llegan de los modelos de ayer», y por eso algunos científicos han pedido una pausa en el desarrollo de sus algoritmos más avanzados. Sea como fuere, es imperativo que seamos capaces de regular la IA antes de que sea ella la que nos domine a nosotros, como de forma llamativa ha dicho Yuval Noah Harari.

En respuesta a estas advertencias, en noviembre de 2023 se ha dado un primer paso importante en lo que me parece la dirección correcta para intentar controlar la Inteligencia Artificial. Ha sido en Bletchley House, cerca de Londres, donde veintinueve países (entre ellos España, pero también Estados Unidos y China, aunque no Rusia) convocados por el Reino Unido se han puesto por vez primera de acuerdo sobre las oportunidades y riesgos de la IA y la necesidad de actuar conjuntamente al respecto, pues como dijo el primer ministro Rishi Sunak: «Hay potencial para daños serios, incluso catastróficos, deliberados o no intencionados, derivados de las capacidades más significativas de estos modelos (de IA)». Por eso el último Consejo Europeo de 2023, bajo presidencia española logró aprobar un texto pionero en el mundo, que se prevé que pueda entrar en vigor en 2026, si para entonces no han cambiado demasiado las cosas, pues la capacidad legislativa va muy por detrás de la capacidad de innovación técnica. Su objetivo declarado es prohibir usos de la IA que violen derechos democráticos fundamentales y los valores de la UE (como sistemas de «puntuación social» o de identificación facial sin control) y al mismo tiempo promover la innovación sin barreras. Porque los riesgos globales no pueden ser enfrentados localmente y precisan de una respuesta también global.

Con la esperanza de que no sea demasiado tarde para eso porque China y Rusia ya no estén interesados —como Estados Unidos y Europa— en adaptar ese orden geopolítico heredado de la Segunda Guerra Mundial porque lo consideran muerto. Es la tesis que defiende Mark Leonard en su artículo «China is Ready for a World of Disorder» («China está preparada para un mundo en desorden»), publicado en el número de julio-agosto 2023 de *Foreign Affairs*. Y ese convencimiento se revela en su diferente respuesta a la guerra de Ucrania: mientras Washington considera que las acciones rusas son un desafío a un orden basado en reglas que debe ser reforzado, China cree que ese orden ha sido durante muchos años la hoja de parra con la que Occidente trataba de ocultar su dominio, e interpreta la invasión rusa como signo de que el mundo entra en una fase de desorden del que habrá que protegerse. Ya no vale reformar, ya pasó el tiempo de hacerlo, hoy la realidad es otra, y ya se ha impuesto, el mundo que conocemos se disgrega.

Según esta tesis, Xi también está convencido de que lo que define al mundo del siglo XXI es más el desorden que el orden multilateral que ha definido el siglo XX y que con sus inconvenientes y excepciones (Vietnam, Irak…) nos ha proporcionado estabilidad durante los últimos setenta y cinco años. Xi piensa que el viento sopla en sus velas y que China parte con ventaja sobre Estados Unidos para sacar partido de lo que se nos viene encima. Pero China puede ser un gigante con pies de barro que trata de abarcar más de lo que realmente puede. En la misma línea, Mark Leonard cree que Xi Jinping está persuadido de que el mundo se identifica cada día más con el desorden que con el orden, que China está mejor preparada que Estados Unidos para lidiar con él y que esto le exige lo que llaman una aproximación «holística» a la seguridad nacional que ya no se puede establecer únicamente en términos de desafíos militares, sino también culturales, económicos, tecnológicos, comerciales, y biológicos entre otros —porque todo es hoy susceptible de convertirse en un arma— frente a los que hay que tomar precauciones. Los chinos creen que el mundo no vive una nueva guerra fría porque no hay una competencia ideológica como la que había en 1945, porque el poder económico está mucho más repartido, porque el mundo tiene hoy una interdependencia que no existía entonces, y porque la actual estructura geopolítica se aleja del modelo centro-periferia en temas económicos o securitarios en favor de otro esquema de competición y/o cooperación policéntrico, en el que China podrá dominar sin imponer a nadie su modelo porque el mundo será más rico y variado y evitará bloques o alianzas estables, más en la línea de lo que hoy ya persigue el sur global.

O que persigue la propia Rusia. Es lo que cree Kristi Raik, subdirector del Centro Internacional de Defensa y Seguridad de Tallin, Estonia, que pone claramente de relieve el temor que en los vecinos inspira el expansionismo ruso y no hay que culparles por ello. En un artículo publicado en *Foreign Policy* en noviembre de 2023 afirma que nos espera un futuro complicado en Europa dominado por el antagonismo con Rusia, porque Moscú no aceptará nunca un equilibrio de poder que reduzca la esfera de influencia que tenía en la época zarista y soviética, mientras que Europa no podrá nunca aceptar la existencia de esferas de influencia en el continente. Eso conducirá —siempre en su opinión— a que en cuanto reconstruya sus capacidades militares, mermadas en la guerra de Ucrania, Rusia volverá a querer revisar el equilibrio de poder en Europa. Para evitarlo, Occidente no tendrá otro recurso que seguir una política proactiva de contención que incluya unas capacidades creíbles en el dominio de la Defensa, y también la admisión de Ucrania en la OTAN. Cito estas ideas porque me parece interesante dar a conocer cómo se ven las cosas desde un país que escapó del yugo soviético, que hoy tiene frontera directa con Rusia y que no se fía ni un pelo de Moscú.

Y como las guerras aceleran la marcha de la historia, la invasión de Ucrania ha acelerado el proceso de ampliación de la Unión Europea hacia los Balcanes como necesidad geoestratégica con objeto de evitar «zonas grises» sobre las que Rusia pudiera un día pretender extender su zona de influencia. Los vacíos no son buenos porque dan ideas. De eso se habló en la cumbre de Granada de la Comunidad Política Europea. Y Ucrania es el ejemplo más claro de esta aceleración del tempo histórico: solicitó la admisión poco después de la invasión rusa y solo unos meses más tarde, en junio de 2022, logró ser designada como país candidato. Todo un récord. Desde entonces Ucrania ha trabajado por cumplir las condiciones que exige el ingreso en la Unión Europea, los llamados «Criterios de Copenhague» en algunos de los cuales (lucha contra la corrupción, contra el poder de los oligarcas) Ursula von der Leyen reconoció que se habían hecho avances sustanciales en la visita que hizo a Kiev en noviembre de 2023, alimentando las esperanzas de Ucrania de que las negociaciones pudieran comenzar muy pronto, a principios de 2024, como se acordó en el último Consejo Europeo de 2023, celebrado bajo presidencia española. Cuando acababa de estallar el conflicto de Gaza, este es el tipo de mensaje que Kiev, temeroso de pasar a segundo plano en la atención occidental, necesitaba oír. Por eso su ministro de Asuntos Exteriores lo agradeció en Berlín al decir que «hicimos nuestras reformas y aprobamos la legislación necesaria para cumplir e implementar las recomendaciones… Ucrania se convertirá en un valor añadido, no una carga para la Unión Europea», que ahora deberá también comenzar a hacer las reformas internas (número de comisarios, derechos de voto, regla de la unanimidad, etcétera) que la futura ampliación hacia los Balcanes demanda. Esta actitud positiva de Ucrania ha recibido una respuesta favorable y en diciembre se dio el paso decisivo de decidir abrir negociaciones para su adhesión a la Unión Europea, como ya antes he señalado.

La guerra de Ucrania también ha favorecido la emergencia de lo que se ha dado en llamar el sur global, uno de los acontecimientos más importantes de los últimos tiempos, resultado de lo que Fareed Zakaria calificó como «*the rise of the rest*» (el ascenso de los demás), la aparición en el escenario geopolítico mundial de una serie de países (nada menos que ciento treinta y cuatro) con ambiciones de revisar el reparto de poder que se hizo en 1945 en aquellas conferencias de San Francisco, Yalta, El Cairo, Potsdam, Teherán, Bretton Woods, etcétera, en las que no participaron por ser entonces colonias (India, Nigeria…) o estar «con la cabeza en otra parte», como le ocurría a China, que estaba inmersa en una terrible guerra civil entre los comunistas de Mao Zedong y los nacionalistas de Chiang Kai-shek, que acabaron refugiándose en Taiwán con las consecuencias que conocemos y que nos alcanzan hoy en día.

Estos países, ricos o pobres, repartidos por África, sureste asiático, océano Pacífico y América Latina han experimentado un rápido crecimiento en los últimos años y se diferencian del Movimiento de Países No Alineados o el G77 del siglo pasado en su adscripción mucho menos ideologizada, pues no enarbolan banderas comunistas o de rebelión anticolonial, sino que, como dice Sarang Shidore en «The Return of the Global South» («El regreso del sur global»), en *Foreign Affairs* (31 de agosto de 2023), se mueven «por interés nacional», quieren más autonomía estratégica, más poder político en la geopolítica global y cuestiones muy concretas como atraer inversión y comercio, pedir más ayuda para combatir el cambio climático, y presionar en favor del alivio de la deuda de los países más necesitados. El suyo es un enfoque pragmático y desideologizado.

Los países del sur global no desean tomar partido entre las grandes potencias en liza y prefieren dejar todas las opciones abiertas para alinearse según las conveniencias de cada momento… o no hacerlo.

Arabia Saudita o la India son ejemplos paradigmáticos de esta tendencia: los sauditas han pasado de firmes aliados de Washington en Oriente Medio (Estados Unidos sigue siendo su principal suministrador de armas) a abrirse hacia China, primero económicamente con sus exportaciones de petróleo, y luego políticamente, pues ha sido China la que ha facilitado su reanudación de relaciones diplomáticas con la República Islámica de Irán, mientras pacta los precios del crudo con Rusia en el marco de la OPEP+. Es lo que se llama una *politique tous azimuts*. Turquía es miembro de la OTAN, pero a la vez mantiene buenas relaciones con Rusia y busca hacerse con un espacio de influencia en Asia Central, lo que le coloca en competencia tanto con Rusia como con China. Y la India se aleja algo de Rusia (aunque le compra cada día más petróleo y más gas licuado y sigue siendo su principal cliente de armamento) mientras se abre a cooperar con Estados Unidos en el Pacto QUAD (con Japón y Australia) que tiene la finalidad confesada de tratar de contener a China en el Pacífico, con la que coincide en el grupo de los BRICS.

En relación con Ucrania, estos países no solo rechazan aplicar sanciones a Rusia (salvo en el caso de que fueran dispuestas por la ONU), sino que han aumentado el comercio con Moscú un 68 por ciento los Emiratos Árabes Unidos, un 87 por ciento en el caso de Turquía y hasta un 205 por ciento en el de la India. Son solo algunos ejemplos.

Hemos visto algunas muestras de ese sur global en búsqueda de su independencia durante la última cumbre iberoamericana de Quito en marzo de 2023, en la reunión UE-CELAC celebrada en Bruselas en julio, y en la cumbre de los BRICS de Johannesburgo en agosto. En todas ellas los países emergentes han mostrado una rebeldía y una firmeza hasta ahora desconocidas en relación con la guerra de Ucrania frente a las posiciones occidentales. Vale la pena dedicarles un momento:

Así, la cumbre iberoamericana solo logró acordar —y eso con gran esfuerzo de España— un texto vago que ni condenaba ni mencionaba a ningún país y que se limitaba a pedir en términos generales

una «paz completa, justa y duradera en todo el mundo basada en la
Carta de las Naciones Unidas, incluyendo los principios de igualdad
soberanía e integridad territorial de los Estados». No hubo forma de
condenar a Rusia.

Y algo parecido ocurrió en la cumbre EU-CELAC (Comunidad
de Estados de América Latina y el Caribe), celebrada en Bruselas en
julio de 2023, donde se hicieron de nuevo evidentes las diversas posiciones en torno a la invasión de Ucrania y a la que no fue posible invi-
tar a Zelenski, que había solicitado poder explicar sus puntos de vista a
los asistentes con vistas a ganar apoyos. No es que no hubiera acuerdo,
es que hubo clara oposición a su presencia por parte de algunos latinoamericanos. La mayoría de los miembros de la CELAC culpan a Rusia
de la invasión y han apoyado las cuatro resoluciones que la ONU había
adoptado al respecto hasta la fecha (con la excepción de Venezuela, Nicaragua y Cuba y algunas abstenciones de El Salvador y Bolivia), pero
no quieren aplicar sanciones a Rusia. Las razones son variadas, desde
pensar que deben imponerlas la ONU y no los países, hasta el antiimperialismo latente frente a Estados Unidos y el anticolonialismo frente
a Europa, una vaga tradición de no alineamiento, ver doble rasero en la
moral occidental que no trata igual los conflictos de Irak y de Ucrania,
no desear enemistarse con Rusia de cuyos fertilizantes dependen, o la
misma generosidad de Rusia frente a Europa y Estados Unidos durante
la pandemia, cuando Rusia (y también China) les enviaban vacunas
(Sputnik V) y mascarillas que ellos no lograban poder comprar porque
Occidente pagaba más y acaparaba las que había en el mercado.

Otro ejemplo ha sido la cumbre que los BRICS (Brasil, Rusia,
India, China y Sudáfrica) han celebrado en Johannesburgo en agosto
de 2023. Los allí reunidos han dado otra vuelta de tuerca abogando
por proporcionar un nuevo enfoque a las relaciones internacionales y por
abandonar la política de bloques enfrentados para sumar aliados unidos
por intereses comunes, como son el desarrollo o el bienestar social
con libre elección del modelo político sin interferencias ajenas. Todo con
una nueva arquitectura que pasa por crear nuevas instituciones econó-

micas y financieras y —como desiderata— un progresivo abandono del dólar como moneda de aceptación universal. En Sudáfrica los BRICS acordaron ampliar el número de miembros, y entre una treintena de candidatos se invitó a Arabia Saudita, Emiratos Árabes Unidos, Egipto, Irán, Etiopía y Argentina (Javier Milei ha rechazado la invitación al llegar a la Casa Rosada) a unirse al grupo a partir del primero de enero de 2024, aunque Milei ha declinado hacerlo cuando llegó a la Casa Rosada. Se ignoran los criterios seguidos para hacer esta selección y dejar fuera a otros postulantes como Indonesia o Argelia. El grupo ampliado reunirá el 35 por ciento del PIB mundial, el 46 por ciento de la población del mundo, y su PIB será superior al del G7. Si logra actuar unido —lo que no será fácil por los desacuerdos entre India y China, entre Egipto y Etiopía, y entre Irán y Arabia Saudita, o como consecuencia de la propia amistad de El Cairo, Abu Dabi y Riad con Washington—, se podrá eventualmente convertir en un contrapeso del G7 o en un peso importante dentro del G20, aunque desde luego no parece que eso vaya a suceder a corto plazo.

Su mayor acuerdo es sobre la necesidad de reformar el Consejo de Seguridad de las Naciones Unidas, el Banco Mundial y el Fondo Monetario Internacional. Son cambios muy importantes que China apoya y que esta guerra acelera, aunque la guerra en sí haya ocupado muy poco tiempo de las reuniones en Johannesburgo y no haya producido ninguna novedad, pues los reunidos se han limitado a reiterar la necesidad de diálogo y negociación mientras se abstenían de condenar a Rusia, y sin pestañear escucharon una vez más a Putin explicar —por videoconferencia— cómo su invasión fue una respuesta a previas acciones hostiles de Occidente, y que Moscú está abierto a conversaciones de paz si se tienen en cuenta las «nuevas realidades» creadas sobre el terreno por sus fuerzas armadas. Nada nuevo, pues, al respecto.

C. Raja Mohan en el artículo «The BRICS Expansion is not a Triumph for China» («La expansión de los BRICS no es un éxito para China»), publicado en *Foreign Policy* el 29 de agosto de 2023, dice que, aunque los BRICS tardarán en trasladar al campo político su peso económico, lo que sucede muestra que Europa ya no puede contar con el sur global como hasta ahora y que tiene que «bajar del pedestal donde se ha colocado desde el final de la guerra fría y pelear en el barro con el reto chino y ruso». Me parece un buen consejo y de hecho ya el G7 ha comenzado a responder con el Partnership for Global Infrastructure and Investment, mientras que Washington ha sido muy cuidadoso al enjuiciar los últimos golpes de Estado en África evitando incluso llamarlos así.

Porque esta guerra también acelera el fin del dominio occidental del mundo. Europa y luego Estados Unidos han sido potencias hegemónicas durante los últimos quinientos años, desde comienzos de la Edad Moderna: Portugal, España, Inglaterra y luego Estados Unidos han tenido «imperios en los que no se ponía el sol», y, gracias a ellos, nuestra cultura y nuestros valores se han impuesto con un considerable beneficio económico para nosotros y un coste también muy elevado para otros —y no pensamos suficientemente en ello como deberíamos, mientras que ellos sí que lo hacen—, pues se calcula en no menos de trece millones el número de esclavos arrancados de África entre los siglos XVI y XVIII —según afirma Simon Sebag Montefiore en la obra antes citada— con destino a las plantaciones de azúcar y algodón de las Américas (a los que hay que añadir los doce millones que cruzaron el océano Índico desde África en manos de mercaderes musulmanes, y otros diez millones esclavizados desde la época de los vikingos en Ucrania, el Cáucaso y los Balcanes con destino al Imperio otomano, sin contar los esclavizados dentro de la propia África). Por eso los latinoamericanos introdujeron en el comunicado final de la cumbre con la Unión Europea una mención al «sufrimiento incalculable» que ocasionó ese comercio infame a millones de seres humanos y la necesidad de reparaciones por «ese crimen contra la humanidad». Les preocupaba eso mucho más que la guerra de Ucrania.

Miramos los mapas que tenemos en casa y vemos con la mayor naturalidad que su centro está ocupado por el océano Atlántico Norte, con Europa a la derecha y Estados Unidos a la izquierda. Lo hemos visto así desde la escuela y nos parece que es lo natural, pero ya no lo es y nos deberíamos acostumbrar a ver las cosas de otra manera, una imagen donde el centro del mapa está ocupado por las inmensidades líquidas de los océanos Índico y Pacífico, flanqueados a izquierda y derecha por Asia y Norteamérica, respectivamente, y con Europa en el extremo superior izquierdo, casi ya fuera del mapa como una proyección hacia el océano Atlántico de la gran masa continental euro-asiática. Porque ese es el mundo hacia el que nos estamos dirigiendo con velocidad.

Es lo que cabe denominar el «síndrome de Venecia»: Europa puede verse como un día le ocurrió a Venecia, que recibía especias desde las Molucas a lomos de camello que cruzaban la India, la península arábiga y Egipto antes de embarcar en Alejandría para surcar el Mediterráneo. Luego, desde Venecia, se distribuían por toda Europa con grandes ganancias para la Serenísima. El mar Mediterráneo fue centro económico del planeta hasta que Bartolomeu Dias dio la vuelta al cabo de Buena Esperanza en 1482 y muy poco después Cristóbal Colón llegó a América, trasladando esa situación central al océano Atlántico por donde llegaban en barco las especias de Polinesia y la plata del Potosí. La riqueza pasó a manos de Portugal y de España y Venecia se hundió. Hoy la historia se repite, y el mundo camina hacia los océanos Pacífico e Índico y, más en concreto, hacia el estrecho de Malaca por el que circula el 60 por ciento del comercio marítimo mundial y en cuyo entorno se concentran el 65 por ciento de la población y el 62 por ciento del PIB del mundo. Más vale que nos hagamos a la idea, y que miremos el mapa como he indicado antes, porque Europa puede encontrarse en un futuro muy próximo proyectada hacia un océano Atlántico donde cada día pasarán menos cosas.

Lo que parece claro es que a muy corto plazo el desorden se impone mientras el mundo se encamina de forma inexorable a una multipolaridad o, mejor aún, hacia una bipolaridad imperfecta en la que China y Estados Unidos son los grandes *hegemones* con un producto interior bruto de 23,3 y de 17,7 billones de dólares respectivamente, a una distancia sideral de Rusia (2,1 billones) o de la misma India (3,1 billones). Pero cuando los *hegemones* quieran discutir sobre armas tendrán necesariamente que contar con Rusia que tiene mil quinientas cincuenta cabezas nucleares desplegadas, y si desean tratar de economía no tendrán más remedio que hablar con la Unión Europea (23,3 billones de dólares de PIB… igual que Estados Unidos). Esos *hegemones* se enfrentan hoy a la difícil decisión de determinar si quieren competir o, por el contrario, desean colaborar. O una combinación controlada de ambas opciones, rivalizando en asuntos comerciales o de derechos humanos y cooperando en otros como el cambio climático o la seguridad alimentaria y sanitaria, que es, sin duda, la hipótesis más deseable. Los demás asistimos a esta pugna como observadores, sin capacidad real para influir en su decisión porque a corto plazo se está imponiendo la competencia entre las potencias hegemónicas, una nueva *Great Power Competition* con aromas de guerra fría en la que Washington se ha fijado el objetivo de «contener a Rusia» y «ser más competitiva que China» («*contain Russia*» y «*outcompete China*»), mientras estos dos últimos países unen fuerzas porque están convencidos de que Estados Unidos trata de impedir por todos los medios que alcancen el poder y la influencia mundial que les confieren su historia, su cultura y su peso político y económico.

Y entre China y Estados Unidos, Europa se busca a sí misma, aterrorizada por la posibilidad del regreso de Donald Trump a la Casa Blanca, mientras contempla con desasosiego su inoperancia exterior —puesta nuevamente de relieve con la crisis de Gaza— e impulsa una Ley de Materias Primas Críticas para tratar de garantizar su abastecimiento, reducir su actual dependencia del exterior y ser así capaz de competir en los mercados globales con el objetivo de lograr en 2030 extraer el 10 por ciento de sus necesidades anuales, reciclar el 25 por ciento y transformar el 40 por ciento, consciente de que de otra manera no podrá ser un actor global independiente en el mundo que se avecina. Otras muy distintas son, sin embargo, las preocupaciones de los países más pobres cuando abordan su futuro más inmediato: el Banco Mundial advierte que la tormenta perfecta que crean la apreciación del dólar, las subidas de tipos de interés y la caída de financiación nueva ha llevado a que el servicio de su deuda se sitúe en máximos históricos: 443.000 millones de dólares en 2024 con la perspectiva de seguir aumentando en los próximos años y con capacidad potencial de desequilibrar la estabilidad financiera global y la propia interna de esos países que se ven obligados a desviar fondos que deberían dedicar a sanidad, educación o inversión en infraestructuras. Las guerras en Ucrania y en Gaza y las contradicciones con las que los occidentales las hacemos frente, unidas a sus adversos efectos sobre el Sur Global, alejan a estos países de nuestra esfera de influencia para empujarlos en brazos de una China que observa el espectáculo con satisfacción indisimulada.

La invasión rusa de Ucrania ha disparado la pugna de las grandes potencias por dibujar en beneficio propio nuevos alineamientos geopolíticos. También ha bloqueado una vez más el Consejo de Seguridad de la ONU (algo confirmado más tarde con el conflicto entre Hamas e Israel) y de hecho ha convertido en campos de batalla a organizaciones teóricamente más neutrales como la OMS, la OMC o la misma UNESCO, al tiempo que utiliza como instrumento de presión las sanciones, los votos en organizaciones internacionales o la formación de nuevas coaliciones, mientras se extiende en el mundo el rechazo al multilateralismo de raíz occidental sin que hasta el momento se haya puesto sobre la mesa ningún modelo más atractivo más allá de ciertas vaguedades *made in Beijing*. Con la arquitectura de seguridad europea saltando por los aires y los taiwaneses observando pelar las barbas del vecino, la crisis de la inoperancia del actual sistema onusiano se decanta por la emergencia de dos bloques enfrentados que buscan apoyos y tratan de revitalizar viejas alianzas o de crear otras nuevas para reforzar sus respectivas posiciones: Occidente ha resucitado a la OTAN o al G-7 (que John Ikenberry propone que se amplíe a Australia, India y Corea del Sur para transformarse en el D-10, la letra D por democracia), y ha creado alianzas como AUKUS o QUAD en el Indo-Pacífico, mientras Rusia y China se acercan (aún sin alianza formal) y refuerzan la Organización de Cooperación de Shanghái. Y todos tratan de enamorar al grupo de los BRICS ampliados y, más en general, del Sur Global también muy afectado por la escasez de alimentos o de energía que las guerras han provocado a lo largo de 2023. China trata de engatusarles con su Ruta de la Seda, mientras el G-7 en su reunión de Hiroshima ha lanzado una Asociación para Inversión Global en Infraestructuras que pretende movilizar hasta 600.000 millones de dólares. Aquí el que no corre vuela y todos cortejan a esos ciento treinta países que, por el momento al menos, parecen poco dispuestos a definirse de manera clara, se decantan más por intereses que por ideología y pretenden mantener abiertas todas las opciones para actuar sin ataduras y según les convenga en cada momento. Hacia ellos se dirige la llamada ruso-china de diseñar «el paisaje global y el futuro de la humanidad» sin injerencias en los asuntos internos de los países, algo que suena muy atractivo en muchos oídos. En la cosmovisión tanto de Xi como de Putin es imperativo lograr el apoyo de cuantos más países del Sur Global como sea posible para contrarrestar la que consideran inamistosa hegemonía norteamericana.

Todo lo cual, repito, contribuye a escribir el epitafio del orden geopolítico surgido en 1945. Por eso ha dicho Kevin Rudd que estamos en una década peligrosa porque en ella la rivalidad entre Estados Unidos y China tiene que romper aguas por algún sitio, y, si lo hace o cuando lo haga, la guerra de Ucrania será un simple arañazo al lado de lo que puede pasar. Lo deseable es que puedan llegar a un entendimiento y acordar un nuevo reparto del poder en el mundo y unas nuevas reglas que rijan la geopolítica de los próximos años. La otra alternativa es tan horrible que prefiero no considerarla... porque tampoco quedaría nadie para leerla. Y sin embargo es preciso detenerse en ella un momento después de que en el verano de 2022 la visita a Taiwán de Nancy Pelosy, *speaker* de la Cámara de Representantes estadounidense, provocara la mayor crisis en torno a una isla que es importante por ser una democracia, por ser un nodo crítico en la producción de semiconductores y —desde el punto de vista chino— porque es «una soga en el cuello de un gran dragón», en palabras de Zhu Yingchan, analista militar, porque cierra el camino de China hacia las aguas abiertas del Pacífico.

Los americanos creen que el conflicto es posible y la guerra de Ucrania les muestra que no hay modo alguno de excluir esa hipótesis pues tampoco creíamos que se fuera a producir. Tanto lo piensan que el almirante Davidson, cuando mandaba en 2022 las Fuerzas americanas en el Indo-Pacífico, dijo que creía que el conflicto podía estallar tan pronto como en 2027, y su sucesor no para de advertir sobre el rápido aumento del poderío militar chino mientras se dice que el propio Xi Jinping ha ordenado al Ejército Popular de Liberación estar preparado para 2027, que está encima como quien dice. Por su parte, Biden en no menos de cuatro ocasiones ha afirmado que si Taiwán fuera atacado su compromiso es «firme como una roca» y que Estados Unidos acudiría en su apoyo. En el fondo no tiene más remedio porque es la credibilidad de los Estados Unidos en todo el sudeste asiático la que está en juego.

Taiwán tiene el tamaño de Cataluña, la orografía de Noruega y está poblada por 23 millones de personas que después de ver lo que ha pasado con Hong-Kong no se creen ya la oferta de «un país y dos sistemas». La mayoría quiere seguir como están ahora, aunque eso deberán confirmarlo los comicios que se celebran el 13 de enero de 2024, los primeros en un año plagado de citas electorales donde está llamada a votar más del 50 por ciento de la población mundial en India, Estados Unidos, la Unión Europea, Rusia, etcétera. Los sondeos revelan una gran incertidumbre y un progreso de los partidarios de la independencia sería visto con enorme aprensión por Beijing, que cabe imaginar que sigue con lupa cuanto allí ocurre. Además Taiwán está junto a China, aunque separada por un canal de entre 130 y 180 kilómetros. No es mucho pero con menos logró Inglaterra evitar a Felipe II, Napoleón y Hitler. La desventaja es que también está a 8.000 millas de Estados Unidos. Para compensarla Washington arma a Taiwán para convertirla en «un puercoespín», hace alianzas con Australia y el Reino Unido (AUKUS) y con Australia, Japón e India (QUAD), mientras llega a acuerdos para desplegar bases en Filipinas y lleva nuevas armas a las propias de Okinawa, Guam y Pearl Harbour. Pero eso no evita que China pueda gozar de ventaja en su entorno más próximo y si se algún día se desatan las hostilidades, lo de Ucrania sería como un resfriado al lado de un cáncer terminal: sería un cataclismo que arruinaría el comercio mundial y las cadenas de suministros sin contar con el riesgo nuclear implícito en una confrontación entre los dos hegemones. Hay que desear que Beijing se lo piense mejor a la vista de las dificultades que Rusia ha encontrado en Ucrania, de las sanciones promovidas por la reacción occidental y por el coste reputacional que también tiene la invasión de un vecino pacífico cuando su propia economía comienza a mostrar signos de ralentización. En sentido contrario, seguro que Beijing ha tomado nota de que Rusia no se ha quedado sola y que está resistiendo las sanciones mucho mejor de lo que se esperaba.

En realidad, *rebus sic stantibus*, son tres los escenarios de futuro que cabe considerar hipotéticamente a escala planetaria, suponiendo que no aparezca otro cisne negro que lo ponga de nuevo todo patas arriba… No sería la primera vez:

ESCENARIO PÉSIMO. Todo lo que podía ir mal, va mal. Indeseable pero…

— Rusia vence y desmembra Ucrania, provocando una ola de impotencia, de frustración y de revanchismo en Ucrania mientras se instala la inseguridad en Europa, o la guerra se desborda y en la peor de las hipótesis desemboca en un conflicto ente Rusia y la OTAN o, en otras palabras, en la Tercera Guerra Mundial.

— La Unión Europea y la OTAN han fracasado en Ucrania y entran en crisis. Las consecuencias son peores para la Unión Europea y afectan negativamente a nuestras sociedades de bienestar.

— Estados Unidos y Europa se culpan mutuamente y se distancian.

— China, envalentonada, no quiere ser menos y aprovecha la oportunidad para invadir Taiwán con todas las consecuencias que de ello se derivarían y que dejarían chica a la guerra de Ucrania.

— El conflicto israelí-palestino se desborda implicando a otros países de Oriente Medio y afectando al vital comercio marítimo por los estrechos de Ormuz y Bab-El-Mandel con consecuencias globales.

—Trump o alguien similar (MAGA) llega a la Casa Blanca sumiendo al mundo en los riesgos inherentes a la impredecibilidad de su conducta.

—La crisis económica sacude a China y eso repercute sobre todo el mundo.

—Las cadenas de suministro se interrumpen, la globalización y el comercio sufren. Recesión a escala planetaria con varios bloques enfrentados entre sí que levantan barreras proteccionistas. *Decoupling*.

—La inteligencia artificial, descontrolada y en manos de indeseables, se convierte en un peligro inmediato para la supervivencia de la humanidad.

—El conflicto de Gaza se desborda, implica a países vecinos como Irán o Líbano y los ataques a la navegación en el Mar Rojo y el Golfo Pérsico encarecen el transporte y el petróleo.

—En realidad, como ha dicho Niall Ferguson, «no podemos imaginar el día en que Kiev caiga. No podemos imaginar cómo será si Trump da un discurso en 2025 y dice que Estados Unidos se irá (de Europa). No podemos imaginarnos a Xi Jinping en Taipéi tras una toma de poder exitosa. Y todas esas cosas pueden suceder. Temo que vayamos a tener un duro despertar».

ESCENARIO ÓPTIMO. Deseable, pero…

—La guerra de Ucrania termina con una negociación que conduce a un tratado de paz que opera milagros y satisface a todos.

—China no renuncia a Taiwán, pero lo deja para más adelante a la espera de que la irrenunciable integración en la madre patria se resuelva un día de forma pacífica.

—Estados Unidos y China cooperan para enfrentar los grandes problemas globales: calentamiento global, seguridad nuclear y alimentaria, retos de la IA, nuevo reparto del poder en el mundo y nuevas reglas aceptadas por todos, incluidos los países del sur global.

—Se llega a un acuerdo entre Israel y Palestina sobre la base de la fórmula de Dos Estados que pone fin a un conflicto secular.

—Estados Unidos elige a un presidente multilateralista que refuerza la relación trasatlántica.

—La economía mundial rebota con fuerza y la inflación se controla. La globalización hace un mundo más interconectado y más interdependiente cada día.

—Hay un amplio acuerdo internacional para regular los riesgos implícitos en el desarrollo de la inteligencia artificial.

—La Unión Europea progresa en su integración y se dota de políticas comunes (exterior, defensa, energía, migraciones…) que le permiten influir en la marcha del mundo y mantener su envidiable nivel de vida.

—Israel y los palestinos llegan por fin a un acuerdo que trae paz y estabilidad a Oriente Medio, cuyos países normalizan relaciones diplomáticas después de ochenta años de inestabilidad.

Escenario medio. ¿El más probable?

—La guerra de Ucrania se eterniza con frentes más o menos estabilizados con trincheras tipo Primera Guerra Mundial. El conflicto se puede reavivar en cualquier momento y eso crea inseguridad en el continente. Sigue el drama humanitario, los refugiados y el alto coste económico para todos, que ponen a prueba las costuras de Europa y la relación trasatlántica.

—Se mantienen las espadas en alto entre Rusia y Occidente en un equilibrio peligroso e inestable mientras se acentúa la deriva de Rusia hacia China.

—China continúa acosando y amenazando a Taiwán, pero no se atreve a dar el paso decisivo e invadir la isla. Decide esperar para tener tiempo de armarse mejor.

—El conflicto entre Israel y Hamas se cierra en falso, como siempre ha ocurrido, y amenaza con volver a estallar en cualquier momento con potencial de envolver a toda la región.

—Estados Unidos y la Unión Europea siguen cooperando, pero se distancian, no ven las cosas de la misma manera, sobre todo en relación con China o en el mismo Oriente Medio. Hay mutua desconfianza. El proteccionismo norteamericano crece e irrita en Europa.

—No hay acuerdo sobre un nuevo reparto de poder en el mundo o nuevas reglas para su funcionamiento. Las Naciones Unidas sufren las consecuencias. Crece la frustración y el malestar entre los países del sur global.

—El mundo evita la recesión, pero persiste la inflación que nos afecta de manera muy diferente. Se incrementan las desigualdades. Crece el descontento ciudadano. Aumentan los populismos.

—La IA sigue su desarrollo desbocado, pero sin poner en peligro todavía nuestro relativo control.

—El conflicto de Gaza entre Israel y Hamas se cierra en falso, como todos los anteriores y augura su resurgimiento en cualquier momento una vez que los palestinos se laman las heridas. La historia de siempre. Al menos no produce metástasis y no se contagia al conjunto de Oriente Medio.

Cualquiera de estas opciones puede determinar nuestro futuro e, incluso, quizás con mayor probabilidad, una combinación entre ellas. El futuro no está escrito y en buena medida depende de nosotros. Conocemos los problemas, sabemos cómo solucionarlos y tenemos las herramientas, solo nos falta liderazgo y voluntad política y capacidad de cooperación a escala internacional. De eso depende el mundo que dejaremos a nuestros hijos y que la guerra de Ucrania ha sacudido con violencia, acelerando procesos que quizás de otra forma hubieran tardado más tiempo en manifestarse, pero que estaban ya incubándose en silencio.